教学视频 ｜ 实操表格
难点答疑 ｜ 线上互动
超值礼包

"偷懒"的技术 ②

财务Excel表格轻松做

龙逸凡　钱　勇　黄子俊 ◎著

机械工业出版社
China Machine Press

图书在版编目（CIP）数据

"偷懒"的技术2：财务Excel表格轻松做 / 龙逸凡，钱勇，黄子俊著 . —北京：机械工业出版社，2019.2（2021.3 重印）

ISBN 978-7-111-61865-2

I. 偷… II. ①龙… ②钱… ③黄… III. 表处理软件 – 应用 – 财务管理 IV. F275-39

中国版本图书馆 CIP 数据核字（2019）第 009531 号

财务人员的日常工作是周期性、重复性的，所用到的函数公式也是固定的。本书对财务工作中常用的 Excel 公式进行总结提炼，将这些公式有机融合到财务表格中。书中案例首先介绍表格的设计思路，即怎样更好地满足财务管理的需求，然后介绍如何灵活利用 Excel 的各种功能、各个函数公式来专业地设计财务表格。

通过阅读本书，读者既能学到表格设计的思路方法，还能掌握常用的函数公式，轻松应对数据统计分析。本书既可作为函数学习的用书，也可作为常用公式的字典使用。

本书具备三大特点：

1. 以常用财务表格为案例，这些表格可直接用于工作中

本书案例都是选用财务工作中常用的管理表格，如：收入费用预算表、合同管理台账、往来对账函、生产日报表、商品进销存台账、应付票据管理台账、财务报表自动合并表等，均可直接应用到工作中。

2. 将常用公式提炼为公式模型，可"傻瓜式"套用

为照顾初级用户，本书对总结出的公式模型进行了详细解释并介绍如何使用，读者即使暂时不理解，也能在工作中"傻瓜式"套用。

3. 附带超值服务

除了排版精美的纸书内容，本书还附赠有完工版的案例、练习版的表格，更有难点视频实操讲解、超值大礼包，还可进行难点答疑、线上互动。

"偷懒"的技术 2：财务 Excel 表格轻松做

出版发行：	机械工业出版社（北京市西城区百万庄大街 22 号　邮政编码：100037）
责任编辑：	董凤凤　　王宇晴
责任校对：	殷　虹
印　　刷：	北京文昌阁彩色印刷有限责任公司
版　　次：	2021 年 3 月第 1 版第 2 次印刷
开　　本：	203mm×203mm　1/20
印　　张：	18⅖
书　　号：	ISBN 978-7-111-61865-2
定　　价：	89.00 元

客服电话：（010）88361066　88379833　68326294　　投稿热线：（010）88379007
华章网站：www.hzbook.com　　　　　　　　　　　　读者信箱：hzjg@hzbook.com

版权所有 • 侵权必究
封底无防伪标均为盗版　　本书法律顾问：北京大成律师事务所　韩光 / 邹晓东

读者评价
PRAISE

Excel 的功能设计是为了避免重复操作，实现偷懒。学习本书可以让财务人员工作效率提高，达到事半功倍的效果，成为公司里的牛人。这是一本值得财务人员人手一册的好书。

三亚华创美丽之冠投资有限公司财务副总监　沈建明

"偷懒"系列丛书独辟蹊径，与市面上其他虽系统但缺乏针对性的 Excel 图书相比，本系列无愧于其名，是从财务人员的角度切实出发，真正写给财务人员的 Excel 实用宝典。而《"偷懒"的技术 2》继承前作，将实用的 Excel 功能及让你实现事半功倍的操作技巧，与翔实的案例教学相结合，以通俗易懂的文字由浅入深地向你娓娓道来，助你走近智能化、自动化和数字化。

广州番禺区中医院财务科　青丝暮雪（网名）

自从买了《"偷懒"的技术》，工作效率提高了很多，这回又有了《"偷懒"的技术 2》，可谓是更上一层楼。《"偷懒"的技术 2》内容简明扼要，案例实用性强，全面透彻，放之四海而皆准，看得懂，学得会，让我们能更好地"偷懒"。

港中旅（鞍山）置业有限公司总账会计　沈洲慧

对于整日陷入数字包围的"表弟表妹们"而言，本书可以让大家从繁杂的重复性、机械性工作中解放出来，除了可以准点下班，按时保质保量完成上司交办的任务外，还可以提交一份可读性强的高质量报表，为你的工作加分！

广东外语外贸大学南国商学院会计系副主任　李玉平

面对庞大又烦琐的数据，我们总会莫名地抗拒，但是通过对本书的学习，我们会发现并不是没有快捷的办法，而是缺乏"偷懒"的思维，只要掌握了本书的知识和方法，以往一天的工作量，现在也就是半个小时的事情。本书内容通俗易懂，案例贴合实际，配合视频演示，对新手来说是绝好的入门佳作。

云从科技公司数据分析主管　张宏霞

虽然副书名为"财务 Excel 表格轻松做"，但是实际上本书不仅仅适合会计人员，所有销售内勤、生产统计，以及凡是涉及数据统计分析的人员，通过学习本书的技巧及思路，都将提高自己及整个团队数据处理工作的效率，起到"1+1>2"的效果。

河北四通新型金属材料股份有限公司　朱霄鹤

作者对于具有一定难度的实际操作，使用通用案例逐一进行讲解，耐心细致，无论是对初学者还是经常做表的小伙伴们来讲，本书都是不可多得的 Excel 大师级辅导教材，值得强烈推荐！正在为数据苦恼着的各行业小伙伴，还在等什么？备上它，即将迎来事业的春天！

某餐饮管理公司财务主管　言吾（网名）

推荐序 FOREWORD

未来已来，你准备好了吗

以前在纯手工记账时代，企业的财务人员非常多，在一些较大型的生产企业里，光材料会计就有十几个。后来，有了会计电算化，这些材料会计十有八九被淘汰了。

随着信息技术的发展、互联网的深入应用及物联网的全面推广，万物互联不再是梦，正在逐渐变为现实。当一切都被数字化、互联网化后，会计核算就是纯体力劳动了，单据的审核、成本费用的归集与核算、财务报表的编制与合并，一切都可以用软件来实现自动化。

当你还在纠结一笔费用该入哪个费用科目时，会计机器人已对你的岗位虎视眈眈；当你还在加班加点赶报表，力争在规定的时间内做出财务报表时，实时财务报表时代已经来临；当你还在为集中支付辛勤劳动时，按合同规则自动支付的时代早已到来。

随着社会的发展、信息技术的进步，针对会计核算的基础工作，企业只需购买相应的软件和设备，会计核算中的纯体力劳动最终会被软件所替代。企业需要的是财务管理人员，只会核算的会计必然会被淘汰。

也正是因为这一点，2014～2018年，财政部连续发布多个重要文件：《财政部关于全面推进管理会计体系建设的指导意见》《会计改革与发展"十三五"规划纲要》《管理会计基本指引》《管理会计应用指引》等，全面推进管理会计体系建设。

管理会计要求财务人员熟悉企业的战略管理、预算管理、成本管理、营运管理、投融资管理、绩效管理、风险管理，全面参与单位规划、决策、控制、评价活动并为之提供有用的信息，推动单位实现战略规划。而管理会计所用的滚动预算管理、作业成本管理、本量利分析、平衡计分卡等工具，无一不需要其熟练掌握 Excel 等电子表格软件和加工分析生产经营数据，从而为生产经营决策提供数据支持，并深入参与到单位的规划、决策和评价活动中。

所以，数据的加工与分析能力是财务人员必备的一项重要技能。

本书就是一本提高财务人员数据加工与分析能力的书籍，本书的作者团队从财务日常工作中选取一些常用表格，比如预算管理、成本计算、合同的登记与管理等作为教学案例，着重与大家分享 Excel 函数及公式的应用，以帮助财务人员提高数据加工整理、统计查询和分析的能力。

此外，作者团队还充分考虑到本书的实用性，在每个相对复杂的公式后都配置了一个套用模型。这个设计可以让读者就算暂时不能理解公式的原理，也能先依葫芦画瓢得到输出结果。套用模型还能将复杂的公式简化，有助于读者更清晰地了解公式的结构，从而更快速地理解函数和公式的内涵。

如果你深陷数据处理、表格制作的泥淖，可以试着翻开本书，相信你能发现 Excel 的世界里，原来还有这样的一片天地，原来表格制作还可以如此"山青青，水碧碧，高山流水韵依依"。

未来已来，你准备好了吗？

最后，祝每一位财务人员掌握数据分析的技能，成为 DT 时代的弄潮儿，勇向潮头立！

瑞华会计师事务所质量监管部主任　王致用
2018 年 10 月 8 日

自序
PREFACE

我有一个梦

创作初衷

财务人员由于岗位的特殊性,整天与表格打交道,有做不完的表格,但大多数财务人员应用Excel的能力并不高,每天被表格所折磨。

每次看到财务人员把Excel当Word用,没有困难制造困难也要上时,我有一个梦,希望我们财务人员能更好地驾驭Excel,不再自己给自己找麻烦。

每次看到财务人员不会使用公式,纯手工打造"纯天然无添加"的表格时,我有一个梦,希望我们财务人员人人都是函数高手。

每次看到财务人员好不容易合并好了多个公司的财务报表,却因领导一个临时性的要求,手忙脚乱好半天时,我有一个梦,希望我们财务人员能呼唤"神龙",轻松满足领导的"小小"要求,不再是"领导一张嘴,下属跑断腿"。

但是,我的梦能实现吗?

尽管大家都经常被表格所折磨,但真正下决心、付诸行动去努力学习Excel的人,何其少也。大部分人,都是每当在工作中遇到问题时,就到网上搜索答案。而大家在搜索时,要么因为关键字不对,搜不到所要的公式;要么即使搜到了,还是看不懂,也不知道如何套用。

另外,也有一部分财务人员,努力地学习了,也掌握了一些Excel的功能和函数,但是零星散乱,不知道如何系统地、灵活地应用到实际工作中。

我的梦能实现吗? 我想试试。

要实现这个梦，需要传递一种理念，告诉财务人员如何利用常用的 Excel 功能来设计专业的财务表格。

要实现这个梦，需要分享一些套路，帮助财务人员把常用的公式做成"傻瓜式"的模型，使其在工作中有需求时可直接套用。

要实现这个梦，需要创建一些模板，帮助财务人员把工作中常用的表格做成示例，使其在工作中有需求时，只需根据自己的个性化需求进行简单修改，就可直接应用。

这就是写作本书的初衷，以及内容安排的出发点。希望本书不仅仅是学习用的书籍，还能成为财务人员的办公宝典、表格帮手和咨询顾问，能帮助财务人员提高工作效率。

特别鸣谢

在本书付梓之际，要特别感谢为本书出版做出积极贡献的各位朋友：

《"偷懒"的技术：打造财务 Excel 达人》（以下称为《"偷懒"的技术》）的读者朋友们

感谢《"偷懒"的技术》的每一位读者朋友，正是大家的充分肯定和口碑相传，《"偷懒"的技术》才能在畅销榜名列前茅，并且好评率达到 99.8%，同时也正是因为读者朋友们的呼吁和鼓励，才有了本书的出版。

策划编辑华蕾女士

策划编辑是一本图书的设计师和领路人，华蕾女士以其专业的策划与指导能力，使《"偷懒"的技术》出版后，得到了读者的认可和喜爱，位列当当网 2017 年 Excel 类图书畅销榜第一名。在写作过程中，从定位选题到案例的取舍，本书都得到了华蕾女士专业的策划和悉心的指导。

为本书预读纠错的朋友们

他们（按姓氏拼音首字母排序）分别是：

曹海强　杭州豪悦公司　　　　　　陈小水　自贡"高级搬砖工程师"

郭孝玲	重庆东银硕润	韩媛源	东原地产
李颖昕	北京中电普华信息技术公司	李玉平	广东外语外贸大学
刘松臻	大连成三集团	萌萌牙	湖南张家界
秦 燕	深圳城市空间规划建筑设计公司	青丝暮雪	广州市番禺中医院
沈洲慧	港中旅置业	沈建明	三亚华创美丽之冠
豌 豆	山东青岛	兮 兮	江苏苏州
言 吾	重庆沙坪坝	张宏霞	云从科技公司
周 星	河北新发地农副产品公司	朱霄鹤	四通新材

他们通过预读，纠正了书中的错误，并针对图书的内容、案例的实用性、写作方式提出了中肯的建议，同时为本书写了读者评价。遗憾的是，因版面有限，未能将所有评价刊登，只是选择了部分评价放在书中。

泉州小新（泉州晋江詹大标）

詹大标是我的网络好友，是一位 Excel 高手。在构思本书的框架时，我曾邀请他一起来写作本书，并且一起讨论了本书的案例选题，但因其时间关系，最终未加入本书的创作团队。本书第六章"付款单进账单套打"案例就是根据詹大标的文章改编而成的。另外，本书的部分赠品，如目录导航、录入助手，也是由詹大标友情提供的。可以说，詹大标是本书未署名的作者。

最后，要特别感谢为本书作序的**瑞华会计师事务所质量监管部主任王致用先生**，王总既是我的老领导，也是我的人生导师，他以严谨的工作和治学态度、以真诚待人的处世理念影响了我。感谢王总在繁忙的工作中抽出宝贵的时间为本书作序。

由于作者水平有限，书中难免存在疏漏、错误，敬请读者朋友在本书官方微信公众号"Excel 偷懒的技术"中留言来批评指正。

罗惠民（笔名龙逸凡）

2018 年 9 月 15 日

知识点索引
INTRODUCTION

一、功能和技巧

日期和时间的本质 /9

使用【表格】自动扩展 /28

冻结窗格方便查看列标题 /46

使用【表格】功能，增强单元格格式和公式的扩展性 /47

使用数据验证功能来规范数据录入 /48

保护工作表以防误修改 /49

分级显示 /70

自定义视图 /71

定位 /92

筛选最近 N 天要付款的合同 /151

隔类填色 /156

条件格式 /158

高级筛选 /161

按指定字符分拆到行 /167

提取分隔符之前的文本 /172

提取分隔符之前的文本 /176

将两个工作表合并为一个（追加查询）/179

逆透视列 /187

自动合并多工作表 /189

透视列 /202

批量合并格式不同的工作表 /210

从文件夹查询合并多个工作簿 /223

数据透视表 /237

用 Power Query 核对交易明细 /265

合并查询 /266

利用合并查询查找明细（指定条件的多个结果）/279

设置背景图 /339

二、函数公式

公式模型 /6

常用函数：TODAY /7

常用函数：NOW、ROW、COLUMN、RAND /8

常用函数：YEAR /9

常用函数：TEXT、LEFT /10

常用函数：RIGHT、MID /11

如何搜索该使用什么函数 /13

常用函数：统计、求和 /15

公式中的条件表达式 /18

常用函数：多条件统计、求和 /19

常用函数：逻辑类 /19

Excel 中的各种运算符及计算顺序 /21

单元格引用类型 /26

如何看懂复杂的公式 /36

如何编辑复杂的公式 /36

生成 1–N 的循环序列（第七节）/36

生成将数字重复 N 次后递增 1 的序列（第七节）/36

巧妙利用 MIN、MAX 函数来实现逻辑判断 /63

巧妙利用逻辑值的特点来精简公式 /64

利用其他单元格的计算结果 /64

对结构化引用公式进行复制和填充的区别 /65

SUMIF 第三参数的作用 /82

LOOKUP 函数 /131

三、模型公式

查找符合条件的最后一条记录 /44

计算相差多少月（月份差）/56

合并单元格批量求合计 /62

将小于数字 A 的值改为数字 A，大于的保持不变 /63

将大于数字 A 的值改为数字 A，小于的保持不变 /63

根据逻辑判断结果返回 0 或原公式结果的简化公式 /64

用 SUMIF 批量向下求和 /67

用 SUBTOTAL 批量向下求和 /68

用 AGGREGATE 批量向下求和 /69

对变动单元格区域求和（统计指定月份的累计数）/78

用 SUMIF 求指定月份累计数 /79

用 SUBTOTAL 函数求指定月份的累计数 /80

用 AGGREGATE 函数求指定月份的累计数 /81

隔列求和的模型公式 /89

用 INDEX 和 MATCH 交叉查询 /101

用 OFFSET 和 MATCH 交叉查询 /102

用 VLOOKUP 和 MATCH 交叉查询 /103

自动提取工作表名称 /112

在不同的工作表中查找指定数据 /117

生成能自动跳转的工作表目录 /120

提取唯一值列表（倒序）/122

提取唯一值列表（顺序）/125

多条件查找 /128

单条件提取唯一值列表 /129

双条件提取唯一值列表 /130

查找并引用符合条件的第一条记录 /137

查找并罗列明细 /141

不连续简称的模糊查找 /155

提示输入功能 /156

中式排名公式 /292

统计唯一值个数 /292

美式排名公式 /295

按多个指标进行综合排名（辅助排名）/297

按指定条件内部排名 /299

列出排名序列 /302

罗列符合条件的所有数据 /303

筛选未来X天到期的票据编号 /315

查找最新的单价 /326

将数字拆分并填列到各单元格 /335

拆分并填列大写数字 /337

将金额转换为中文大写 /337

判断是否为末级科目（第五节）/345

查找指定字符的最后一个的位置（第五节） /345

补全完整科目（第五节） /345

为方便查阅，本书提供知识点索引的Excel文档，请在第一页扫码下载。

本书使用说明
INTRODUCTION

读者对象

本书读者对象定位为财务人员，但本书只是以财务工作中的表格为示例，并未过多涉及财务专业知识，故非财务人员也可无障碍阅读本书。

软件版本

本书是以 Windows 操作系统上的中文版 Excel 2016 为基础来介绍操作步骤。为了顺畅阅读，建议读者安装中文版 Excel 2013 以上的版本。

示例文件

为方便大家对照书中的操作描述进行练习，本书为每个案例都提供了相应的练习版示例文件及完工版的案例表格，读者可在图书第一页扫码下载。

读者服务

本书的勘误、补充视频及其他补充内容，请在图书第一页扫码下载。读者可通过在微信公众号"Excel 偷懒的技术"或读者群（读者 QQ 群号码：778534194）中留言来进行难点答疑及线上互动。作者会将典型问题整理为文档在公众号中与读者分享。

菜单命令

本书在描述操作连续多个菜单指令时使用右箭头进行连接，比如：单击"开始"

选项卡→"编辑"组→"查找和选择"→"定位条件",调出"定位"对话框。

键盘命令

键盘加黑括号表示,描述键盘命令时一般是这样描述:按住【Ctrl + Enter】组合键,是表示同时按下 Ctrl 键和 Enter 键。

鼠标命令

一般用下面的词语描述鼠标的常用操作:点击、单击、双击、右键点击、拖动。

工作簿、工作表、单元格地址

工作簿用书名号《》标注,工作表用双引号""标注。单元格区域字母大写,中间的冒号为英文半角。比如:

打开示例文件《示例 5-02》的"用透视表核对重复值"工作表,选定 C3:F9 单元格区域。

函数

本书中的函数字母全部大写、参数用中文标注,如:

=VLOOKUP(查找值 , 查找范围 , 引用查找范围的第几列 , 查找模式)

正文中描述函数时未加括号,未加引号。

目录 CONTENTS

读者评价

推荐序

自序

知识点索引

本书使用说明

第一章 强根固本
Excel 函数与公式快速入门 /1

本章从最基础的函数和公式知识开始介绍，由浅入深（基础较好的读者可直接跳过本章前面五节）。读者通过本章的学习可快速掌握使用函数来编制公式的方法，并学会如何拆分、理解复杂的公式，和如何编辑复杂的嵌套公式。

第一节　极限畅想：AI 时代公式的模样　/2

第二节　由表及里：公式的 DNA 不过如此　/3

第三节　小试牛刀：来吧，写几个公式玩玩　/5

第四节　有拘有束：试着跟公式讲条件　/15

第五节　符号探秘：我和公式有个约定　/20

第六节　能屈能伸：公式也能舒之弥四海，卷之不盈怀　/26

第二章 统计求和
能掐会算算无遗策的统计攻略 /37

本章我们将介绍如何用统计求和类函数来制作常用财务表格，如资金管理日报表、固定资产折旧表、费用预算表。通过学习制作这些表格，我们不但可以掌握常用的多条件求和、隔列求和、批量向下求和、统计指定期间的累计数等经典求和公式，还可以学会如何合理安排表格的布局、如何灵活地利用 Excel 的各种功能。

第一节　出纳资金日记账：多条件求和的经典应用　/38

第二节　固定资产折旧表：合并单元格求和很轻松　/52

第三节　销售收入统计表：批量向下求和的经典应用　/65

第四节　部门费用预算表：玩转指定时段的累计数　/74

第五节　销售收入预算表：隔列求和，如此简单　/85

第三章 查找引用
旁征博引信手拈来的引用秘籍 /96

本章将介绍工作中常用的查找引用公式，比如：双条件横列交叉查询、批量将格式相同的多个工作表的数据查询汇总到一张表、自动生成多张工作表的目录、多条件提取唯一值、根据指定条件查询所有的明细记录、反向模糊查找、按规范的简称查询、按不规范的缩写查询，以及如何使用这些公式来设计常用的财务表格。

第一节　管理费用查询表：查找引用基础　/97

第二节　开发项目信息登记表：批量引用多表数据的经典　/109

第三节　商品销售统计表：多条件查找及提取唯一值 /120

第四节　往来对账函：查询明细记录的经典案例 /132

第五节　合同管理台账：模糊查找很轻松 /147

第四章 合并汇总
千表合——劳永逸的汇总神器 /164

在本章中，我们将介绍获取和转换功能（Power Query），利用它来整理不规范的报表、自动批量合并汇总表格、每月自动汇总指定单位指定期间的报表。做好报表以后，每月我们只需刷新一下就可得到新的数据报表，达到"偷懒"的最高境界。

第一节　数据的提取和整理：Power Query 轻松入门 /165

第二节　合并两年的销售报表：将二维报表转为一维清单 /178

第三节　生产日报表：一劳永逸地合并新增工作表 /189

第四节　销售统计报表：批量合并格式不同的工作表 /210

第五节　合并财务报表：轻松汇总多工作簿，量再多也不怕 /220

第五章 核对比较
明察秋毫洞若观火的找茬宝典 /247

数据核对是财务常见需求，由于业务数据存在多种情况，例如需要核对的数据可能重复，也可能不重复，可能在同一个表格中，也可能在多个表格中。为了减少篇幅，本书选择其中一种有代表性的情况介绍所要用到的功能和技巧。

第一节　无重复值时数据的核对比较 /248

第二节　有重复值时数据的核对比较 /259

第三节　核对比较案例：查询指定公司的交易明细 /265

第四节　核对往来：财务核对比较的典型案例 /285

第六章 沧海遗珠
举一反三见招拆招的综合应用 /289

本章介绍如何用文本类、日期类等函数及相关功能制作财务工作中常用的一些表格，如业绩排名表、票据管理台账、进销存台账及统计表，以及财务单据（付款单、进账单）的套打等。

第一节　排名排序：TOP 榜单这样做 /290

第二节　应付票据管理：先来后到准确可靠 /310

第三节　简易进销存：库存管理必备工具 /322

第四节　单据套打：安分守己规行矩止 /330

后记
更新的惊喜 /346

第一章 强根固本

Excel 函数与公式快速入门

为了过上自定义的人生,我们只有不停地筛选、填充知识……

本章从最基础的函数和公式知识开始介绍，由浅入深（基础较好的读者可直接跳过本章前面五节）。读者通过本章的学习可快速掌握使用函数来编制公式的方法，并学会如何拆分、理解复杂的公式，和如何编辑复杂的嵌套公式。更多的函数请参阅《“偷懒”的技术：打造财务 Excel 达人》第四章。

第一节　极限畅想：AI 时代公式的模样

人工智能（AI）正处于一个飞速发展的阶段：汽车不再需要人工驾驶，AlphaGo 完胜围棋九段高手李世石，而 AlphaGo Zero 从零起步，通过学习围棋规则（只学习了三天），经过自我对弈训练，就无师自通，以 100：0 的成绩，完胜 AlphaGo。

人工智能都这么牛了，为什么 Excel 函数、嵌套公式还是这么难学？为什么 Excel 就不能智能一点，就不能用自然语言来下达计算指令呢？在我们的心目中，AI 时代的 Excel 公式就应该能用自然语言下达统计分析的指令。比如，假设要统计图 1-1 中各员工的金额之和，我们只需在 E2:E4 单元格区域中分别键入相应的指令或用语音下达相应的指令即可得到相应的统计结果。

	A	B	C	D	E
1	职员	性别	金额		AI 时代的公式
2	刘一	男	1,355		求左表中各员工的金额之和
3	陈二	女	1,333		统计男员工的平均金额
4	张三	男	1,398		统计女员工的人数
5	李四	女	2,377		
6	王五	男	1,904		
7	赵六	男	2,377		
8	孙七	女	1,343		
9	周八	男	1,532		
10	吴九	女	2,499		
11	郑十	女	2,728		

图 1-1　理想中的公式

遗憾的是，到目前为止 Excel 还没有这么智能，它无法区分单元格中输入的是文本字符，还是下达的计算指令。另外，用自然语言来下达指令还存在这样的问题：同样一个指令，每个人的表述都不一样，甲的表述是“求左表中各员工的金额之和”，乙的表述却可能是“统计左边表格的金额”。

为了规避这些问题，Excel 在设计公式时，需要做到“三个统一”：

（1）遵循统一的规则

用某个特征，告诉 Excel 这是一条计算指令（公式），而不是文本字符。目前 Excel 采用的规则是：公式都是以等于号（"="）开头，也就是说，只要单元格的内容是以"="开头，Excel 就会将其视为公式（注意：如果单元格是文本格式，即使是以等于号（"="）开头，Excel 也不会视其为公式）。

（2）遵照统一的指令

比如，求和用 SUM 函数，统计个数用 COUNT 函数，查找用 VLOOKUP 函数等。

（3）遵守统一的语法格式

为避免同一个需求用不同的方式来表达，同一个指令需要用同样的语法格式。

第二节　由表及里：公式的 DNA 不过如此

一、什么是公式

为了帮助大家理解什么是公式，下面举例进行说明。

打开本书资源包中的示例文件《示例 1-02》工作簿[○]。"sheet 1"工作表内容如图 1-2 所示：

图 1-2 的 B 列是由数字、运算符、括号组成的字符串，尽管它是符合四则运算规则的算式，但并不能得到算式的计算结果；C 列是在 B 列算式前面加了等号，形式上符合 Excel 公式的规则，但由于单元格是文本格式，它也不能得到算式的计算结果；D 列的内容与 C 列完全相同，唯一的区别在于它不是文本格式，而是常规格式，但它可以得到计算结果。从这一点可以看出：公式本质上也是字符串。我们可以这样理解：

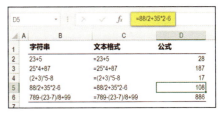

图 1-2　字符串与公式

○　读者可扫描本书第一页的二维码下载示例文件。

公式是能够运算的字符串，是以"＝"开头、包含函数和运算符的、能完成特定运算的特定字符串。

在充分理解了这一点之后，我们就可以利用这个特点将字符串和公式进行灵活转换。

二、公式与字符串之间的转换

理解了"**公式就是特殊字符串**"这个本质后，我们来看一下如何利用公式与字符串的特点，在公式与字符串之间相互转换，巧妙解决一些特定的问题。

例如，我们要将《示例 1-03》工作簿"一列转五列"工作表的 A1:A59 单列的数据转换为五列（见图 1-3 黄色区域 C1:F3）。

如果在 C1:F2 单元格区域输入图中的链接公式，然后选定 C1:F2 单元格区域，往下拖动填充柄填充，由于公式中单元格引用填充的规则和字符串填充的规则不同，则在 C3:F3 单元格区域填充生成的公式并不会是"=A11、=A12、=A13、=A14"，而是"=A3、=A4、=A5、=A6"，因而，也就得不到黄色区域 C1:F3 标示的结果。

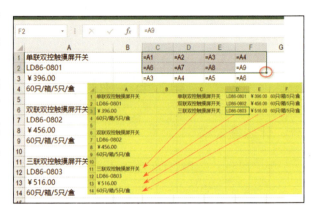

图 1-3　往下填充无法达到期望的效果

要实现一列转五列，我们可以按下面的思路操作：

先在 C1:F2 单元格区域录入要引用的单元格地址，然后往下拖动填充，最后用查找替换将其批量转换为公式。

具体操作步骤如下：

Step 1：在 C1:F1 单元格区域分别输入单元格地址（是文本字符串）"A1、A2、A3、A4"，在 C2:F2 单元格区域分别输入字符串"A6、A7、A8、A9"。

Step 2：选定 C1:F2 单元格区域。

Step 3：拖动填充柄往下填充至 C3:F12 单元格区域。此时会按序列进行递增，字符串中单元格地址的行会依次递增 5，正是我们要引用的单元格的地址。递增后效果如 C3:F12 所示。

Step 4：选定 C1:F12 单元格区域，按【Ctrl+H】打开查找替换对话框→在查找栏输入"A"，在替换栏输入"=A"，然后点击"全部替换"按钮，即可在所有的字符串前批量添加等于号，将其变为公式，从而实现一列转五列（见图 1-4）。

图 1-4　字符串与公式的转换

第三节　小试牛刀：来吧，写几个公式玩玩

一、从 SUM 函数看公式的组成

上一节列举的只是简单的单元格引用和四则运算，要用 Excel 做数据分析，简单的四则运算，要么满足不了需求，要么没有效率。例如，我们要在《示例 1-04》工作簿的"sheet 1"工作表（如

图 1-5 所示）中对各员工进行小计求和，就得将单元格逐个相加：

=B2+B3+B4+B5+B6+B7+B8+B9+B10+B11+B12+B13

这样一个个输入效率很低，而我们如果用 SUM 函数来求和，就会非常简洁明了：

=SUM(B2:B13)

如果我们对多个单元格区域求和，则求和公式可以写成：

=SUM(B2:B13,E2:E13)

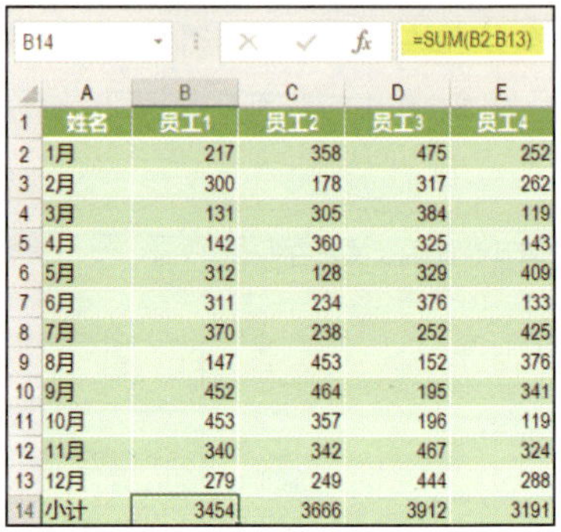

	A	B	C	D	E
1	姓名	员工1	员工2	员工3	员工4
2	1月	217	358	475	252
3	2月	300	178	317	262
4	3月	131	305	384	119
5	4月	142	360	325	143
6	5月	312	128	329	409
7	6月	311	234	376	133
8	7月	370	238	252	425
9	8月	147	453	152	376
10	9月	452	464	195	341
11	10月	453	357	196	119
12	11月	340	342	467	324
13	12月	279	249	444	288
14	小计	3454	3666	3912	3191

图 1-5　批量输入求和公式

从上面两个求和公式，我们可以提炼出单个函数的公式模型：

= 函数（参数 1, 参数 2, 参数 3,…）

也就是说，用单个函数编制的公式由**等于号、函数名称、参数、括号**四部分组成。下面我们对这四部分分别解释。

等于号：所有的公式都是以等于号开始，但数组公式除外，数组公式完成输入时不是按 Enter 键，而是同时按【Ctrl+Shift+Enter】三个键，系统会自动在公式最外面添加大括号。

函数名：函数名称一般是英文单词或其首字母的组合，比如本案例中的 SUM 函数，SUM 就是一个英文单词，其含义为“总结、合计”。有些函数名并不是单词，而是某些单词的组合，比如 VLOOKUP 就是 Vertical（垂直的）的首字母 V 与 Lookup（查找）的组合。如果我们把函数名称写错了，就无法进行运算（比如将求和函数 SUM 写成了 SUN）。从这一点，我们可以看出：

函数实际上就是具有特定功能的特定字符串，这些字符串大多是英文单词或英文单词的首字母组合。

所以，函数没什么神秘的，我们只要正确地输入函数的名称、按正确的格式输入其参数，Excel 就会自动按规则计算。

■ 扩展阅读

请在微信公众号“Excel 偷懒的技术”中发送“函数名称”学习常用函数名称的理解、记忆方法。

参数：函数的参数由零个到多个组成，具体是多少个由函数的语法规则而定。有多个参数时，各参数要用英文半角的逗号分隔，参数可以是数字或文本、单元格或单元格区域以及其他函数。

括号：其作用是把参数括起来。

只要记住上面这些规则，我们很快就可以学会编制简单的公式。下面我们从最简单的、不需要参数的函数开始学习如何编制公式。

二、不需要参数的函数

如前所述，很多函数名称实际上就是英文单词，因而最简单的公式就是用不带参数的函数编制而成的，要输入这样的公式操作非常简单（见图 1-6）。

在函数（英文单词）前输入等于号，然后在函数名称后面输入括号就可以了。

例如，要在图 1-7 中的 D2 单元格显示今天的日期（详见《示例 1-05》工作簿的"不需要参数的函数"工作表），我们可以按照下面的步骤操作：

Step 1：在 D2 单元格输入 "="。
Step 2：输入 "今天" 的英文单词 "today"。
Step 3：输入左右括号，然后直接回车即可完成公式的输入。

此公式取的是计算机系统当前的日期，表格重新计算或重新打开时会自动更新为当天的日期。

图 1-6　函数与英文单词

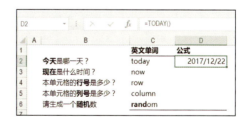

图 1-7　计算当前的日期

同理，要用公式计算 B3:B6 单元格区域问题的结果，我们可以分别按照下面的提示操作：

- 要显示当前（"当前"的英文单词为 now）的时间，可在 D3 单元格输入公式：

  =NOW()

- 要显示公式所在单元格的行号（"行"的英文单词为 row），输入公式：

  =ROW()

- 要显示公式所在单元格位于表格的第几列（"列"的英文单词为 column），输入公式：

  =COLUMN()

- 要显示一个 0 到 1 之间的随机数（"RAND"函数是随机英文单词 random 的一部分），输入公式：

  =RAND()

三、只需要一个参数的函数

接下来我们来看一下如何使用带参数的函数来编制公式。

打开《示例 1-05》工作簿的"一个参数的函数"工作表，如图 1-8 所示。

行	A	B	C	D	E	F	G
1			需求		英文单词	计算结果	F列公式
2		2017-12-22	请计算出B2单元格的**年份**		year	=YEAR(	=YEAR("2017/12/22")
3			请计算出B2单元格的**月份**		month	12	=MONTH(B2)
4		23	请计算出B2单元格的**日期**		day	22	=DAY(B2)
5		张三	请统计B1:B11单元格数字的个数		count	6	=COUNT(B1:B11)
6		29	请统计B1:B11单元格**所有值**的个数		count+all	8	=COUNTA(B1:B11)
7		李四	请统计B1:B11单元格**空白**单元格的个数		Count+blank	3	=COUNTBLANK(B1:B11)
8			请统计B1:B11单元格的**最大值**		max	43091	=MAX(B1:B11)
9		29	请统计B1:B11单元格的**最小值**		min	23	=MIN(B1:B11)
10		54	请计算B1:B11单元格的**平均值**		average	7209.1667	=AVERAGE(B1:B11)
11		29	请统计B1:B11单元格的**众数**（出现次数最多的）		mode	29	=MODE(B1:B11)
12							
13		1234.5678	取B13的**整数**		integer	1234	=INT(B13)
14		宝马X5	统计**字符长度**（个数）		length	4	=LEN(B14)
15		奥迪A6	统计**字节长度**（个数）		length+bit	6	=LENB(B15)

图 1-8 一个参数的函数

我们要在 F2 单元格计算 B2 单元格日期的年份。"年"的英文单词为 year，因而，我们在 F2 单元格输入：

=YEAR(

此时系统会在公式编辑栏下方出现参数的提示"serial_number"（数字序号），要求我们输入数字序号。此时我们可以手工输入 B2（或者用鼠标点击 B2 单元格，系统自动填入参数"B2"），然后输入右括号"）"，敲击回车键即可完成输入。F2 单元格完整的公式为：

=YEAR(B2)

用相同的方法输入图 1-8 中 F3:F15 单元格的公式，其公式参见图中 G3:G15 单元格所示，此处不再赘述。

【公式解释】

- 由于在 Excel 中日期本质上是数字，因而 F5 单元格用 COUNT 函数统计 B1:B11 单元格区域的数字个数时会将 B2 单元格视为数字，故其计算结果为 6。
- 同理，F8 单元格求 B1:B11 单元格区域的最大值时会将 B2 单元格中的日期视为数字，故其结果为 43091（即"2017 年 12 月 22 日"的数字序列）。
- 在计算机系统中一个汉字占两个字节，因而 F15 单元格计算 B15 的字节数，其结果为 6（汉字个数 ×2+ 数字字母个数）。

【提示】

在 Excel 中，日期和时间本质上是数字，因而系统提示输入"serial_number"。系统最早的起始日为"1900 年 1 月 1 日"，其日期序列为 1，"1900 年 1 月 2 日"为 2，依次往下推，"2017 年 12 月 22 日"的数字序列为 43091。

为了验证日期就是数字，我们可在单元格中输入 43091，然后按【Ctrl+ #】快捷键将此单元格设为日期格式，就可显示为"2017/12/22"。正是因为这样，如果 A1 单元格为日期

"2017/12/22",我们在其他单元格使用公式:

=" 订单日期:"&A1

本来是希望显示"订单日期:2017/12/22",但实际上显示的是"订单日期:43091",正确的公式为:

=" 订单日期:"&TEXT(A1,"yyyy-m-d")

Excel 中的时间本质上也是数字,既然 1 就是 1 天,1 天共 24 小时,那么 1 小时就是 1/24(0.041 667),中午 12 点就是 0.5(12/24)。假设现在的时间是 11 点 6 分,我们用【Ctrl+Shift+;】快捷键在单元格中输入当前的时间→复制此单元格→"选择性粘贴-数值",将其粘到某空白单元格,就可看到粘贴的值为 0.4625。我们也可在单元格中手动输入数字 0.4625,然后将此单元格设置为时间格式,就可显示为"11:06"。

正因为在 Excel 中日期和时间本质上是数字,因而,日期和时间可直接加减。比如单元格 A1 为某项工作的起始日,B1 为结束日,要计算两日期之间的天数,可直接将两日期相减,公式为:

=B1-A1

四、需要多个参数的函数

接下来我们用更复杂一点的函数来编制公式。

打开《示例 1-05》工作簿的"多个参数的函数"工作表。如图 1-9 所示,B 列是订单编号,是由日期、类别、序号三部分组成。我们现在要提取订单编号中的日期。

日期在订单编号最左边,提取订单编号的日期也就是取 B2 单元格左边的八位数,"左边"的英文单词为 left,Excel 用此单词作为提取左边字符的函数,LEFT 函数的语法格式为:

图 1-9 用 LEFT 函数提取左边的字符

=LEFT(文本,要提取的字符数)

所以，我们在 D2 单元格中输入：

=left(

此时系统会自动提示图 1-9 中黄色部分的内容。参数 text 是指要处理的文本字符串，num_chars 是要提取的字符数，num_chars 用中括号括起来表示此参数为可选参数。我们分别输入第一参数 "20170106L0001"、第二参数 8，两参数中间用英文逗号分隔。完整的公式为：

=LEFT("20170106L0001",8)

公式计算结果为"20170106"，由于此公式的第一参数直接输入了文本字符串，无法拖动填充应用到下面的单元格，公式不具有灵活性。为了让公式具有良好的扩展性，我们可以将第一参数改为单元格 B2。公式为：

=LEFT(B2,8)

注意上面两个公式的区别：

公式中的文本字符串需要用双引号括起来，单元格不能用双引号括起来。

同理，如果要提取右边四位序号，公式为：

=RIGHT(B2,4)

如果要提取 B2 单元格中间的类别"L"，也就是要"取 B2 单元格中间（英文单词 middle）的 1 个字符"，就要用 MID 函数，MID 函数的语法格式为：

=MID（文本，起始位置，要提取的字符数）

本案例就是要从 B2 单元格的第 9 个字符起，提取 1 个字符。其公式为：

=MID(B2,9,1)

上面的公式与语法格式对应关系如图 1-10 所示。

下面再介绍最常用的查找函数 VLOOKUP。⊖

此函数就是 Vertical（垂直的）的首字母与 Lookup（查找）的组合，其作用就

扫码看视频

⊖ 本书中附有二维码处，读者可通过扫描二维码观看讲解视频。

是在某区域的首列中查找指定的值，找到后，就返回该区域中第 N 列所对应的值。其语法格式为：

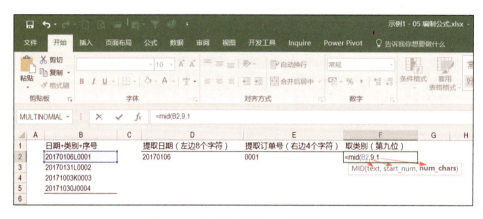

图 1-10　用 MID 函数提取中间的字符

=VLOOKUP（要查找的值，查找区域，取查找区域第几列的值，精确查找还是模糊查找）

要掌握此函数，我们需注意以下三点：

- 查找的值（第一参数）要在查找区域（第二参数）中的第一列。
- 第三参数是指查找区域中的第几列，而不是整个工作表的第几列。
- 如果第四参数为 False（或为 0）就是精确查找，为 True（或为 1）就是模糊查找。

《示例 1-05》工作簿的"多个参数的函数"工作表 B13:E17 单元格区域是订单表格，现需要查找 B11 单元格指定订单号对应的金额，此时我们就可以使用 VLOOKUP 函数编制公式：

=VLOOKUP(B11，B13:E17，4，FALSE)

公式的含义为：在 B13:E17 单元格区域的第 1 列中查找 B11 的值，如果找到了，就返回该区域中第 4 列对应的值。

如图 1-11 所示，上面的公式也可写成：

=VLOOKUP(B11，B13:E17，4，0)

关于 VLOOKUP 函数第四参数为 1 时模糊查找的案例，请参见第三章第一节的相关知识点。

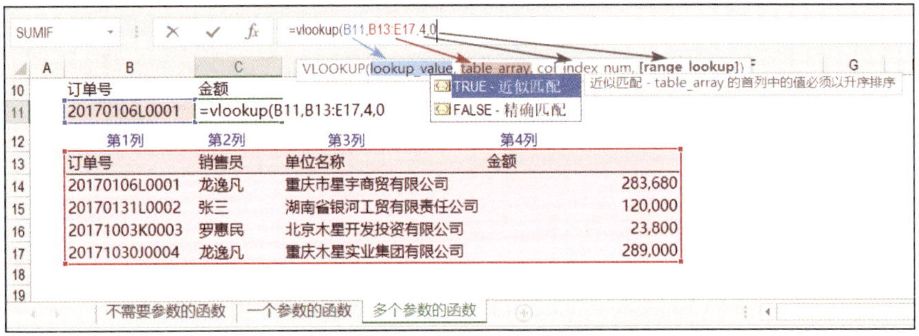

图 1-11　使用 VLOOKUP 查找[一]

■ **扩展阅读**

请在微信公众号"Excel 偷懒的技术"中发送"VLOOKUP 错误"学习使用 VLOOKUP 函数的常见错误及解决方法。

五、如何搜索该使用什么函数

Excel 函数一共有 400 多个，最常用的也有六七十个，新手往往难以记住这些函数，因而经常会出现要使用函数时却不知道用什么函数的情况。遇到这种情况时，我们除了使用搜索工具在网上查找之外，还可以在 Excel 中根据关键字查找使用什么函数。

方法一：在"告诉我你想要做什么"搜索框用关键字搜索。

在"告诉我你想要做什么"搜索框键入相应关键字后，回车，系统就会自动列出相应的功能，点击"获取有关 ** 的帮助"，可看到相应的函数（见图 1-12）。

方法二：在"插入函数"对话框搜索。

具体步骤如下：

Step 1：点击公式编辑栏左边的"fx"按钮。

[一] 本书中出现的公司均为作者虚拟。

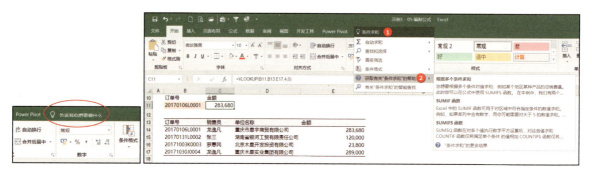

图 1-12　在"告诉我你想要做什么"搜索框用关键字搜索

Step 2：在弹出的对话框中的"搜索函数"栏，输入关键字。

Step 3：点击"转到"按钮，Excel 即会列出与关键字相关的函数（见图 1-13）。

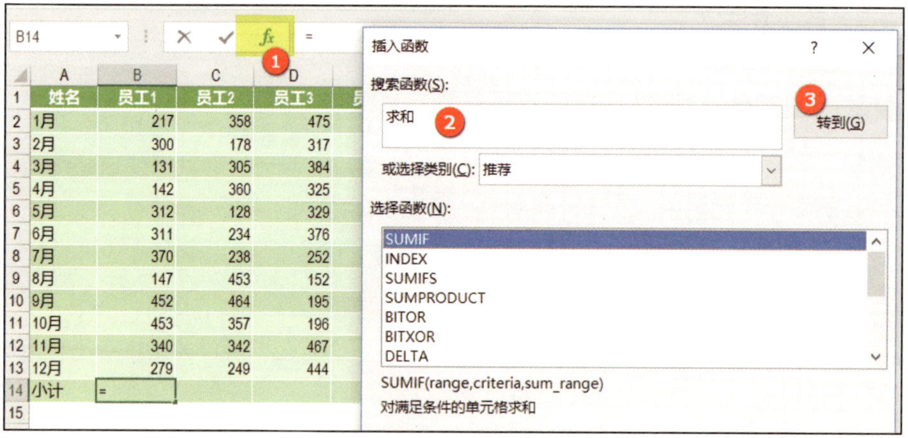

图 1-13　根据关键字搜索函数

Step 4：然后双击要选择的函数，即可弹出该函数的编辑对话框。根据提示输入相应的参数（见图 1-14）。

图 1-14　函数编辑对话框

建议采用前面所介绍的方法手工录入函数的各参数，而不是使用此界面输入函数的参数，以便更快熟悉各参数的作用。

第四节　有拘有束：试着跟公式讲条件

前面介绍了将单元格和数字作为函数的参数，接下来我们来看一下如何在参数中使用条件。

一、使用简单的条件

1. 统计 B2:B10 区域内有多少个 98

打开《示例 1-06》工作簿的"条件 1"工作表，现在要在 E2 单元格统计 B2:B10 单元格区域中数字"98"的个数，这实际上就是一个条件计数：如果"等于 98"就对其计数。

"计数"的英文单词为 count,"如果"的英文单词为 if,Excel 将这两个单词组合成为函数名 COUNTIF,用来进行条件计数。其语法格式为:

=COUNTIF(单元格区域,条件)

按照前面的介绍,我们要在 E2 单元格中输入:

=COUNTIF(B2:B10,98)

第一参数 B2:B10 为 range(区域),第二参数 98 为 criteria(条件),也就是统计 B2:B10 单元格中是 98 的个数(见图 1-15)。

2. 统计区域内大于 70 的数字个数

如果要统计大于 70 的数字个数,公式为:

=COUNTIF(B2:B10,">70")

在本案例中,COUNTIF 的第二参数为条件表达式。**公式中的条件表达式要用英文双引号括起来**,如果不括起来,写成:

=COUNTIF(B2:B10,>70)

系统会提示此公式出错(见图 1-16)。

图 1-15 条件计数

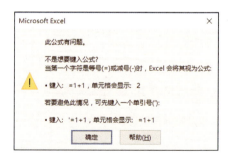

图 1-16 条件书写不正确时的提示

二、在函数中使用条件

从前面的示例可以看出，公式中的条件可以为数字或简单的条件表达式，实际上还可以是文本、单元格引用、函数。

打开《示例1-06》工作簿的"条件2"工作表，表格如图1-17所示。

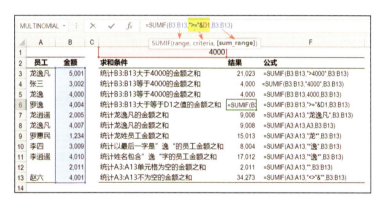

图1-17　常见的求和条件

要在图1-17中的E6单元格统计B3:B13单元格区域"大于等于D1之值的金额之和"。这是一个条件求和，也就是"如果满足大于等于D1单元格的条件，就对其相应单元格进行求和"。Excel将"如果"与"求和"的英文单词IF和SUM组合在一起就是条件求和函数SUMIF，其语法格式为：

=SUMIF（条件判断区域，条件，求和区域）

用此函数编制的公式为：

=SUMIF(B3:B13,">="&D1,B3:B13)

注意：Excel中的"大于等于"不是用"≥"表示，而是用">=";"小于等于"用"<="表示，"不等于"用"<>"表示。

SUMIF 的第一参数条件判断区域和第三参数求和区域一般情况下是不一致的，如果两者是同一区域，第三参数可以省略，因而上面的公式可以简写为：

=SUMIF(B3:B13,">="&D1)

> 【提示】
>
> 在公式中使用条件的关键知识点：
>
> 单元格引用不能加双引号。比如：大于等于 D1 的值不能写成 ">=D1"，而应该写成 ">="&D1。
>
> 条件中的文本必须用英文双引号括起来。如图 1-17 中 E7 单元格公式中的 " 龙逸凡 "。
>
> 用 "" 表示空（英文双引号中间无内容）。如图 1-17 中 E12 单元格公式的条件。
>
> 条件中可以使用通配符，关于通配符的介绍请参见后面"公式中的符号"。

在函数中使用条件的其他示例参见图 1-17 中 E3:E13 中的公式。

能使用条件进行统计的常用函数还有：

（1）按条件统计个数的 COUNTIF，此函数前面已介绍，不再赘述。

（2）按条件求平均值的 AVERAGEIF，AVERAGEIF 函数的语法格式为：

=AVERAGEIF（条件判断区域，条件，求平均值区域）

三、公式中的多条件

1. 多条件统计函数

前面介绍的函数使用的都是一个条件，工作中很多时候要用到多条件统计，这时就需要用到多条件函数：

多条件求和 SUMIFS、多条件计数 COUNTIFS、多条件求平均值 AVERAGEIFS。

这些函数都是在原函数名称后加了一个 S（在英语中加 s 表示复数），其语法格式分别为：

=COUNTIFS(条件区域 1，条件 1，条件区域 2，条件 2，…)

=SUMIFS(求和区域，条件区域1，条件1，条件区域2，条件2,…)
=AVERAGEIFS(求平均值的区域，条件区域1，条件1，条件区域2，条件2,…)

以上三个函数，使用的条件最少为 1 个，最多可达 127 个。

需要注意的是：SUMIF、AVERAGEIF 函数是将求和区域、求平均值区域放在第三参数上，而由于 SUMIFS、AVERAGEIFS 函数使用的条件为 1～127 个，使用的条件个数不确定，因而将求和区域、求平均值区域放在第一参数上。

下面我们举实例来看一下上面三个函数的用法：

假设要统计图 1-17 中 B3:B13 单元格中大于 3000 小于 4000 数字的个数、数字之和、平均值，其公式分别为：

=COUNTIFS(B3:B13,">3000",B3:B13,"<4000")
=SUMIFS(B3:B13,B3:B13,">3000",B3:B13,"<4000")
=AVERAGEIFS(B3:B13,B3:B13,">3000",B3:B13,"<4000")

2. 使用逻辑函数编制复杂的多条件

如果要表示较复杂的条件，用上面的多条件统计函数满足不了需求，就要用到四个逻辑函数：AND、OR、NOT、IF。

AND 函数（和）只有当条件全部满足时才返回 TRUE；

OR 函数（或）只要有一个条件满足就返回 TRUE；

NOT 函数作用是取反，将 TURE 变为 FALSE，FALSE 变为 TRUE。

IF 函数用于条件判断，其句式相当于我们日常所说的 "如果……，那么……，否则……"，语法格式如图 1-18 所示。

图 1-18 条件句与 IF 函数

下面举例说明 IF 函数的用法：

打开《示例 1-08》工作簿的“判断绩效”工作表，要对 C 列的绩效进行判断是否及格或是否优良（见图 1-19）。

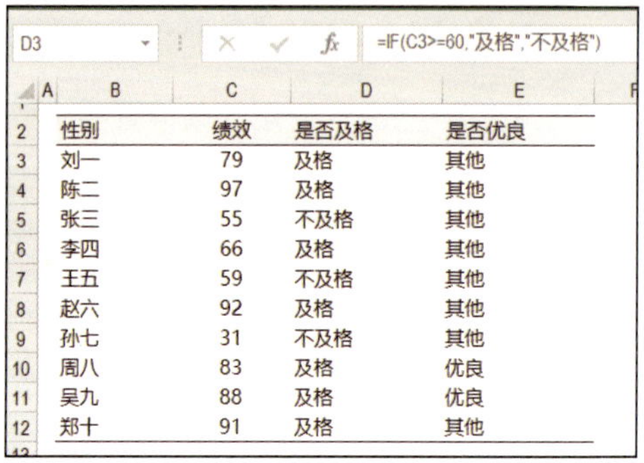

D3　=IF(C3>=60,"及格","不及格")

性别	绩效	是否及格	是否优良
刘一	79	及格	其他
陈二	97	及格	其他
张三	55	不及格	其他
李四	66	及格	其他
王五	59	不及格	其他
赵六	92	及格	其他
孙七	31	不及格	其他
周八	83	及格	优良
吴九	88	及格	优良
郑十	91	及格	其他

图 1-19　判断绩效是否及格或是否优良

- 判断 C3 单元格成绩是否及格

判断的逻辑：如果 C3 大于等于 60，那么判为“及格”，否则判为“不及格”，其公式为：

=IF(C3>=60," 及格 "," 不及格 ")

- 判断 C3 单元格成绩是否优良

判断的逻辑：如果 C3 大于 80，并且小于 90，就判定为“优良”，否则为“其他”。在数学等式中“大于 80 小于 90”写成“80<A1<90”，但在 Excel 公式中不能这样写，因而此公式不能写成：

=IF(90>C3>80," 优良 "," 其他 ")

这是两个需要同时满足的条件：大于 80，并且小于 90，需使用 AND 函数将两个条件括起来，用公式表示就是：

=IF(AND(C3>80,C3<90)," 优良 "," 其他 ")

上面公式中 IF 函数的第一个参数使用了 AND 函数。从这一点可以看出：函数的参数也可以是其他函数，这样一层层嵌套就能写出复杂的公式。

第五节　符号探秘：我和公式有个约定

下面我们将系统地介绍一下公式中的各种符号，本节所指的符号均为英文半角的符号。

一、算术运算符

图 1-20 给出了常用的算术运算符。

含义	加	减	乘	除	次方	百分比
符号	+	−	*	/	^	%

图 1-20　算术运算符

打开《示例 1-09》工作簿的"运算符 1"工作表：

- 如果 B9 单元格的值为 6，C9 为 3，D9 为 4，那么下面公式的计算结果为 35。

    =(B9/3+C9^2−D9)*5

公式的含义为：将 B9 单元格的值除以 3，再加上 C9 值的平方，然后减去 D9 的值，最后将其计算结果乘以 5。

- B12 单元格为"123456.78 元"，要在 C13 单元格中提取字符串中的数字，并转为可计算的数值，可编制公式：

    =−−LEFT(B12,9)

【公式解释】
用 LEFT 提取字符串左边的 9 个字符，由于文本函数的结果为文本，需要在前面添加 2 个负号（也是减号），对其进行算术运算后（负负得正）就可转换为可计算的数值。

注：也可用加减 0 或乘除 1 的方法将文本型的数字转为可计算的数值。

- 要提取 B12 单元格中的数字并转为以万为单位，C14 单元格的公式为：

    =LEFT(B12,9)%%

上面公式中的两个 % 相当于除以 10 000：

=LEFT(B12,9)/10000

其计算结果为 12.345678。

二、比较运算符

图 1-21 给出了常用的比较运算符。

含义	等于	大于	小于	大于等于	小于等于	不等号
符号	=	>	<	>=	<=	<>

图 1-21 比较运算符

图 1-22（《示例 1-09》工作簿的"运算符示例"工作表）是算术运算符和比较运算符的示例：

	A	B	C	D
1	3	5		
2				
3	运算符	符号名称	判断A1、B1大小	C列的公式
4	=	等号	A1不等于B1	=IF(A1=B1,"A1和B1相等","A1不等于B1")
5	>	大于号	A1小于B1	=IF(A1>B1,"A1大于B1","A1小于B1")
6	<	小于号	A1小于B1	=IF(A1<B1,"A1小于B1","A1大于B1")
7	>=	大于等于号	A1小于等于B1	=IF(A1>=B1,"A1大于等于B1","A1小于等于B1")
8	<=	小于等于号	A1小于等于B1	=IF(A1<=B1,"A1小于等于B1","A1大于等于B1")
9	<>	不等号	A1不等于B1	=IF(A1<>B1,"A1不等于B1","A1和B1相等")
10	*	乘号	15	=A1*B1
11	/	除号	0.6	=A1/B1
12	&	连接符	35	=A1&B1
13	^	乘方(N次方)	8	=2^A1

图 1-22 算术运算符和比较运算符示例

■ 扩展阅读

在公式中判断日期大小时，比如要判断是否大于或小于某日期，如果用公式"=IF(A3>"2015-7-1","大于7月1日")"就会出错，在公式中该如何正确地比较日期的大小，请在微信公众号"Excel偷懒的技术"中发送关键字"日期大小"学习相关知识。

三、引用运算符

1. 引用运算符及示例

图 1-23 给出了比较常用的引用运算符。

名称	冒号	逗号	空格
符号	:	,	
含义	区域运算符	联合运算符	交集运算符
作用	表示两单元格组成的矩形区域	将多个引用合为一个引用	引用两单元格区域交叉部分的单元格
示例	=SUM(A1:B3)	=SUM(A2:H2,B5:C5)	=SUM(A5:H6 E1:F9)
解释	对 A1 到 B3 矩形区域求和	对 A2:H2 和 B5:C5 区域求和	对 A5:H6 和 E1:F9 区域交叉部分（即 E5:F6）求和

图 1-23　引用运算符

2. 不同情况下的单元格引用

Excel 引用单元格时，在不同的情况下，显示的单元格地址长度有所不同，详见《示例 1-10》工作簿的各工作表。

- 引用本工作表，只会显示单元格：

=SUM(C5:C16)

- 引用本工作簿其他工作表的单元格，会显示工作表名称：

=SUM(sheet1!C5:C16)

单元格和工作表名称之间用"!"间隔。

引用运算符冒号（:）还可引用多个工作表。比如要对《示例 1-10》工作簿中的从"龙逸凡"到"钱勇"三张工作表的 B2 单元格求和，我们可以表示如下：

=SUM(龙逸凡 : 钱勇 !B2)

- 引用其他处于打开状态的工作簿的单元格，还会显示工作簿的名称：

    =SUM([统计表.xlsx]Sheet1!C5:C16)

工作簿的名称用中括号括起来。

- 如果其他工作簿处于关闭状态，还会显示完整的路径：

    =SUM('D:\我的桌面\[统计表.xlsx]Sheet1'!$C$5:$C$16)

路径会用单引号（' '）括起来。这么长的一串地址影响公式的阅读，如果要缩短显示，可打开数据源工作簿。

四、其他运算符

1. 连接符（&）

A1 单元格为"Excel"，B1 为"爱"，C1 为"我"，那么公式：

=A1&B1&C1

其计算结果为"Excel 爱我"；
公式：

=C1&B1&A1

其计算结果为"我爱 Excel"。

2. 双引号（""）

公式中的文本均需要用英文半角的双引号括起来，比如：

=SUMIF(A3:A13,"龙逸凡",B3:B13)

如果双引号中间无内容，表示为空。

=SUMIF(A3:A13,"<>"&"",B3:B13)

上面的 SUMIF 函数第二参数中的 <> 是比较运算符“不等于”，用双引号括起来 "<>"。然后用连接符（&）与后面的双引号（""）连接起来，表示“不等于空”。

3. 通配符 *?

通配符有问号 (?) 和星号 (*)，问号可匹配单个任意字符，星号能匹配多个任意字符。所以，在图 1-14 中可以用 " 龙 *" 表示以“龙”开头、用 "* 逸 *" 表示字符串中包含“逸”字。

如果字符中本身含有 * 或 ?，那么要在其前面加上转义符～以去掉其通配属性。

比如在图 1-24（《示例 1-11》工作簿的“ sheet 1”工作表）中，要统计规格“200*100”对应的金额，如果使用下面的公式：

=SUMIF(B7:B12,"200*100",C7:C12)

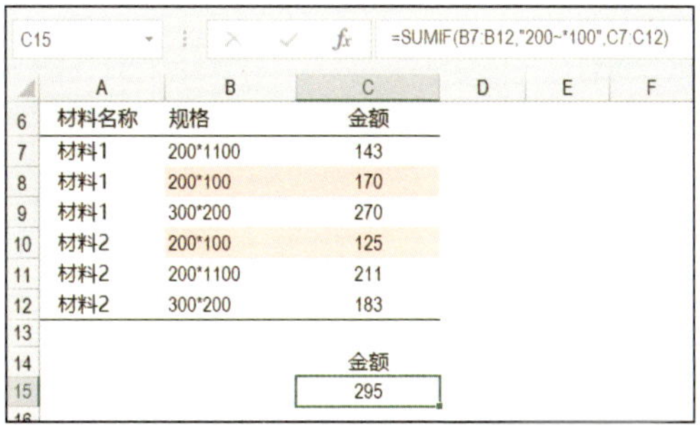
C15　=SUMIF(B7:B12,"200~*100",C7:C12)

	A	B	C	D	E	F
6	材料名称	规格	金额			
7	材料1	200*1100	143			
8	材料1	200*100	170			
9	材料1	300*200	270			
10	材料2	200*100	125			
11	材料2	200*1100	211			
12	材料2	300*200	183			
13						
14			金额			
15			295			

图 1-24　去掉通配符的通配属性

其计算结果为 649，因为字符中含有通配符 *，该公式会将符合条件的 B7、B8、B10、B11 所对应的 C 列的金额进行求和（143+170+125+211=649）。为避免出现这种情况，我们需要在 * 前加转义符～去掉通配属性，正确的公式为：

=SUMIF(B7:B12,"200~*100",C7:C12)

■ 扩展阅读

在编制复杂的公式时要注意以上各类运算符的计算顺序，以免公式得出错误的计算结果。请在微信公众号“Excel 偷懒的技术”中发送“运算顺序”学习各运算符计算顺序的相关知识。

第六节　能屈能伸：公式也能舒之弥四海，卷之不盈怀

一、使用正确的单元格引用类型让公式有良好的扩展性

1. 单元格引用类型

前面我们介绍的函数公式基本上是在一个单元格中应用，更多的时候要将公式应用到其他单元格。为了让已经编制好的公式能填充应用到其他单元格中，我们需要使用正确的单元格引用。比如我们在前面图 1-19 D3 单元格设计好判断绩效是否及格的公式后，希望能将此公式批量应用到下面的单元格，这时只需选中 D3 单元格，然后拖动填充柄（或者直接双击填充柄）往下填充到其他单元格即可。填充到 D4 单元格时，公式会由：

扫码看视频

=IF(C3>=60," 及格 "," 不及格 ")

自动变为：

=IF(C4>=60," 及格 "," 不及格 ")

但有时候，这样拖动填充后得到的公式并不符合我们的要求。例如，我们要在《示例 1-12》工作簿的"九九乘法表（不正确的引用）"工作表中编制九九乘法口诀表：

我们在 B2 单元格中输入公式：

=A2*B1

将 B2 单元格往右拖动填充到 C2，公式会变为：

=B2*C1

将 B2 单元格往下拖动填充到 B3，公式会变为：

=A3*B2

显然，这两个公式的结果是错误的（见图 1-25）。我们希望往右拖动时，B2 单元格公式中

的"A2"中的列号"A"不变；往下拖动填充时 B2 单元格公式中"B1"中的"1"保持不变。在 **Excel 中要让公式的单元格的行或列保持不变，就在单元格引用的行号列标前面加上美元符号"$"**。因而，我们将 B2 单元格公式修改为：

=$A2*B$1

	A	B	C	D	E	F	G	H	I	J
1		1	2	3	4	5	6	7	8	9
2	1	1	2	6	24	120	720	5040	40320	362880
3	2	2	4	24	576	69120	49766400	2.51E+11	1.01E+16	3.67E+21
4	3	6	24	576	331776	2.29E+10	1.14E+18	2.86E+29	2.89E+45	1.06E+67
5	4	24	576	331776	1.1E+11	2.52E+21	2.88E+39	8.25E+68	2.4E+114	2.5E+181
6	5	120	69120	2.29E+10	2.52E+21	6.37E+42	1.84E+82	1.5E+151	3.6E+265	#NUM!
7	6	720	49766400	1.14E+18	2.88E+39	1.84E+82	3.4E+164	#NUM!	#NUM!	#NUM!
8	7	5040	2.51E+11	2.86E+29	8.25E+68	1.5E+151	#NUM!	#NUM!	#NUM!	#NUM!
9	8	40320	1.01E+16	2.89E+45	2.4E+114	3.6E+265	#NUM!	#NUM!	#NUM!	#NUM!
10	9	362880	3.67E+21	1.06E+67	2.5E+181	#NUM!	#NUM!	#NUM!	#NUM!	#NUM!

图 1-25　编制九九乘法口诀表

这样设置后，再往右往下拖动填充，就是正确的公式了。

单元格 A2、$A2、A$2、$A$2 都是表示工作表第 2 行第 1 列交叉点的那个单元格（A2），只是引用类型不同：

- A2 这种样式是相对引用：使用相对引用在拖动填充公式时，所引用的单元格行和列会随公式所在单元格的变动而变动，即往左右拖动填充时，引用的列会变化；往上下拖动填充时，引用的行会变化。
- $A$2 这种样式是绝对引用：绝对引用表示行和列都不随公式所在单元格变动（行和列前都有美元符号）。
- $A2 和 A$2 这种样式是混合引用。混合引用表示单元格的行或者列其中之一随着变动。

我们可以这样简化理解：只要在行号或列号前加了 $，就表示锁定了，锁定后批量输入公式或填充公式时不会随公式所在单元格的变动而变动，而没有加 $ 的就会随之变动。

【提示】
　　要将公式应用到不相邻的单元格，可以直接复制本单元格，然后直接粘贴，或者通过"选择性粘贴 – 公式"将公式应用到其他不相邻的单元格。

2. 修改引用类型的方法

在编制公式时，如果要修改单元格的引用类型，我们可以用以下两种方法来修改：

- 在行号或列标前手动添加美元符号 $；
- 用【F4】功能键。【F4】功能键可在四种引用类型间切换。

比如要将图 1-26 中 B2 单元格公式中的 A2 修改为 $A2，可以按下面的步骤操作：

选中 B2 单元格，在公式编辑栏用鼠标选定 A2 字符 → 按【F4】功能键，此时 A2 会自动变为 $A$2 → 再按一下【F4】功能键变为 A$2 → 按一下【F4】功能键就变为 $A2。

图 1-26　用【F4】功能键修改引用类型

二、使用【表格】功能自动扩展以包含新增数据

1. 普通的表格不会自动包含新增数据

在使用 Excel 时，我们经常遇到这个问题的困扰：使用函数或透视表对数据表格进行统计分析，当数据表格中新增了行或列以后，公式不会自动将新增的行或列包含进来。例如，我们打开《示例 1-13》工作簿，在"普通表格"工作表的 K2 单元格输入求和公式（见图 1-27）：

=SUM(G2:G12)

当在第 13 行新增销售数据后，K2 单元格的公式并不会自动包含新增的第 13 行数据，还是"=SUM(G2:G12)"，还要手动将 K2 单元格公式改为：

K2　=SUM(G2:G12)

	A	B	C	D	E	F	G	H	I	J	K
1	订单日期	合同号	省份	销售员	产品名称	颜色	销售数量	销售金额			合计
2	2018-1-1	20180001	河北	销售员9	A产品	灰	342	290,016.00		数量	6,912
3	2018-1-2	20180002	天津	销售员7	C产品	红	1,170	822,510.00		金额	5,268,726.00
4	2018-1-3	20180003	宁夏	销售员6	E产品	灰	1,098	778,482.00			
5	2018-1-4	20180004	海南	销售员4	F产品	黑	1,170	983,970.00			
6	2018-1-4	20180005	山西	销售员2	D产品	黑	360	279,360.00			
7	2018-1-6	20180006	山东	销售员3	A产品	红	342	270,180.00			
8	2018-1-6	20180007	湖北	销售员2	E产品	黑	234	199,836.00			
9	2018-1-6	20180008	海南	销售员6	B产品	红	126	91,728.00			
10	2018-1-6	20180009	云南	销售员8	A产品	灰	354	300,192.00			
11	2018-1-7	20180010	山东	销售员2	A产品	黑	258	230,394.00			
12	2018-1-8	20180011	辽宁	销售员6	E产品	灰	1,458	1,022,058.00			
13											

图 1-27　普通的表格不会自动包含新增数据记录

=SUM(G2:G13)

要解决这个困扰，我们可以使用 Excel 中的表格功能。表格是指定义了名称、能自动扩展新增数据行、方便结构化引用的单元格区域。

【提示】

此表格不同于我们平时说的表格，表格在 Excel 2003 中取名为“列表”，Excel 2010 以后的版本改为表格。为了与我们平时说的表格相区分，本书后面的内容凡是指“定义了名称、具有扩展功能的表格”，在本书中均用【表格】称呼。

2. 插入【表格】的方法

选定“普通表格”工作表的 A1:H12 区域，“插入”选项卡，点击“表格”按钮，在弹出的创建表对话框中，检查表数据来源是否正确，以及是否包含标题，检查无误后，点击“确定”，即可创建【表格】(见图 1-28)。

原单元格区域的已有的底色和边框会影响【表格】的显示样式，我们可以选定 A1:H12 单元格区域，将单元格边框和填充色均设置为无。设置后原数据表样式如下：

图 1-28 插入【表格】

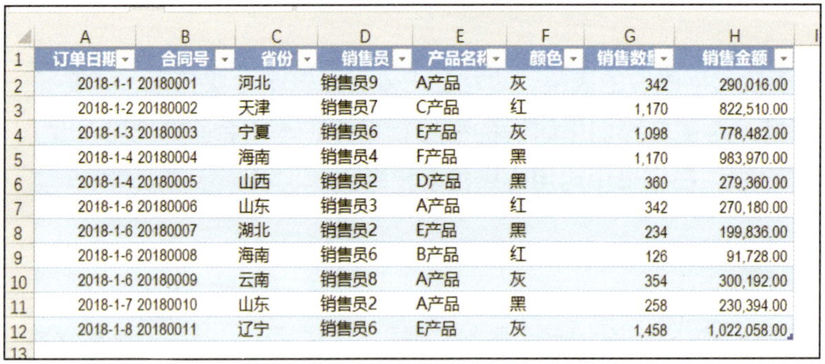

图 1-29 插入【表格】后的样式

如果希望换一种样式,可以点击"开始"选项卡下的"套用表格样式"按钮,选择心仪的一种表格样式即可。

3. 修改【表格】名称

所插入的【表格】默认名称为"表1""表2"等样式，如需修改，可选中【表格】中的任一单元格，在"设计"选项卡的"表名称"栏修改，如图1-30所示。

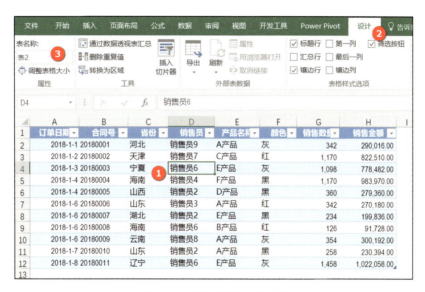

图 1-30　修改【表格】的名称

要修改表格的名称，我们还可以在"公式"选项卡下的名称管理器中修改。

4.【表格】的结构化引用

如果是先插入【表格】，再用 SUM 函数对 G2:G12 单元格区域求和，公式会使用结构化引用样式，K2 单元格的公式就会显示为：

=SUM(表 2[销售数量])

上面公式中的"表 2"是插入的【表格】的名称（不是工作表名称），"[销售数量]"是引用 G 列"销售数量"的数据，不包含列标题和汇总行，也就是指"G2:G12"单元格区域。

图 1-31 给出了【表格】中常见的几种结构化引用样式：

序号	结构化引用样式	作用	示例
1	表格名 [列标题]	引用单列	表 2[销售数量]
2	表格名 [[列标题 1]:[列标题 2]]	引用相邻的多列	表 2[[销售员]:[产品名称]]
3	表格名 [@ 列标题]	引用某列中本行的单元格	[@ 销售数量]

图 1-31　常见的结构化引用样式

三、使用 INDIRECT 批量引用多个表格

1. 批量引用不同工作表的同一单元格

前面我们介绍了使用正确的单元格引用让公式能批量应用到其他单元格、使用【表格】功能自动包含新增数据，做到了这两点，可以让公式具有良好的扩展性。但这只能处理一个工作表的数据，要处理多个工作表的数据时就无能为力了。比如图 1-32 中《示例 1-14》工作簿的各公司的收入统计表分工作表分别列示，表格格式和布局完全一样。

扫码看视频

子公司收入季度统计表

单位：逸凡公司

公司	一季度	二季度	三季度	四季度
项目1	1,750.00	2,100.00	2,050.00	2,315.00
项目2	960.00	890.00	1,010.00	1,050.00
项目3	1,200.00	1,100.00	1,025.00	990.00
项目4	600.00	950.00	1,106.00	965.00
合计	4,510.00	5,040.00	5,191.00	5,320.00

查询表 | 查询表 2 | 逸凡本部 | 北京公司 | 上海公司 | 广州公司 | 重庆公司

图 1-32　各公司收入统计表

现要在“查询表”中分别引用各公司一季度的合计数，用简单的单元格引用各表相应单元格，其公式如下：

B5 单元格要引用"逸凡本部"工作表的 B9 单元格，公式为：

= 逸凡本部 !B9

B6 单元格要引用"北京公司"工作表的 B9 单元格，公式为：

= 北京公司 !B9

上面的公式变化部分就是工作表的名称，而 A 列相应单元格的内容恰好是工作表的名称，如果我们用 A 列单元格的内容替代公式中工作表的名称后还能否引用相应工作表的内容呢？我们将 B5 单元格的公式修改为：

=A5&"!B9"

【公式解释】
　　上面的公式是将 A5 单元格的内容与字符"!B9"用 & 符号连接起来，文本字符串要用英文双引号括起来。

输入完前面的公式后，公式结果如图 1-34 所示。

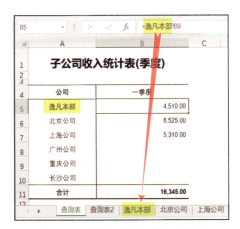

图 1-33　引用各公司一季度合计数

图 1-34　类似单元格引用的字符串

它显示的是原单元格引用公式的文本字符串（工作表名和单元格，中间用！分隔），而不是这个文本字符串代表的单元格的值（见图 1-35）。

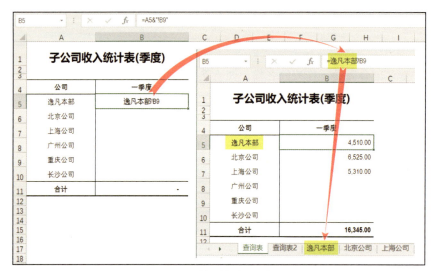

图 1-35　单元格引用示意图

那如何将公式计算结果的文本字符串点石成金转化为真正的引用呢？我们只需在上面公式最外层套一个 INDIRECT 函数即可，B5 单元格完整的公式为：

=INDIRECT(A5&"!B9")

然后将 B5 单元格的公式拖动填充到其他单元格，即可批量引用 A 列单元格中指定工作表的 B9 单元格的值（见图 1-36）。

需要强调的是，如果 A 列的公司名称与工作表的名称不一致，那么此公式就会出错，计算结果为"#REF!"，这是因为 INDIRECT 函数的作用就是将文本字符串的单

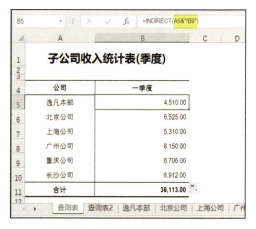

图 1-36　使用 INDIRECT 函数

元格地址变为真正的引用。如果 A 列的公司名称和工作表名称不一致，公式肯定会出错，这和邮寄地址写得不正确，快递员拿着包裹没法投递是一个道理。

INDIRECT 函数的语法格式为：

=INDIRECT（表示单元格地址的文本）

此函数的第二参数是用于表示使用 A1 引用样式还是 R1C1 样式，如果第二参数为 TRUE 或省略，则表示使用 A1 引用样式。

【提示】
　　R1C1 样式：R 表示行，C 表示列，A5 单元格用 R1C1 样式表示 R5C1，C4 用 R1C1 样式表示就是 R4C3。

2. 批量引用不同工作表的不同单元格

在 INDIRECT 函数中使用 A1 样式会有一定的局限性，比如要求在图 1-37 中的 A2 单元格中输入指定的工作表名，就能自动查询各表格各季度的收入数据。为了让公式更灵活，我们希望在 B5 单元格中输入公式，可以将此公式拖动填充应用到其他单元格。

我们在"查询表 2"工作表的 R5 单元格中输入公式：

=INDIRECT($A$2&"!B5")

这个公式填充到其他单元格时，其引用相应工作表的行列不会变化，因而其结果都是一样的。我们要让行和列随着单元格变化，这时就需要使用 R1C1 样式："逸凡本部!B5"单元格使用 R1C1 样式就是"逸凡本部!R5C2"，因而"查询表 2"B5 单元格的

图 1-37　查询各公司各季度的收入

公式使用 R1C1 样式就是：

=INDIRECT($A$2&"!R5C2",0)

上面公式的第二参数为 0 表示使用 R1C1 样式。为了让公式能拖动填充，我们将其完善为：

=INDIRECT($A$2&"!R"&ROW()&"C"&COLUMN(),0)

第一参数生成"逸凡本部!R5C2"，第二参数为 0 表示使用 R1C1 样式。

这样就可以将此公式拖动填充到其他单元格了（见图 1-38）。

图 1-38　使用 R1C1 样式

■ 扩展阅读

　　由于本书篇幅所限，将本章已写好的"第七节　如何理解复杂的公式""第八节　如何编制复杂的嵌套公式"移至微信公众号，请在微信公众号"Excel 偷懒的技术"中分别发送"第七节""第八节"进行阅读。

统计求和

能掐会算算无遗策的统计攻略

第二章

日子不是单元格,一旦录入,不管是无趣,还是精彩,均无法撤销,不可更改。

本章我们将介绍如何用统计求和类函数来制作常用财务表格，如资金管理日报表、固定资产折旧表、费用预算表。通过学习制作这些表格，我们不但可以掌握常用的多条件求和、隔列求和、批量向下求和、统计指定期间的累计数等经典求和公式，还可以学会如何合理安排表格的布局、如何灵活地利用 Excel 的各种功能。

第一节 出纳资金日记账：多条件求和的经典应用

一、需求背景

《示例 2-01 多条件求和：出纳资金日记账》

按财务管理的要求，逸凡公司要求出纳人员每天将现金和银行存款的收付款凭证按照时间逐笔进行登记，以实时反映公司资金的收入、支出及结余情况，也方便与会计核对。由于逸凡公司的财务软件没有启用资金管理模块，为了方便统计，出纳在电子表格里进行登记。现要设计一个《出纳资金管理报表》，要求有以下功能：

- 能分账户查询收入支出流水、余额情况；
- 能统计指定时间段的收入、支出；
- 按资金收支的类型进行分类统计。

二、表格布局

为了能灵活统计指定月度的收支情况，我们将不同账号的资金流水分别登记在一个或多个工作表中，同时另外专门设计一个统计表来实时统计各账户的收支余额。

1. 各账户资金流水表

对于资金流水表的设计，存在以下两种方案：

- 第一种方案是将所有的账户收入支出余额都登记在一个表格中；

● 第二种方案是分表登记各账户的资金流水。

第一种方案的缺点是不直观、不方便查看和分别检查各账户的情况。一般来讲，一个企业的银行账户一般不会太多，且基本固定。所以，我们采用第二种方案，按账户分别在不同的工作表中登记各账户的资金流水。

各账户流水账工作表至少要包含以下字段：日期、摘要、资金收入、资金支出、余额。考虑到需要按资金的类型分类统计，故增加“收支项目”字段，也可根据实际需要增加“对方户名”等其他字段。

打开《示例 2-01 多条件求和：出纳资金日记账（不使用表格）》工作簿，选择“现金”工作表，可看到表格样式如图 2-1 所示。

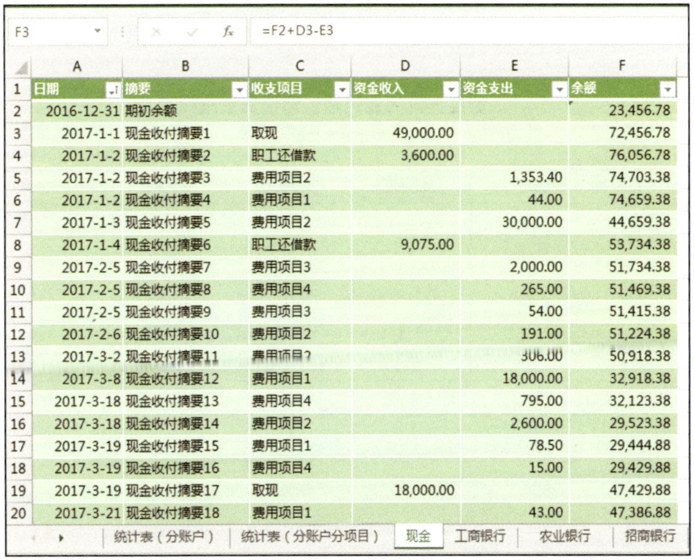
F3　=F2+D3-E3

	A	B	C	D	E	F
1	日期	摘要	收支项目	资金收入	资金支出	余额
2	2016-12-31	期初余额				23,456.78
3	2017-1-1	现金收付摘要1	取现	49,000.00		72,456.78
4	2017-1-2	现金收付摘要2	职工还借款	3,600.00		76,056.78
5	2017-1-2	现金收付摘要3	费用项目2		1,353.40	74,703.38
6	2017-1-2	现金收付摘要4	费用项目1		44.00	74,659.38
7	2017-1-3	现金收付摘要5	费用项目2		30,000.00	44,659.38
8	2017-1-4	现金收付摘要6	职工还借款	9,075.00		53,734.38
9	2017-2-5	现金收付摘要7	费用项目3		2,000.00	51,734.38
10	2017-2-5	现金收付摘要8	费用项目4		265.00	51,469.38
11	2017-2-5	现金收付摘要9	费用项目3		54.00	51,415.38
12	2017-2-6	现金收付摘要10	费用项目2		191.00	51,224.38
13	2017-3-2	现金收付摘要11	费用项目2		306.00	50,918.38
14	2017-3-8	现金收付摘要12	费用项目1		18,000.00	32,918.38
15	2017-3-18	现金收付摘要13	费用项目4		795.00	32,123.38
16	2017-3-18	现金收付摘要14	费用项目2		2,600.00	29,523.38
17	2017-3-19	现金收付摘要15	费用项目1		78.50	29,444.88
18	2017-3-19	现金收付摘要16	费用项目4		15.00	29,429.88
19	2017-3-19	现金收付摘要17	取现	18,000.00		47,429.88
20	2017-3-21	现金收付摘要18	费用项目1		43.00	47,386.88

图 2-1　各账户资金流水台账

现金流水台账表格的第 2 行期初余额，用于登记年初余额。年初余额的日期不输入本年第一天“2017/1/1”，而是输入上年的最后一天“2016/12/31”，是为了方便用 LOOKUP 函数查找期初数。

其他账户的格式与现金流水账的格式一样，这里不再赘述。

【提示】

在流水台账表格中录入现金收支流水时，只能逐笔序时登记，请勿在表格中增加月度小计行、本年累计行（这些统计信息均在统计表用公式自动统计），也不要使用合并单元格。

2. 资金管理报表

建立了各账户的表格后，还要建立统计表格。为了满足前面介绍的功能要求，我们将资金管理报表设计为下面的样式（见图2-2）。

图2-2 资金管理报表

三、公式设计

（一）各账户资金流水台账

资金流水台账除余额列是用公式自动计算生成外，其他列都是手动输入的。余额列的公式为：

上一行的余额 + 本行的收入 − 本行的支出

所以，图 2-1 中"现金"工作表 F3 单元格的公式为：

=F2+D3-E3

然后选定 F3 单元格，拖动填充柄往下填充。

(二)"统计表（分账户）"的公式

1. 指定期间单元格的格式设置

在"统计表（分账户）"工作表的 E2、F2 单元格分别输入起始日和截止日，以方便用公式自动统计指定期间的期初期末余额、收入和支出情况（见图 2-3）。

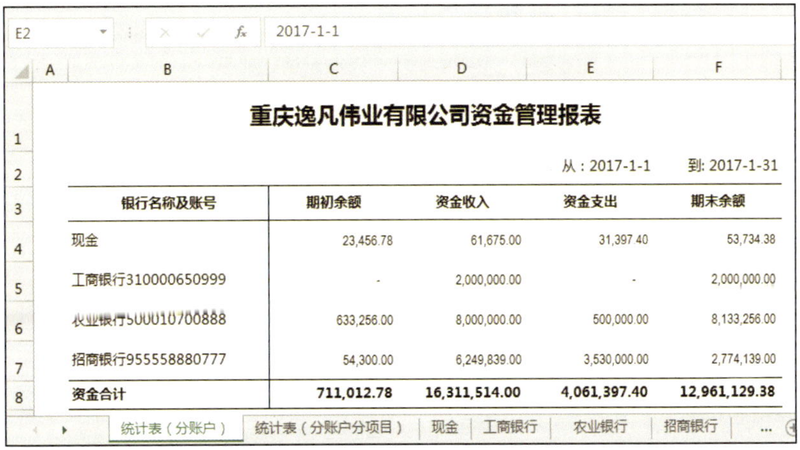

图 2-3 资金管理报表的期末余额

为了更直观，E2、F2 单元格应标明哪个是起始日，哪个是截止日，如果我们直接在 E2、F2 输入"从：2017/1/1""到：2017/1/31"，这是文本字符，不是标准的日期，不方便用公式统计。为了妥善解决这个问题，我们可以使用自定义格式将输入的日期"2017/1/1"显示为"从：2017/1/1"。如图 2-4 所示，操作步骤为：

图 2-4 用自定义格式按指定格式显示

选中 E2 单元格→右键→设置单元格格式→在"数字"选项卡的自定义栏输入自定义格式为：

"从："yyyy/m/d

同理，将 F2 单元格设置为自定义格式：

"到："yyyy/m/d

【自定义格式解释】
- 自定义格式中的双引号是英文半角的，双引号中间为要添加的字符串。
- 在自定义格式中，y 表示年，m 为月，d 为日，yyyy 表示按四位显示年，mm、dd 表示强制按两位显示月、日。

比如，如果 E2 单元格的日期是"2017-1-13"，使用自定义格式：

"从："yyyy/mm/dd

那么会显示为"从：2017/01/13"

2. 期末余额公式（F 列）

图 2-3 中的 F4 单元格查找指定日期的余额，要能实现这样的效果：

- 如果指定日有收支发生，那么就返回指定日最后一笔收支记录的余额；
- 如果指定日没有收支流水，那么应该返回指定日期前面有收支记录那天最后一笔记录的余额。

比如：查找 3 月 5 日的余额，如果 3 月 5 日这天没有资金收支，那么就应返回 3 月 5 日前有资金收支那天的最后一笔余额。

要实现这个功能，我们可以使用 VLOOKUP 函数或 LOOKUP 函数来编制公式。下面，我们将分别进行阐述。

- 使用 VLOOKUP 函数。

用 VLOOKUP 函数来编制"统计表（分账户）"表格 F4 单元格以查找"现金"账户期末余额的公式为：

=VLOOKUP($F$2,现金!$A$2:$F$20,6,1)

扫码看视频

> 【公式解释】
>
> 　　上面的公式使用 VLOOKUP 函数的模糊查找模式（第四参数为 1，即为模糊查找模式）。VLOOKUP 函数使用模糊查找模式时要求数据按升序排列。此模式下如果有多条符合记录的值，会返回符合条件的最后一条记录；如果没找到刚好相等的数值，会返回小于查找值的最大值所对应的记录，因而用上面的公式正好可以返回指定日最后一笔收支记录的余额。

关于 VLOOKUP 函数模糊查找模式的更多用法请参见第三章第一节的知识点。

- 使用 LOOKUP 函数。

上面 F4 单元格的公式也可以使用 LOOKUP 函数来编制：

=LOOKUP($F$2,现金!$A$2:$A$20,现金!$F$2:$F$20)

> **【LOOKUP 函数的公式解释】**
> 在现金表的 A2:A20 单元格区域查找 F2 单元格的值，找到后返回现金表中 F2:F20 对应位置的值。如果没找到 F2 单元格的值，则返回小于 F2 单元格的最大值所对应的值。关于 LOOKUP 函数的基础知识及常见公式模型请参见第三章。

为了方便大家在日常工作中套用，现将上面查找期末余额的公式提炼成模型公式：

> **【查找符合条件的最后一条记录】公式模型**
> =VLOOKUP（查找值，包含查找列及结果列的区域，返回查找区域的第几列，1）
> 或者：
> =LOOKUP（查找值，查找区域，结果区域）

需要强调的是，上面的公式模型要求查找区域的数据按升序排列，否则结果可能不正确。

3. 期初余额的公式（C 列）

我们可以将前面期末余额的公式进行小小的改变，将查找日期减少一天，就可以改为指定日期期初余额的公式。"统计表（分账户）"表格 C4 单元格"现金"账户期初余额的公式为：

=LOOKUP($E$2-1,现金!$A$2:$A$20,现金!$F$2:$F$20)

> **【公式解释】**
> LOOKUP 函数会返回等于或小于查找值的最大值的最后一条记录，我们要查找期初余额实际上就是查找起始日期前一天的余额，因而公式中的查找对象是 E2-1。也正是因为这样，我们需要将第二行的期初余额的日期设置为上一年的最后一天。

当然，我们也可以使用 VLOOKUP 函数的模糊查找模式：

=VLOOKUP($E$2-1,现金!$A$2:$F$200,6,1)

4. 指定期间的资金收入、支出公式（D 列、E 列）

要统计指定期间的资金收入，就是要统计"大于等于起始日期，且小于等于截止日期"的资金收入，这实际上是一个多条件求和，可以使用多条件求和函数 SUMIFS。所以，D4 单元格统计指定期间的现金收入的公式为：

=SUMIFS(现金 !$D$2:$D$20, 现金 !$A$2:$A$20,">="&$E$2, 现金 !$A$2:$A$20,"<="&$F$2)

【公式解释】
如果"现金"工作表 A2:A20 单元格区域大于等于 E2，并且小于等于 F2，那么就对"现金"工作表 D2:D20 对应的值进行加总求和。公式中的 >= 意思是大于等于，公式中的条件要加英文双引号。& 是连接符，将条件与条件值连接在一起组成完整的条件。

E4 单元格指定期间的现金支出的公式为：

=SUMIFS(现金 !$E$2:$E$20, 现金 !$A$2:$A$20,">="&$E$2, 现金 !$A$2:$A$20,"<="&$F$2)

5. 将"现金"账户的公式应用到其他账户

如前所述，将"统计表（分账户）"表格的 C4:F4 各单元格的公式设置好并检查无误后，选定 C4:F4 单元格区域，拖动填充柄将公式填充至第 5 行到第 7 行各账户中。

如图 2-5 所示，选定 C5:F5 单元格区域→【Ctrl+H】打开查找替换对话框→在查找内容栏输入"现金"，在替换栏输入"工商银行"→点击"全部替换"按钮，一次性将公式中的"现金"修改为"工商银行"，也就是将公式所引用的"现金"工作表批量修改成引用"工商银行"工作表。

利用同样的操作，我们将第 6 行、第 7 行公式中的"现金"分别替换为"农业银行""招商银行"。

四、友好性设计

我们在安排好表格的布局，设置好表格的格式，编制好相关公式后，还有一项重要的工作要做，就是表格的友好性设计。

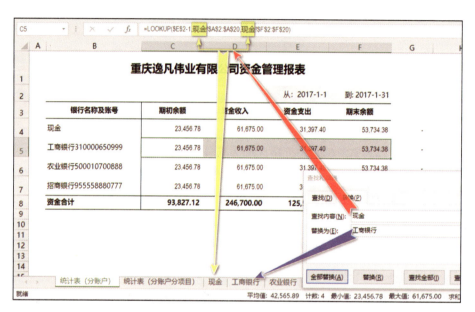

图 2-5　用查找替换批量修改公式

所谓的表格友好性是指表格界面友好，即：

表格既要布局合理、结构明晰、简洁干净、美观大方；同时，表格还要方便使用、有防错机制。下面我们来看一下本表如何增强友好性。

1. 冻结窗格方便查看列标题

当表格往下滚动时，标题行也会随之滚动导致我们看不到。为了让标题行固定住，我们可以使用冻结窗格来固定标题行。操作方法如下：

选定"现金"表格的 B2 单元格→点击"视图"选项卡下的"冻结窗格"按钮→选择"冻结拆分窗格"即可将活动单元格 B2 单元格上方的行和左边的列冻结住，不随鼠标的滚动而滚动。

如果应用了第一章第六节所介绍的【表格】功能，也可以不冻结窗格，只要用鼠标选中【表格】中的任一单元格，往下滚动时表格的列标题会自动显示在列号处，如图 2-6 所示。

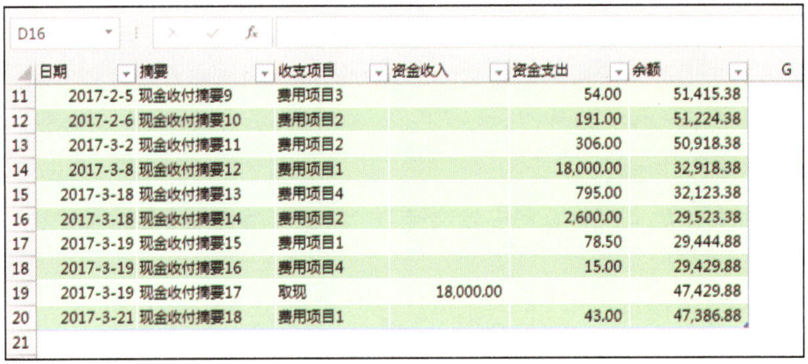

D16

	日期	摘要	收支项目	资金收入	资金支出	余额	G
11	2017-2-5	现金收付摘要9	费用项目3		54.00	51,415.38	
12	2017-2-6	现金收付摘要10	费用项目2		191.00	51,224.38	
13	2017-3-2	现金收付摘要11	费用项目2		306.00	50,918.38	
14	2017-3-8	现金收付摘要12	费用项目1		18,000.00	32,918.38	
15	2017-3-18	现金收付摘要13	费用项目4		795.00	32,123.38	
16	2017-3-18	现金收付摘要14	费用项目2		2,600.00	29,523.38	
17	2017-3-19	现金收付摘要15	费用项目1		78.50	29,444.88	
18	2017-3-19	现金收付摘要16	费用项目4		15.00	29,429.88	
19	2017-3-19	现金收付摘要17	取现	18,000.00		47,429.88	
20	2017-3-21	现金收付摘要18	费用项目1		43.00	47,386.88	
21							

图 2-6 【表格】会自动将列标题显示在列号处

2. 使用【表格】功能，增强单元格格式和公式的扩展性

按前面步骤设计好的表格和公式会存在这样的问题：

当资金台账增加新的数据行后，原来表格的格式不会自动应用到新的数据行，对本表进行引用统计的公式，其引用范围也不会自动扩展，公式不会将新添加的记录行包含进去。要解决这个问题，我们可以使用 Excel 的【表格】功能，让公式和表格格式具有良好的扩展性（详见第一章第六节）。

如果我们已经给资金流水台账使用了【表格】功能，在编制公式时选取相应的记录行后，它会自动变为下面的结构化引用格式：

=LOOKUP($F$2, 表 2[日期], 表 2[余额])

上面公式中的“表 2”是【表格】的名称，“[日期]”引用“日期”列的数据（不包含列标题和汇总行，就是“现金 !A$2:$A$20”单元格区域）。

对于使用【表格】功能的公式，请参见示例文件《示例 2-01 多条件求和：出纳资金日记账（使用表格）》。

3. 使用数据验证功能来规范数据录入

数据验证可以通过设置指定的规则来限定录入的数据，如果录入的数据不合规则，则不允许录入。这样可以避免录入不规范的数据（如果验证条件采用的是"序列"，且提供了下拉选择箭头的话，还可以直接点击下拉箭头选择序列中的值，提高录入的速度）。

在本示例中，我们可以在资金流水台账表的"收支项目"列设置数据验证，将"日期"列限定在规定的日期范围。具体操作如下：

- 限定录入指定范围的日期。

选定"现金"工作表中的 A2:A20 单元格区域→"数据"选项卡→"数据验证"→在弹出的"数据验证"对话框中按图 2-7 进行设置。

- 限定录入指定的收支项目。

选定"现金"工作表中 C2:C20 单元格区域→"数据"选项卡→"数据验证"→在弹出的"数据验证"对话框中的"允许"栏选择"序列"→在"来源"中输入：

> **销售收款，取现，利息收入，职工还借款，银行贷款，资金调拨，费用项目 1，费用项目 2，费用项目 3，费用项目 4，资金调拨，其他**

各收支项目之间用英文半角的逗号分隔，如图 2-8 所示。

图 2-7　设置数据验证限定起止日期

图 2-8　设置数据有效性限定录入既定的项目

设置好后，如果输入不在指定序列内的日期或收支项目，Excel 会提示"此值与此单元格定义的数据验证限制不匹配"，不允许录入。

4. 保护工作表以防误修改

我们把工作表设置好格式和公式后，要交给别人或分发给其他公司、其他部门的人填写。为了防止填写人修改格式、布局或公式，我们应将表格保护起来，仅允许修改可以修改的单元格。我们以"汇总表"为例介绍操作步骤：

资金管理报表的汇总表 E2:F2 分别是起止日期，这两个单元格应设置为可以修改，因而，我们选定 E2:F2 单元格→按【Ctrl+1】→将"保护"选项卡中"锁定"前的勾去掉→点击"确定"退出（见图 2-9）。

图 2-9　去掉单元格的锁定

工作表单元格的"锁定"默认是勾选上的，"锁定"的意思是不允许修改。"锁定"选项仅在工作表保护状态下起作用，因而要让"锁定"的单元格起作用，还得保护工作表，具体操作如下：

点击"审阅"选项卡→点击"保护工作表"→在弹出的保护工作表对话框中，根据需要勾选在保护工作表后允许用户的操作，然后输入密码，点击"确定"后退出。

经过上述操作后，图 2-10 的资金管理报表只有 E2、F2 单元格能够修改变动。

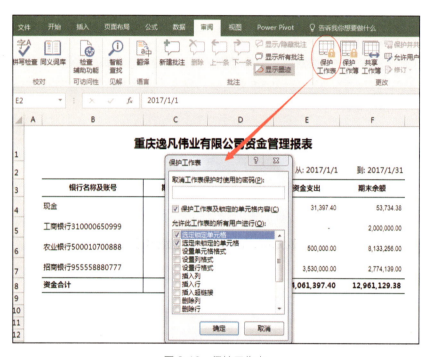

图 2-10　保护工作表

五、知识点

（一）SUMIFS 函数

见示例文件《知识点 2.1-1：SUMIFS 函数》。

SUMIFS 函数用于多条件求和，第一个参数是求和区域，第二、第三参数分别是第一个条件区域以及求和条件，第四、第五参数分别是第二个条件区域以及求和条件。最多可有 127 个条件。SUMIFS 的语法格式如下：

=SUMIFS（求和区域，条件区域 1，条件 1，条件区域 2，条件 2，……）

如《知识点 2.1-1：SUMIFS 函数》工作簿的“SUMIFS”工作表中要计算男员工中级会计师的金额之和，公式为：

=SUMIFS(D2:D13,B2:B13," 男 ",C2:C13," 中级会计师 ")

【公式解释】

如果 B2:B13 中的值等于 " 男 "，并且 C2:C13 中的值等于 " 中级会计师 "，那么就对 D2:D13 相应的值进行加总求和。

SUMIFS 函数也可用于单条件求和，如《知识点 2.1-1：SUMIFS 函数》工作簿中的“SUMIFS”工作表（图 2-11）中的 G8 单元格统计金额大于 4000 的和，公式为：

=SUMIFS(D2:D13,D2:D13,">4000")

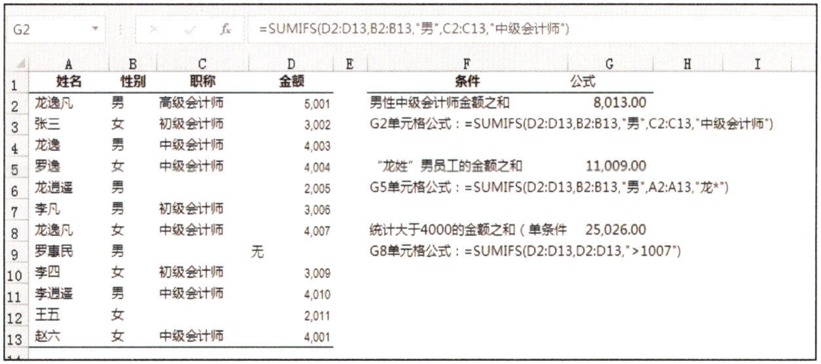

G2 =SUMIFS(D2:D13,B2:B13,"男",C2:C13,"中级会计师")

	A	B	C	D	E	F	G
1	姓名	性别	职称	金额		条件	公式
2	龙逸凡	男	高级会计师	5,001		男性中级会计师金额之和	8,013.00
3	张三	女	初级会计师	3,002		G2单元格公式：=SUMIFS(D2:D13,B2:B13,"男",C2:C13,"中级会计师")	
4	龙逸	男	中级会计师	4,003			
5	罗逸	女	中级会计师	4,004		“龙姓”男员工的金额之和	11,009.00
6	龙逍遥	男		2,005		G5单元格公式：=SUMIFS(D2:D13,B2:B13,"男",A2:A13,"龙*")	
7	李凡	男	初级会计师	3,006			
8	龙逸凡	女	中级会计师	4,007		统计大于4000的金额之和（单条件	25,026.00
9	罗惠民	男		无		G8单元格公式：=SUMIFS(D2:D13,D2:D13,">1007")	
10	李四	女	初级会计师	3,009			
11	李逍遥	男	中级会计师	4,010			
12	王五	女		2,011			
13	赵六	女	中级会计师	4,001			

图 2-11　用 SUMIFS 函数进行多条件求和

（二）快速录入小技巧

见示例文件《知识点 2.1-2：数据录入常用快捷键》。

在录入基础数据时，掌握一些快捷键可提高录入效率。图 2-12 是录入时常用的快捷键：

快捷键	作用	快捷键	作用
Ctrl+;	录入当天的日期	Alt+↓	列出数据有效性的下拉选项，或列出前面行已有的内容
Ctrl+D	填充式复制上一行单元格的内容	Ctrl+R	复制填充左边单元格的内容
Ctrl+'	原封不动复制上一行单元格的内容	Ctrl+Shift+'	复制上一单元格的值

图 2-12 录入数据时的常用快捷键

光标移动方向默认为向下时，按【Tab】键，光标横向移动，再按【Enter】键，会自动跳转到开始按【Tab】键那一列的下一行的单元格。比如，在图 2-1 的 B5 单元格按【Tab】键横向移动，移动到 E5 单元格后按回车键，光标会自动跳转到 B6 单元格。在没有应用【表格】的单元格区域录入数据时应用此技巧可免除频繁在鼠标和键盘间切换。

第二节　固定资产折旧表：合并单元格求和很轻松

一、需求背景

《示例 2-02 合并单元格求和：固定资产管理表》

一些小企业的财务软件没有启用固定资产模块，无法自动计提折旧。为了便于月底时计提折旧，企业需要在 Excel 里制作固定资产折旧表。为了方便对于固定资产进行管理和统计，固定资产折旧表要有以下功能：

- 能自动计算每项资产每月的折旧；
- 能自动计算每项资产的累计折旧；
- 能按部门和资产类别分类统计。

二、表格布局

要实现资产的计提和统计，企业至少需要以下表格。

- 固定资产清单表：用于登记各项固定资产的基本信息。
- 固定资产统计表：统计指定月份各类资产的资产原值、折旧金额。
- 折旧分配表：统计指定月份各部门的折旧金额。

下面，我们分别介绍各表的布局。

(一) 固定资产清单表

固定资产清单表用于逐项登记各项固定资产，应包含固定资产的主要信息，比如：资产名称、型号、使用部门、类别、入账日期、使用年限、残值率等，同时还要用公式自动计算折旧的相关信息，比如已计提折旧月份、月折旧率、累计折旧、本月折旧金额。所以，设计的表格应如图 2-13 所示。

	A	B	C	D	E	F	G	H	I	J	K	L	M	N	O	P
1	编号	资产名称	规格型号	使用部门	类别	入账日期	单位	使用年限	已计提月	残值率	月折旧率	月折旧额	本月折旧	原值	截止上月累计折旧	上月净值
77	YFWY076	电脑	联想	生产车间	办公设备	2016-06-09	台	5	7	5%	1.58%	79.17	79.17	5,000.00	554.19	4,445.81
78	YFWY077	电脑	联想	生产车间	办公设备	2016-06-09	台	5	7	5%	1.58%	79.17	79.17	5,000.00	554.19	4,445.81
79	YFWY078	电脑	THINKPAD	辅助车间	办公设备	2016-06-09	台	5	7	5%	1.58%	87.08	87.08	5,500.00	609.56	4,890.44
80	YFWY079	电脑	THINKPAD	辅助车间	办公设备	2016-06-09	台	5	7	5%	1.58%	87.08	87.08	5,500.00	609.56	4,890.44
81	YFWY080	电脑	THINKPAD	采购部	办公设备	2016-06-09	台	5	7	5%	1.58%	87.08	87.08	5,500.00	609.56	4,890.44
82	YFWY081	电脑	THINKPAD	生产车间	办公设备	2016-06-09	台	5	7	5%	1.58%	87.08	87.08	5,500.00	609.56	4,890.44
83	YFWY082	电脑	THINKPAD	采购部	办公设备	2016-12-31	台	5	1	5%	1.58%	87.08	87.08	5,500.00	87.08	5,412.92
84	YFWY083	电脑	THINKPAD	生产车间	办公设备	2016-12-31	台	5	1	5%	1.58%	87.08	87.08	5,500.00	87.08	5,412.92
85	YFWY084	电脑	THINKPAD	生产车间	办公设备	2016-12-31	台	5	1	5%	1.58%	87.08	87.08	5,500.00	87.08	5,412.92
86	YFWY085	电脑	THINKPAD	辅助车间	办公设备	2016-12-31	台	5	1	5%	1.58%	87.08	87.08	5,500.00	87.08	5,412.92
87	YFWY086	电脑	THINKPAD	生产车间	办公设备	2016-12-31	台	5	1	5%	1.58%	87.08	87.08	5,500.00	87.08	5,412.92
88	YFWY087	显示器	19LCD			2011/12/26		5	60	5%	1.58%	30.04	-	1,897.43	1,802.40	95.03
89	YFWY088	打印机（施乐一体机）		行政管理部	办公设备	2012/06/28	件	5	55	5%	1.58%	34.91	34.91	2,205.12	1,920.05	285.07
90	YFWY089	打印机（施乐一体机）		行政管理部	办公设备	2012/06/28	件	5	55	5%	1.58%	34.91	34.91	2,205.14	1,920.05	285.09
91	YFWY090	轻型客车	江铃全顺	运销管理部	运输设备	2012/09/30	辆	10	52	5%	0.79%	1,386.21	1,386.21	175,100.00	72,082.92	103,017.08
92	YFWY091	SONY数码相机		运销管理部	办公设备	2014/03/31	台	5	34	5%	1.58%	88.65	88.65	5,599.00	3,014.10	2,584.90
93	YFWY092	单反相机镜头	尼康镜头80-200	人力资源部	办公设备	2014/03/31	台	5	34	5%	1.58%	113.98	113.98	7,199.00	3,875.32	3,323.68
94	YFWY093	叉车	cpa30x	生产车间	生产设备	2014/04/17	台	10	33	5%	0.79%	182.60	182.60	23,064.66	6,025.80	17,038.86
95	YFWY094	焊机	lgk-160	生产车间	生产设备	2014/04/17	台	10	33	5%	0.79%	36.72	36.72	4,638.80	1,211.76	3,427.04
96	YFWY095	焊机	lgk-160	生产车间	生产设备	2014/04/17	台	10	33	5%	0.79%	36.72	36.72	4,638.80	1,211.76	3,427.04
97	YFWY096	折弯机	wc67y-200v60(	生产车间	生产设备	2014/04/17	台	10	33	5%	0.79%	713.51	713.51	90,127.09	23,545.83	66,581.26

图 2-13　固定资产清单表

为了增加表格的友好性、方便使用，我们在设计时应给"使用部门""类别""入账日期"列设置数据有效性，同时将本表设置为【表格】。

（二）固定资产统计表（分部门和资产类别汇总）

分部门和资产类别的固定资产统计表可以设计成《示例 2-02》工作簿中的"透视表"表格的样式，各部门的汇总行放在部门数据最下方，如图 2-14 所示。

	A	B	C	D	E	F
1	使用部门	类别	求和项:原值	求和项:累计折旧	求和项:净值	求和项:本月折旧
2	财务管理部	办公电器	5,134.00	3,089.02	2,044.98	81.29
3		办公家具	3,303.74	2,266.68	1,037.06	87.18
4		办公设备	27,486.85	15,429.98	12,056.87	435.22
5	财务管理部 汇总		35,924.59	20,785.68	15,138.91	603.69
6						
7	采购部	办公电器	3,302.50	1,987.02	1,315.48	52.29
8		办公设备	11,000.00	696.64	10,303.36	174.16
9		运输设备	87,920.40	28,537.64	59,382.76	696.04
10	采购部 汇总		102,222.90	31,221.30	71,001.60	922.49
11						
12	行政管理部	办公电器	55,500.00	11,423.75	44,076.25	878.75
13		办公家具	13,130.04	9,008.74	4,121.30	346.49
14		办公设备	25,110.26	16,511.48	8,598.78	297.03
15		房屋建筑物	8,037,769.01	1,308,201.18	6,729,567.83	21,210.78
16	行政管理部 汇总		8,131,509.31	1,345,145.15	6,786,364.16	22,733.05

图 2-14　用透视表制作的固定资产统计表样式

有时候，我们不需要原值、累计折旧等的合计数，只需要本月折旧，或者因其他某种需要，将部门折旧合计放在列，如图 2-15 中的样式。

这种样式，方便使用公式求原值、累计折旧总的合计，但不方便批量设置各部门本月折旧的小计。我们将在后面重点介绍如何批量设置该求和公式。

（三）折旧分配表

根据部门的费用归集性质，我们按会计科目统计折旧费用，打印后作为计提折旧凭证的附件（见图 2-16）。

固定资产汇总表（分部门、类别）

单位名称：重庆逸凡伟业有限公司　　　　　　　　　　折旧月份：2017年2月

使用部门	类别	原值	累计折旧	净值	本月折旧	本月折旧合计
采购部	办公家具	-	-	-	-	922.49
采购部	运输设备	87,920.40	29,233.68	58,686.72	696.04	
采购部	生产设备	-	-	-	-	
采购部	房屋建筑物	-	-	-	-	
辅助车间	办公设备	109,157.63	81,802.92	27,354.71	1,180.24	1,763.87
辅助车间	办公电器	5,233.50	3,231.54	2,001.96	82.86	
辅助车间	办公家具	-	-	-	-	
辅助车间	运输设备	-	-	-	-	
辅助车间	生产设备	63,255.21	5,508.47	57,746.74	500.77	
辅助车间	房屋建筑物	-	-	-	-	
生产车间	办公设备	97,019.31	43,260.90	53,758.41	1,253.44	171,236.31
生产车间	办公电器	6,469.00	3,994.38	2,474.62	102.42	
生产车间	办公家具	-	-	-	-	
生产车间	运输设备	295,861.42	121,096.12	174,765.30	2,342.24	
生产车间	生产设备	13,136,734.68	3,507,030.10	9,629,704.58	103,999.17	
生产车间	房屋建筑物	24,077,952.01	2,165,930.84	21,912,021.17	63,539.04	
合计		47,042,138.06	7,904,494.06	39,137,644.23	206,180.32	206,180.32

图 2-15　分部门、分类别的固定资产汇总表样式

E4　=SUMIFS(固定资产清单[本月折旧],固定资产清单[使用部门],$C4,固定资产清单[类别],E$3)

折旧费用分配表

折旧月份：2017年2月　　　　　　　　　　　　　　　　　　　　　单位：元

费用类别	部门	合计	办公设备	办公电器	办公家具	运输设备	生产设备	房屋建筑物
管理费用	行政管理部	22,733.05	297.03	878.75	346.49	-	-	21,210.78
	人力资源部	423.50	224.64	49.46	149.40	-	-	-
	财务管理部	603.69	435.22	81.29	87.18	-	-	-
	运营管理部	6,669.25	151.98	-	149.40	6,367.87	-	-
	采购部	922.49	174.16	52.29	-	696.04	-	-
	小计	31,351.98	1,283.03	1,061.79	732.47	7,063.91	-	21,210.78
销售费用	销售部	1,828.16	1,468.10	-	-	360.06	-	-
	小计	1,828.16	1,468.10	-	-	360.06	-	-
制造费用	辅助车间	1,763.87	1,180.24	82.86	-	-	500.77	-
	生产车间	171,236.31	1,253.44	102.42	-	2,342.24	103,999.17	63,539.04
	小计	173,000.18	2,433.68	185.28	-	2,342.24	104,499.94	63,539.04
合计		344,236.49	3,687.12	287.70	-	4,684.48	208,499.11	127,078.08

图 2-16　折旧费用分配表样式

三、公式设计

（一）固定资产清单表

1. 已计提月份数（I列）

- 编制"已计提月份数"公式

已计提月份数实际上就是当前月份与资产入账月之间的月份差（注意，不含当月，也就是本月之前已经计提的月份数）。要注意，资产入账当月不计提折旧，因而，"固定资产清单"工作表的I2单元格已计提月份数的公式为：

=MONTH(按部门和类别汇总!$G$2)–MONTH($F2)+12*(YEAR(按部门和类别汇总!$G$2)–YEAR($F2))–1

公式中的MONTH函数取日期的月份数，YEAR函数取日期的年份。

> 【求月份差】公式模型
> = 终止日的月份 – 起始日的月份 +12*（终止日的年份 – 起始日的年份）

由于前面的公式是计算已经计提的月份，所以要将月份差减1。

为了让表格有良好的扩展性，我们应将"固定资产清单表"设置为【表格】，使用【表格】功能后，再编制上面的公式，应该显示为：

=MONTH(按部门和类别汇总!$G$2)–MONTH([@入账日期])+12*(YEAR(按部门和类别汇总!$G$2)–YEAR([@入账日期]))–1

> 【公式解释】
> [@入账日期]是结构化引用的一种写法，字符@表示引用指定列中与公式所在单元格位于同一行的单元格。[@入账日期]表示引用"入账日期"列中本行单元格（也就是G2单元格）的值。

下面的公式都以使用【表格】功能的模式来介绍。

- 使用定义名称来命名公式（见图 2-17）

为了便于阅读、缩短公式，我们可以使用定义名称，将上面的公式命名为"月份差"。操作步骤如下：

Step 1：选中"固定资产清单表"第 2 行的任一单元格。

Step 2：点击"公式"选项卡中的"定义名称"→在"名称"栏输入月份差→在"引用位置"输入下面的公式，然后点击"确定"：

=MONTH(按部门和类别汇总 !$G$2)–MONTH(固定资产清单 !$F2)+12*(YEAR(按部门和类别汇总 !$G$2)–YEAR(固定资产清单 !$F2))–1

图 2-17　使用定义名称来命名公式

定义了名称以后，我们就可以在公式中使用"月份差"这个公式了。

> 【提示】
> 定义名称公式中的相对引用、混合引用的单元格，实际上它只是一个指代符号，可以代表其他单元格，至于代表哪个单元格取决于其引用的类型以及和活动单元格的关系。

- 用 IF 函数来完善公式

考虑到已计提月份数最大不能超过资产计提总期数（使用年限 *12），如果月份差大于资产计提总期数就等于资产计提总期数，否则就为"月份差"，因而已计提月份数的公式应为：

=IF(月份差 > 资产计提总期数，资产计提总期数，月份差)

将月份差和计提总期数替换为实际的函数公式，I2 单元格完整的公式为：

=If(月份差 >([@ 使用年限]*12), [@ 使用年限]*12, 月份差)

我们从上面的公式也可看出，使用定义名称可以简化公式，以方便阅读。如果不使用定义名称，I2 单元格的公式就是长长的一串：

=If(MONTH(按部门和类别汇总 !G$2)-MONTH([@ 入账日期])+12*(YEAR(按部门和类别汇总 !G$2)-YEAR([@ 入账日期]))-1>([@ 使用年限]*12), H2*12, MONTH(按部门和类别汇总 !G$2)-MONTH([@ 入账日期])+12*(YEAR(按部门和类别汇总 !G$2)-YEAR([@ 入账日期]))-1)

- 用 MIN 函数进一步优化公式

上面使用了 IF 函数和定义名称的公式还可以继续优化。我们稍加分析一下就知道，上面的公式实际上就是取月份差和资产计提总期数两者较小的那一个，因而公式为：

=IF(月份差 > 资产计提总期数，资产计提总期数，月份差)

可以修改为：

=MIN(资产计提总期数，月份差)

我们将计提总期数和月份差替换为函数公式，I2 单元格完整的公式为：

=MIN([@ 使用年限]*12, 月份差)

2. 月折旧率（K 列）

为了简化处理，我们假设本示例中固定资产折旧方法采用年限平均法。年限平均法月折旧率公式为：

=[(1− 残值率)/ 使用年限]/12

所以，"资产清单表"的 K2 单元格公式为：

=(1−[@ 残值率])/[@ 使用年限]/12

3. 月折旧额（L 列）

月折旧额公式为：

= 月折旧率 * 原值

所以，"资产清单表"L2 单元格公式为：

=ROUND([@ 原值]*[@ 月折旧率],2)

公式中的 ROUND 函数按指定位数四舍五入，它的第二个参数是指定要保留的小数点后的位数。

4. 本月折旧额（M 列）

在折旧期间内，本月折旧额就等于月折旧额，否则就为零，因而公式应为：

=IF(计提总期数 >= 月份差 , 月折旧额，0)

由于比较结果是逻辑值，要么是 True（真），要么是 False（假）。在做乘法运算时 "True" 相当于 1，"False" 相当于 0，而 1 乘任何数等于原数，0 乘任何数等于 0，因而我们可以将上面的公式写成：

=(计提总期数 >= 月份差)* 月折旧额

将计提总期数和月份差的公式代入,"资产清单表"M2 单元格完整的公式为:

=(([@ 使用年限]*12)>= 月份差)*[@ 月折旧额]

5. 截至上月累计折旧(O 列)

O2 单元格公式为:

=([@ 使用年限]<>0)*ROUND([@ 原值]*[@ 月折旧率],2)*[@ 已计提月份数]

(二)固定资产统计表(分部门和资产类别汇总)

本表实际上是对固定资产清单表按部门和资产类别进行多条件求和。在前面的章节中,我们已经介绍过 SUMIFS 函数,故不再详细解释各公式的思路和含义。

1. 本月折旧(F 列)

要根据固定资产清单计算各部门各类别的本月折旧额,实际上就是对固定资产清单表的本月折旧额按部门和类别进行多条件求和,因而,"按部门和类别汇总"工作表 F4 单元格的公式为:

=SUMIFS(固定资产清单 [本月折旧], 固定资产清单 [使用部门], 按部门和类别汇总 !A4, 固定资产清单 [类别], 按部门和类别汇总 !B4)

2. 累计折旧(D 列)

累计折旧就是上月累计折旧 + 本月折旧,因而,"按部门和类别汇总"工作表 D4 单元格的公式为:

=SUMIFS(固定资产清单 [截至上月累计折旧], 固定资产清单 [使用部门], 按部门和类别汇总 !A4, 固定资产清单 [类别], 按部门和类别汇总 !B4)+F4

3. 部门本月折旧合计

各部门本月折旧合计单元格采用了合并单元格格式,可以用 SUM 函数来求合计,比如 G4 单元格求行政部的本月折旧合计，公式为：

=SUM(F4:F9)

但这个公式不能批量输入应用到 G 列其他部门，因而，我们要换一个思路来计算本部门的小计。

合并单元格有一个特点：一般情况下，多个单元格合并后只有第一个单元格有值，其他单元格均没有数据。我们可以利用这个特点计算 F 列中本行到最后一行的合计：

SUM(F4:F51)=SUM(F4:F9)+SUM(F10:F51)

假定我们已经将 G 列各部门的小计手工计算出来，那么：

SUM(F10:F51)=SUM(G10:G51)

将上面的等式代入到前一等式中：

SUM(F4:F51)=SUM(F4:F9)+SUM(G10:G51)

由于合并单元格中只有第一个单元格有值，比如 G4:G9 合并单元格区域，只有 G4 单元格有值，其他单元格 (G5:G9) 的值都是零，因而上面等式的计算结果等于：

SUM(F4:F51)=SUM(F4:F9)+SUM(G10:G51)+0
　　　　　 =SUM(F4:F9)+SUM(G10:G51)+SUM(G5:G9)
　　　　　 =SUM(F4:F9)+SUM(G5:G51)

将上面的等式移一下项：

也就是 SUM(F4:F9)=SUM(F4:F51)-SUM(G5:G51)

为了便于批量输入，我们需要使用正确的单元格引用类型，完整的操作是这样的：

Step 1：选定 G4:G51 单元格区域，输入下面的公式（此时不要按回车键）：

=SUM(F4:$F$51)-SUM(G5:$G$51)

Step 2：然后按住【Ctrl】键不放，再按回车键，完成公式的批量输入。

【提示】
　　此公式的计算要用到后面单元格各部门的小计（Excel 会自动判断哪些公式应该先计算，哪些应该后计算），因而，如果后面各部门合并单元格没有计算出小计值，或者小计值不正确，那么前面各部门的小计金额也会是错误的。

【合并单元格批量求合计】公式模型

=SUM(数据列本类别第一个单元格到所有类别最末行单元格)-SUM(小计列本类别第二单元格到所有类别最 SUM 末行单元格)

比如要计算人力资源部的小计，数据列本类别第一单元格到所有区域最末行单元格如图 2-18 红框所示，小计列本类别第二单元格到所有区域最末行单元格如图 2-18 蓝框所示。

C5 =SUM(B5:$B$18)-SUM(C6:$C$18)

	A	B	C	D
1	使用部门	本月折旧	本月折旧合计	
2	行政管理部	234.00		
3	行政管理部	346.49	701.49	
4	行政管理部	121.00		
5	人力资源部	65.00		
6	人力资源部	49.46	497.86	
7	人力资源部	149.40		
8	人力资源部	234.00		
9	财务管理部	333.00		
10	财务管理部	87.18	795.18	
11	财务管理部	375.00		
12	销售部	223.00		
13	销售部	643.00	1,226.06	
14	销售部	360.06		
15	运营管理部	468.00		
16	运营管理部	546.00	1,801.27	
17	运营管理部	149.40		
18	运营管理部	637.87		

图 2-18 计算人力资源部的小计数

（三）折旧分配表

折旧分配表也是一个多条件求和，就是用 SUMIFS 函数按部门、按类别进行多条件统计本月折旧金额，比如 E4 单元格的公式为：

=SUMIFS(固定资产清单[本月折旧],固定资产清单[使用部门],$C4,固定资产清单[类别],E$3)

【公式解释】

如果固定资产清单表中使用的部门列是行政管理部（C4），且类别列是办公设备（E3），就对它们的本月折旧进行合计。

设置好 E4 单元格的公式后，我们使用复制粘贴的方式来复制公式：

选定 E4 单元格→按【Ctrl+C】→选定 F4:J4 单元格→按【Ctrl+V】,将 E4 单元格的公式粘贴到这些单元格。

四、知识点

(一)精简公式的技巧

1. 巧妙利用 MIN、MAX 函数来实现逻辑判断

我们常用 IF 函数来进行逻辑判断,比如用 IF 函数来判断是否及格:

=IF(A1>=60," 及格 "," 不及格 ")

但在计算结果为数字的逻辑判断公式中,可以用 MIN、MAX 来替代 IF 实现逻辑判断,以简化公式。比如有位仁慈厚爱的老师,想让没及格的同学都过关,将小于 60 的成绩都打为 60 分,大于等于 60 分的保持原分数,常规的方法是用 IF 函数编制公式:

=IF(A1<60,60,A1)

实际上,上面的公式可以简化为:

=MAX(60,A1)

> 【将小于数字 A 的值改为数字 A,大于的保持不变】公式模型
> =MAX(数字 A,原数字)
> 【将大于数字 A 的值改为数字 A,小于的保持不变】公式模型
> =MIN(数字 A,原数字)

■ 扩展阅读

我们也可以使用查找替换功能批量将小于数字 A 的值改为数字 A,具体操作方法请在微信公众号"Excel 偷懒的技术"中发送"改数字"进行阅读。

2. 巧妙利用逻辑值的特点来精简公式

在 Excel 中，逻辑值 True 和 False 分别等同于 1 和 0,1 乘以任何数，结果都等于原数字，0 乘以任何数都等于 0。我们可利用此特点精简那些“进行逻辑判断后返回结果为 0 或计算结果为数字”的公式，比如固定资产清单表 O2 单元格上月累计折旧原公式为：

=IF(H2=0,0,ROUND(N2*K2,2)*I2)

我们可将其精简为：

=(H2<>0)*ROUND(N2*K2,2)*I2

M2 单元格本月折旧的公式也利用此技巧进行了精简。

【逻辑判断后返回结果 0 或原公式计算结果】公式模型

=（逻辑判断公式）* 原公式

（二）公式编制技巧：利用其他单元格的计算结果

见示例文件《知识点 2.2-1：编制公式的借用思维》。

分部门、分类别的固定资产汇总表中的各部门本月折旧合计公式“ =SUM(F4:$F$51)-SUM(G5:$G$51)”，所用的是最常用的 SUM 函数，但此公式利用其他单元格的计算结果来巧妙求和的思路值得琢磨、学习。

我们在设计公式时要尽量用到已有的公式，这样一环套一环，既可以避免出错，还可以提高计算速度。比如图 2-19 中计算累计收入，就不要使用“ =SUM($C$2:C7)”这样的公式，此公式 D 列每个单元格的公式都会计算前面的行，而应该用公式“ =D6+C7”，此公式是在前面累计收入的基础上再加上本行的收入，这样就提高了计算效率。

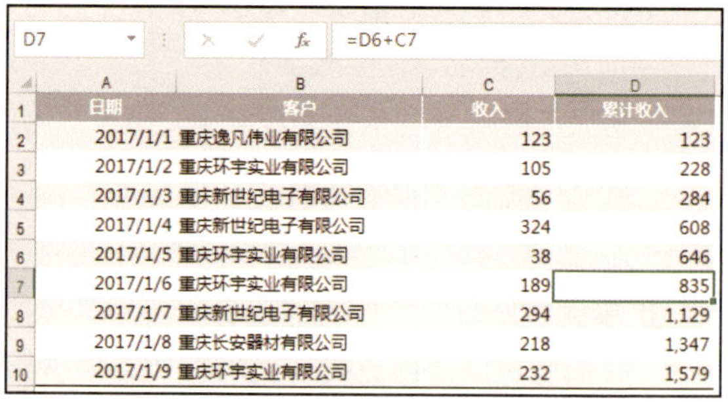
D7 =D6+C7

	A	B	C	D
1	日期	客户	收入	累计收入
2	2017/1/1	重庆逸凡伟业有限公司	123	123
3	2017/1/2	重庆环宇实业有限公司	105	228
4	2017/1/3	重庆新世纪电子有限公司	56	284
5	2017/1/4	重庆新世纪电子有限公司	324	608
6	2017/1/5	重庆环宇实业有限公司	38	646
7	2017/1/6	重庆环宇实业有限公司	189	835
8	2017/1/7	重庆新世纪电子有限公司	294	1,129
9	2017/1/8	重庆长安器材有限公司	218	1,347
10	2017/1/9	重庆环宇实业有限公司	232	1,579

图 2-19　巧妙利用前面单元格的计算结果

而各部门本月折旧合计公式也是合理地利用

其他单元格，累计收入的公式是利用前面单元格公式的计算结果，而本公式是利用下面单元格的计算结果。这样做尽管会对部分单元格的值反复计算，但巧妙实现了在合并单元格批量求和。

这是公式设计的一种重要的方法，大家应多多体会，并加以掌握。

（三）复制结构化引用的公式和填充结构化引用的公式的区别

复制结构化引用的公式将其应用到其他单元格，公式中的结构化引用的单元格保持不变；填充结构化引用的公式，公式中的结构化引用的单元格将相应变动，类似于相对引用。我们可将折旧费用分配表 E4 单元格的公式使用"选择性粘贴 – 公式"或使用拖动填充到 F4 单元格，查看两者的区别。

E4 单元格的公式为：

=SUMIFS(固定资产清单 [本月折旧], 固定资产清单 [使用部门],$C4, 固定资产清单 [类别],E$3)

选定 E4 单元格，进行【Ctrl+C】操作，然后选定 F4 单元格，进行【Ctrl+V】操作，则 F4 单元格的公式为：

=SUMIFS(固定资产清单 [本月折旧], 固定资产清单 [使用部门],$C4, 固定资产清单 [类别],F$3)

如果拖动填充柄，将 E4 单元格往右填充到 F4，则 F4 单元格公式为：

=SUMIFS(固定资产清单 [原值], 固定资产清单 [类别],$C4, 固定资产清单 [入账日期],F$3

公式中引用的列，都往右移了一列，这显然不是我们要的公式。大家在使用结构化引用公式时要注意复制公式和拖动填充的区别。

第三节　销售收入统计表：批量向下求和的经典应用

一、需求背景

《示例 2-03 批量向下求和：片区销售收入统计表》

我们设计的表格一般是数据行在上，小计行在下，也就是向上求和，这种表格要实现批量求和，可以用“定位→空格”选定需要输入公式的空白的“小计”单元格，然后使用快捷键【 Alt+= 】批量输入求和公式。但有时，因为排版需要，在汇总统计表中可能是小计行在上面，数据行在下面，如图 2-20 所示，这种表格如何批量输入公式求和呢?

	A	B	C	D	E
1	片区	姓名	项目1	项目2	项目3
2	西部小计				
3	西部	员工1	1	2	3
4		员工2	6	7	8
5		员工3	11	12	13
6	东部小计				
7	东部	员工4	21	22	23
8		员工5	26	27	28
9		员工6	31	32	33
10		员工7	36	37	38
11	北部小计				
12	北部	员工8	46	47	48
13		员工9	51	52	53
14		员工10	56	57	58
15		员工11	61	62	63
16		员工12	66	67	68

图 2-20　批量向下求和

二、公式设计

(一) 公式思路及设计

由于用 SUM 函数求和时一般是默认往左或往上取求和区域，加之各片区的行数不一样，所以我们不能用一个 SUM 函数来实现批量求和。我们可以换一个思路：

对公式所在单元格下面一行起到表格最后一行进行求和，然后再减掉除本片区之外的单元格之和。

下面我们将看一下如何用这一思路来一步步推导、变换，最终得到批量向下求和的公式：

C2 单元格对“西部”片区求和的公式为：

=SUM(C3:C5)

假定我们已经将各区域的小计手动计算出正确的值，那么：

SUM(C3:C5)=SUM(C3:C16)-SUM(C6:C16)

而：SUM(C6:C16)=SUM(C7:C10,C12:C16)+SUM(C6,C11)

由于 C6、C11 单元格是各区域的小计，因而 SUM(C6,C11)=SUM（C7:C10，C12:C16)，也就是说：

SUM(C6:C16)=2*SUM（C6,C11）

而 C6 和 C11 单元格是各片区的小计金额。根据表格的特点，小计所在行对应的 A 列的单元格都是某片区的小计，我们利用这个特点可以使用条件求和函数 SUMIF 来求和，求和的条件就是统计 A6:A16 单元格中以"小计"结尾的单元格所对应的 C 列的金额之和，公式为：

=SUMIF($A3:$A$16,"* 小计 ",C3:C$16)

【公式解释】

先对 A3:A16 单元格进行逐一判断，如果它们是以"小计"结尾，那么就对 C3:C16 单元格区域对应的单元格进行加总求和。SUMIF 函数的介绍详见后面"知识点"。

我们将以上公式代入后，C2 单元格完整的公式为：

=SUM(C3:C$16)–2*SUMIF($A3:$A$16,"* 小计 ",C3:C$16)

注意：输入公式时，要注意各单元格的引用类型，如果引用类型不正确，后面粘贴公式时，公式计算结果会出错。

【用 SUMIF 批量向下求和】公式模型

= 本列下一行单元格到最末行单元格之和 –2* 下面的行各类别小计之和

=SUM(本列下一行单元格到最末行单元格)–2*SUMIF(条件列下一行单元格到最末行单元格 ,"* 小计 ", 本列下一行单元格到最末行单元格)

下面我们将介绍如何把 C2 单元格的公式批量应用到其他小计单元格：

选定 C2 单元格→按【Ctrl+C】复制→选定 C2:D16，按【F5】键→定位条件→在弹出的定位条件对话框，双击"空值"，就会选定 C2:D16 单元格区域所有的空白单元格→按【Ctrl+V】，将 C2 单元格的公式粘贴应用到各小计单元格。

粘贴公式后，C6 单元格的公式为：

=SUM(C7:C$16)–2*SUMIF($A7:$A$16,"* 小计 ",C7:C$16)

D2 单元格的公式为：

=SUM(D3:D$16)-2*SUMIF($A3:$A$16,"* 小计 ",D3:D$16)

其余单元格的公式依此类推。

（二）扩展引申：使用 SUBTOTAL 函数

上面的公式是利用 SUMIF 函数来进行条件求和。但是，上面的公式有一定的局限性：假如 A 列小计单元格不统一，并不是都以"小计"结尾，那就不能使用上面的公式求和。这时我们可以使用 SUBTOTAL 函数来替代。SUBTOTAL 函数的语法格式为：

=SUBTOTAL(统计方式 , 统计区域)

SUBTOTAL 函数的作用是分类汇总，详细用法见后面的知识点。在这里我们应用它的一个特点：可自动忽略求和区域中嵌套的 SUBTOTAL 函数分类汇总，以避免重复计算。所以，我们将 C2 单元格的公式改为：

=SUBTOTAL(9,C3:C$16)*2-SUM(C3:C$16)

> **【公式解释】**
> SUBTOTAL(9,C3:C$16) 第一个参数用于定义计算的类型，9 表示求和，第二个参数是计算区域。此公式与前面使用 SUMIF 函数的公式略有不同，它是先计算 C3:C16 区域不含 SUBTOTAL 函数单元格之和的 2 倍，然后减去 C3:C16 区域之和。

下面我们来看一下如何理解上面的公式：

由于 SUBTOTAL 函数会自动忽略求和区域中嵌套的分类汇总，而小计行的 C6、C11 单元格公式中包含 SUBTOTAL 函数，所以这两个单元格会被忽略掉。

SUBTOTAL(9,C3:C$16)=SUM（C3:C5,C7:C10,C12:C16）
　　　　　　　　　　=SUM（C3:C5）+SUM（C7:C10,C12:C16）

SUM(C3:C$16)=SUM(C3:C5，C7:C10，C12:C16)+SUM(C6,C11)
　　　　　　=SUM(C3:C5，C7:C10，C12:C16)+SUM（C7:C10，C12:C16)
　　　　　　=SUM(C3:C5)+2*SUM（C7:C10，C12:C16)

将以上部分代入公式：

=SUBTOTAL(9,C3:C$16)*2−SUM(C3:C$16)

=(SUM（C3:C5）+SUM（C7:C10,C12:C16）)*2−(SUM(C3:C5)+2*SUM（C7:C10，C12:C16))

=SUM（C3:C5）

【用 SUBTOTAL 函数批量向下求和】公式模型

=2* 本列下面所有单元格剔除小计行的金额之和 − 本列下面所有单元格的金额之和

=2*SUBTOTAL(9, 本列下一行单元格到最末行单元格）−SUM(本列下一行单元格到最末行单元格）

（三）扩展引申：使用 AGGREGATE 函数

Excel 函数中的 AGGREGATE 函数和 SUBTOTAL 函数一样，会自动忽略求和区域中嵌套的 SUBTOTAL 函数和 AGGREGATE 函数，因而上面的公式可以改成：

=AGGREGATE(9,0,C3:C$16)*2−SUM(C3:C$16)

【用 AGGREGATE 函数批量向下求和】公式模型

=AGGREGATE(9，0, 本列下一行单元格到最末行单元格）*2−SUM(本列下一行单元格到最末行单元格）

■ 扩展阅读

关于 AGGREGATE 函数的知识点及用法，请在微信公众号"Excel 偷懒的技术"中发送"aggregate"进行扩展阅读。

三、友好性设计

在工作中，我们有时可能只需要显示或打印各片区的小计，不需要显示每位员工，这时就要将员工的行隐藏，但是如果各片区比较多，或者需要经常在两种模式间切换，那么，我们在设计表格时就应利用 Excel 的分级显示或自定义视图功能，实现快速切换，增强表格的友好性。

（一）使用分级显示

选定第 3 行到第 5 行整行→点击"数据"选项卡→点击"分组显示"组中的"组合"按钮，即可将第 3 行到第 5 行创建为一组。

然后选定第 7 行到第 10 行整行→按【F4】功能键（作用是重复上一步操作）→选定第 12 行到第 16 行整行→按【F4】功能键，分别将第 7 行到第 10 行、第 12 行到第 16 行创建为组。创建后，格式如图 2-21 所示。

	A	B	C	D	E
1	片区	姓名	项目1	项目2	项目3
2	西部小计		18	21	24
3	西部	员工1	1	2	3
4		员工2	6	7	8
5		员工3	11	12	13
6	东部小计		114	118	122
7	东部	员工4	21	22	23
8		员工5	26	27	28
9		员工6	31	32	33
10		员工7	36	37	38
11	北部小计		280	285	290
12	北部	员工8	46	47	48
13		员工9	51	52	53
14		员工10	56	57	58
15		员工11	61	62	63
16		员工12	66	67	68
17					
18	合计		412	424	436

图 2-21　创建分级显示

我们点击第 2 行行号左侧的减号，可使西部片区折叠只显示小计；点击地址栏下的数字 1 或 2，可分别显示至第一级或第二级。如果我们点击数字 1，显示效果如图 2-22 所示。

	A	B	C	D	E
1	片区	姓名	项目1	项目2	项目3
2	西部小计		18	21	24
6	东部小计		114	118	122
11	北部小计		280	285	290
17					
18	合计		412	424	436

图 2-22　分组显示后的效果

（二）使用自定义视图

自定义视图就是将所显示的界面保存下来，它可以保存行和列的显示隐藏状态、筛选状态、单元格选定区域以及工作表的打印设置（如页面设置、页边距、页眉和页脚以及工作表设置）。具体操作如下：

在所有行都显示时，点击"视图"选项卡下的"自定义视图"按钮→在视图管理器界面点击"添加"按钮→输入视图名称"显示全部"（见图 2-23）。

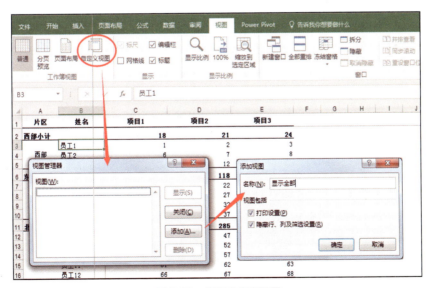

图 2-23　添加自定义视图

然后，按住【Ctrl】键不放，选定第 3 行到第 5 行、第 7 行到第 10 行、第 12 行到第 16 行，再按【Ctrl+9】，将所选定的行隐藏，之后按前面的操作添加自定义视图"隐藏明细行"（见图 2-24）。要在这两个视图间切换，直接点击"视图"选项卡下的"自定义视图"按钮，然后双击相应的视图名称，即可切换为目标视图。

图 2-24　在视图管理器中选择需切换的视图

四、知识点

SUBTOTAL 函数

见示例文件《知识点 2.3-1：SUBTOTAL 函数》。

此函数用于对求和区域进行数据统计，统计的方式根据参数的不同而不同，可以是求和、平均值、最大与最小值、统计个数等 11 种类型。

语法格式为：

=SUBTOTAL(统计方式 , 统计区域)

统计方式的参数范围是 1 ～ 11 或 101 ～ 111，图 2-25 仅列出了常用的参数及作用。

统计方式（包含隐藏值）	统计方式（忽略隐藏值）	相当于以下函数
1	101	AVERAGE
2	102	COUNT
3	103	COUNTA
4	104	MAX
5	105	MIN
9	109	SUM

图 2-25　SUBTOTAL 参数

不管是使用功能参数 1 ～ 11，还是 101 ～ 111，都不统计未筛选出的行；使用功能参数 1 ～ 11 会统计手动隐藏的行；使用 101 ～ 111，不会统计手动隐藏的行；如果只筛选出部分行时，再手动隐藏一些行，则两者的计算结果一样，都不统计未筛选出的行和手动隐藏的行。

比如示例文件《知识点 2.3-1 SUBTOTAL 函数》工作簿的“仅对筛选出的结果求和”工作表在没有做任何筛选时，用 SUBTOTAL 函数计算出的合计金额为 19,894,000，不包含东部和北部时，两个参数的计算结果都是 10,353,000，如果手动将第 11 行新疆隐藏，两者的计算结果还是一样（见图 2-26）。

D26　=SUBTOTAL(9,E2:E18)

	A	B	C	D	E
1	日期	销售部名称	办事处名称	合同数量	金额
2	2008-3-25	华东大区	安徽	1	255,000.00
4	2008-1-7	西南大区	重庆	2	472,000.00
5	2008-8-18	华东大区	安徽	3	654,000.00
7	2008-5-31	华北大区	山东	4	896,000.00
11	2008-2-13	西部大区	新疆	5	1,190,000.00
14	2008-3-5	西南大区	重庆	9	2,070,000.00
17	2008-4-15	西南大区	重庆	10	2,260,000.00
18	2008-6-2	华北大区	河北	18	2,556,000.00
19					
20	参数1	参数2	作用	第一参数为1-9	第一参数为101-109
21	1	101	AVERAGE	1,294,125	1,294,125
22	2	102	COUNT	8	8
23	3	103	COUNTA	8	8
24	4	104	MAX	2,556,000	2,556,000
25	5	105	MIN	255,000	255,000
26	9	109	SUM	10,353,000	10,353,000

图 2-26　手动隐藏行时 SUBTOTAL 参数的作用

另外，还有一个很重要的特点为，SUBTOTAL 函数会自动忽略求和区域中嵌套的 SUBTOTAL 分类汇总，以避免重复计算，这个特点在本节示例中已介绍，不再赘述。

第四节　部门费用预算表：玩转指定时段的累计数

一、需求背景

《示例 2-04 变动区域求和：部门费用预算表》

对财务人员来说，编制年度财务预算（经营计划）是每年都要做的一项重要工作。尽管每家公司的情况不一样，但基本需求都是一样的：需要将收入、成本费用等按报表科目、成本费用项目分月填写。同时，为了管理需要，还要求按季度、指定时间段进行统计，以便后期对预算执行情况进行对比分析。这就给预算表格设计出了难题，表格如何设计才能既能按季度、年份合计，又能对指定期间进行统计呢？

二、表格布局

年度预算表格一般是按收入成本费用等项目分表填列，按各项目的细项分行填列，每个月按列排列。所以，每个表的总体布局基本相同，为节约篇幅，本节不介绍年度预算表如何设计，也不介绍各个表的表头、标题行、标题列的设计，仅以费用预算表为例着重介绍一下数据列、求和公式列的布局设计。

1. 年度合计数的位置

"年度合计数"是放在表格的最前面，还是最后面？由于这是年度预算，"年度合计数"相对各月的数字更重要，使用频率也更高。如果我们将其放到最后的列，看年度合计数时，视线需要长距离地转移，容易看错行。为了避免这种情况，我们将"年度合计数"放到 1 月之前。

2. 季度小计的位置

我们再来看一下如何安排"季度小计"列：由于各个季度月份是固定的，我们直接使用 SUM 函数对指定月份进行求和，可以放在 12 月之后。管理费用预算表可以设计成如图 2-27所示的样子。

	A	B	C	D	E	F	G	H	I	J	K	L	M	N	O	P	Q	R	S	T	U
1	管理费用预算表																				
2	部门名称：财务部																		请输入截止月份：		9月
3	序号	项目	2016年	2017年合计	1月	2月	3月	4月	5月	6月	7月	8月	9月	10月	11月	12月	1季度累计数	2季度累计数	3季度累计数	4季度累计数	截至9月累计数
4	1	职工福利薪酬	299.93	337.00	26.00	58.00	25.00	30.00	31.00	30.00	14.00	18.00	30.00	31.00	30.00	14.00	109.00	91.00	62.00	75.00	262.00
5	2	水电费	21.77	24.46	0.77	1.00	1.00	2.54	3.34	2.60	0.88	2.00	3.11	2.20	2.83	2.19	2.77	8.48	5.99	7.22	17.24
6	7	办公费	9.84	11.06	0.56	0.21	1.32	0.11	1.73	1.14	1.60	0.92	0.40	0.34	1.77	0.96	2.09	2.98	2.92	3.07	7.99
7	10	通讯费	11.76	13.21	0.28	0.88	1.80	0.93	0.19	1.64	1.08	1.74	1.45	0.93	0.66	1.63	2.96	2.76	4.27	3.22	9.99
8	11	差旅费	33.82	38.00	5.00	5.00	1.00	1.00	2.00	3.00	1.00	2.00	5.00	4.00	4.00	5.00	11.00	6.00	8.00	13.00	25.00
9	12	折旧摊销费	325.74	366.00	33.00	39.00	21.00	39.00	36.00	20.00	37.00	26.00	24.00	31.00	40.00	20.00	93.00	95.00	87.00	91.00	275.00
10	13	业务招待费	85.02	95.53	2.72	2.03	5.39	13.80	8.69	7.94	12.31	4.56	7.62	8.89	5.66	15.92	10.14	30.43	24.49	30.47	65.06
11	17	……		.													.	.	.	.	.
12		合计	787.88	885.26	68.33	106.12	56.51	87.38	82.95	66.32	67.87	55.22	71.58	78.36	84.92	59.70	230.96	236.65	194.67	222.98	662.28

图 2-27 管理费用预算表（月份放在一起）

为了方便查看指定期间的累计数，我们在最后增加一列“截至 X 月累计数”。

当然，我们也可以使用最常见的预算表格样式，将每个季度的小计紧临各月份，如图 2-28 所示。

	A	B	C	D	E	F	G	H	I	J	K	L	M	N	O	P	Q	R	S	T	U
1	管理费用预算表																				
2	部门名称：财务部																		请输入截止月份：		10月
3	序号	项目	2016年	2017年合计	1月	2月	3月	一季度	4月	5月	6月	二季度	7月	8月	9月	三季度	10月	11月	12月	四季度	截至10月累计数
4	1	职工福利薪酬	299.93	337.00	26.00	58.00	25.00	109.00	30.00	31.00	30.00	91.00	14.00	18.00	30.00	62.00	31.00	30.00	14.00	75.00	293.00
5	2	水电费	21.77	24.46	0.77	1.00	1.00	2.77	2.54	3.34	2.60	8.48	0.88	2.00	3.11	5.99	2.20	2.83	2.19	7.22	19.44
6	7	办公费	9.84	11.06	0.56	0.21	1.32	2.09	0.11	1.73	1.14	2.98	1.60	0.92	0.40	2.92	0.34	1.77	0.96	3.07	8.33
7	10	通讯费	11.76	13.21	0.28	0.88	1.80	2.96	0.93	0.19	1.64	2.76	1.08	1.74	1.45	4.27	0.93	0.66	1.63	3.22	10.92
8	11	差旅费	33.82	38.00	5.00	5.00	1.00	11.00	1.00	2.00	3.00	6.00	1.00	2.00	5.00	8.00	4.00	4.00	5.00	13.00	29.00
9	12	折旧摊销费	325.74	366.00	33.00	39.00	21.00	93.00	39.00	36.00	20.00	95.00	37.00	26.00	24.00	87.00	31.00	40.00	20.00	91.00	306.00
10	13	业务招待费	85.02	95.53	2.72	2.03	5.39	10.14	13.80	8.69	7.94	30.43	12.31	4.56	7.62	24.49	8.89	5.66	15.92	30.47	73.95
11	17	……																			
12		合计	787.88	885.26	68.33	106.12	56.51	230.96	87.38	82.95	66.32	236.65	67.87	55.22	71.58	194.67	78.36	84.92	59.70	222.98	740.64

图 2-28 管理费用预算表（季度小计放在月份后）

在这个表格样式中,各季度小计紧临月份之后,比较直观,但要统计指定期间的金额就不能使用 SUM 函数直接求和,这样会重复计算。例如,我们计算 1~5 月的累计数,会将 G 列"一季度合计"再计算一次。所以,我们在设计公式时要避免重复计算。

三、公式设计

(一)各月份相邻、各季度小计放在后面时表格样式的公式设计

我们打开《示例 2-04》工作簿的"数据相邻时(OFFSET+MATCH)"工作表,表格的样式如图 2-27 所示。

1. 对固定单元格求和(全年合计、季度小计)

D 列"全年合计"、Q 列到 T 列"季度小计"单元格的求和公式都是对固定的单元格求和,我们以 D4 单元格公式为例,在 D4 单元格中输入公式:

=SUM(E4:P4)

然后拖动填充柄下拉填充到 D5:D11 单元格区域。

再使用同样的方法输入 Q 列到 T 列各季度小计的公式,以及输入第 12 行各月、各季度合计的公式。

2. 对变动单元格区域求和(统计指定月份的累计数)

以 U4 单元格的公式为例,统计"职工福利薪酬"指定月份累计金额的操作如下:

我们在 U2 单元格中输入指定月份,在 U4 单元格中统计"职工福利薪酬"指定月份的累计数。由于本表各月份数据是相邻的,要计算指定月份的累计数,实际上就是计算 E 列到相应月份列对应行单元格区域的值。比如计算"职工福利薪酬"项目 5 月累计数就是计算 E4:I4 单元格区域的和,计算 9 月累计数就是计算 E4:M4 单元格区域的和。要取得 E4:I4 和 E4:M4 单元格区域,我们可以使用 OFFSET 函

扫码看视频

数。OFFSET 函数就是根据指定行和列的偏移量来引用相应的单元格区域。此函数的语法格式为：

=OFFSET(起点单元格 , 偏移几行 , 偏移几列 , 取几行 , 取几列)

比如我们计算"职工福利薪酬"项目的 9 月累计数，就是对 E4:M4 单元格求和，首先要取得 E4:M4 单元格区域：

以 E4 单元格为起点，往下偏移 0 行，往右偏移 0 列，取 1 行，取 9 列。

我们将其套入 OFFSET 函数中就是：

=OFFSET(E4,0,0,1,9)

用上面的公式求累计数，其他参数都是固定的，唯一变动的是第五参数：求 5 月累计，第五参数就是 5；求 9 月累计数，第五参数就是 9。我们如何根据 U2 单元格的月份计算出相应的数字 5 或 9 呢？我们可以用下面两种方法：

- 通过文本函数 SUBSTITUTE，删除"9 月"中的"月"，取出 9：

    =SUBSTITUTE($U$2," 月 ",1)

- 使用 MATCH 函数，查找计算 U2 单元格内容在 E3:P3 中的位置：

    =MATCH($U$2,$E$3:$P$3,0)

我们选用第二种方法，将 MATCH 函数套入前面的公式 OFFSET(E4,0,0,1,9) 对应的位置，就可得到要求和的单元格区域，公式如下：

=OFFSET(E4,0,0,1,MATCH($U$2,$E$3:$P$3,0))

最后，我们将此单元格区域（也就是上面的公式计算结果）放入 SUM 函数中进行求和，U4 单元格最终的公式如下：

=SUM(OFFSET(E4,0,0,1,MATCH($U$2,$E$3:$P$3,0)))

为了便于大家理解，我们绘制出此公式的嵌套层次关系，如图 2-29 所示：

图 2-29 嵌套公式的层次关系

【统计指定月份累计数】公式模型
=SUM(OFFSET(基准单元格 ,0,0,1,MATCH(指定的月份 , 月份区域 ,0)))

U4 单元格的公式还可以是：

=SUM(E4:INDEX($E4:$P4,MATCH($U$2,$E$3:$P$3,0)))

(二)"季度小计"紧邻相应月份时的公式设计

接下来我们打开《示例 2-04》工作簿中"数据不相邻时（SUMIF）"工作表，介绍第二种样式的公式设计（见图 2-28）。

这种样式的表格如果使用 SUM 函数对指定期间求和，会包含"季度小计"列，造成重复计算。所以，我们就要选用其他不会重复计算"季度小计"的函数。我们可以使用下面两种方法：

- 使用 SUMIF 条件求和，对标题栏以"月"结尾的单元格进行求和；
- 使用能忽略小计列的函数 SUBTOTATOL(或 AGGREGATE 函数)，结合第一种样式表格中根据月份所在列计算偏移量的公式。

假设还是统计 U2 单元格指定月份（9 月）的职工福利薪酬的累计金额，下面分别阐述：

1. 使用 SUMIF 条件求和

假设不考虑月份变动，要统计 9 月的职工福利薪酬的累计金额，要用 SUMIF 对 E3:O3 单元格各月份(条件是"以月结尾")对应的第 4 行的 E4:O4 单元格区域求和。

根据其语法格式,我们编制的求和公式如下:

=SUMIF($E$3:$O$3,"* 月 ",E4:O4)

现在 U2 单元格的月份是变动的,这就需要公式中的第一参数也随 U2 变动。根据前面介绍的第一种样式引用变动区域的模型公式,公式如下:

=OFFSET($E$3,0,0,1,MATCH($U$2,$E$3:$S$3,0))

同时 SUMIF 的第三参数也要求是变动的,同样使用 OFFSET+MATCH 函数来得到相应的区域,其公式如下:

=OFFSET(E4,0,0,1,MATCH($U$2,$E$3:$S$3,0))

将上面两个 OFFSET+MATCH 的组合公式,代入前面的 SUMIF 公式,U4 单元格完整的公式如下:

=SUMIF(OFFSET($E$3,0,0,1,MATCH($U$2,$E$3:$S$3,0)),"* 月 ",OFFSET(E4,0,0,1,MATCH($U$2,$E$3:$S$3,0)))

实际上,**SUMIF 第三参数真正起作用的是此单元格区域左上角的那个单元格**,因而,上面的公式可以简化为:

=SUMIF(OFFSET($E$3,0,0,1,MATCH($U$2,$E$3:$S$3,0)),"* 月 ",E4)

【用 SUMIF 统计指定月份累计数】公式模型
=SUMIF(OFFSET(标题行 1 月所在单元格 ,0,0,1,MATCH(指定月份 , 月份区域 ,0)),"* 月 ", 本行 1 月的单元格)

2. 使用能忽略小计列的函数

在本章第三节中我们介绍过,Excel 中有两个函数(SUBTOTAL、AGGREGATE)可以忽略求和区域中的分类汇总。如果各季度的小计用的求和函数为 SUBTOTAL 或 AGGREGATE，那么就可用这两个函数来编制指定月份的累计公式，求累计时会自动忽略季度小计的数据。

- 使用 SUBTOTAL 函数

先使用 SUBTOTAL 函数统计各季度的小计，H4 单元格的公式为：

=SUBTOTAL(9,E4:G4)

然后统计指定月份的累计数：
假设不考虑月份变动，要统计 9 月的职工福利薪酬的累计金额，其公式为：

=SUBTOTAL(9,E4:O4)

然后使用 OFFSET+MATCH 函数让求累计的区域灵活变动，嵌套后公式为：

=SUBTOTAL(9,OFFSET(E4,0,0,1,MATCH($U$2,$E$3:$S$3,0)))

> 【用 SUBTOTAL 函数求指定月份的累计数】公式模型
> =SUBTOTAL(9,OFFSET(本行 1 月的单元格 ,0,0,1,MATCH(指定的月份 , 月份所在区域 ,0)))

- 使用 AGGREGATE 函数

先使用 AGGREGATE 函数统计各季度的小计，H4 单元格的公式为：

=AGGREGATE(9,3,E4:G4)

然后统计指定月份的累计数：
假设不考虑月份变动，要统计 9 月的职工福利薪酬的累计金额，其公式为：

=AGGREGATE(9,3,E4:O4)

然后使用 OFFSET+MATCH 函数让求累计的区域灵活变动，嵌套后公式为：

=AGGREGATE(9,3,OFFSET(E4,0,0,1,MATCH($U$2,$E$3:$S$3,0)))

【用 AGGREGATE 函数求指定月份的累计数】公式模型
=AGGREGATE(9,3,OFFSET(本行 1 月的单元格 ,0,0,1,MATCH(指定月份 , 月份所在区域 ,0)))

四、友好性设计

本表的友好性设计主要体现在以下两个方面：
- 不同层次的数据用不同的格式（单元格底色、边框、字体）来体现数据层次；
- 能方便地切换显示不同层次（月份、季度小计）的数据。

1. 用单元格格式体现表格的层次结构

我们在《"偷懒"的技术：打造财务 Excel 达人》第七章中说过，一个好的表格应该是：**逻辑清晰、布局合理、结构明晰、简洁干净、美观大方**。结构明晰是为了让报表使用者一眼就能看出数据的结构，不用再去通过逐项阅读来理清报表的结构。所以，我们需要通过单元格的边框和底色、字体的大小来体现数据层次结构。

要体现出本表数据的层次结构，我们可做以下设置。

填充色：各月份数据不加底色；各季度小计、年度合计、指定期间累计使用较浅的填充色。

边框：各费用项目所在行不添加边框，只在标题行和合计行添加上下边框。

字体：将合计行的字体加粗。

2. 方便地切换显示不同层次的数据（分组显示）

在工作中，我们有时候需要分级显示，比如只显示季度合计、显示季度合计和各月份的明细数据，并且要在这两者之间方便地快速切换。这个需求可使用本章第三节介绍的分级显示功能，对选定的 1 ～ 12 月创建组。最终显示效果如图 2-30 所示。

如果只显示季度合计，点击图 2-30 左上角左边名称框下面的 1 即可，要显示 1 级和 2 级，点击左边名称框下面的 2 即可。

图 2-30　创建组以后的显示效果

3. 为方便输入添加下拉选择框

为了方便输入和保证数据准确，我们应该在 U2 单元格使用数据验证，通过设置序列来添加下拉选择框。操作方法如下所述：

选中 U2 单元格→点击"数据选项卡"下"数据工具组"的"数据验证"按钮→在弹出的数据验证对话框的"设置"选项卡，选择"允许"下拉箭头下的"序列"→在"来源"设置输入"=$E$3:$P$3"，如图 2-31 所示。

五、知识点

- SUMIF 函数第三参数的作用

见示例文件《知识点 2.4-1：SUMIF 函数》的"SUMIF"工作表。

SUMIF 函数第三参数求和区域真正起作用的是该区域左上角那个单元格，因而下面三个公式的计算结果是一样的：

扫码看视频

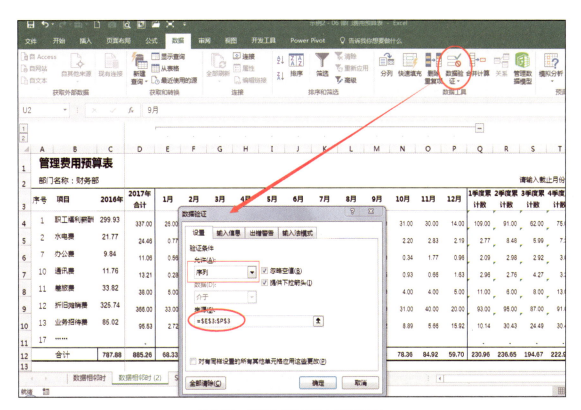

图 2-31 设置数据验证以方便快速录入

=SUMIF(A2:A11," 龙逸凡 ",B2:B11)

=SUMIF(A2:A11," 龙逸凡 ",B2:C100)

=SUMIF(A2:A11," 龙逸凡 ",B2)

正因为如此，前面"季度小计"紧邻相应月份时，表格样式中用 SUMIF 函数求和的公式可以简化成：

=SUMIF(OFFSET($E$3,0,0,1,MATCH($U$2,$E$3:$S$3,0)),"* 月 ",E4)

第三参数单元格区域的左上角单元格的作用是定位定点。只要有此定位点，SUMIF 函数会自动以此单元格为原点，按照第一参数区域符合条件（区域跨度一致）的单元格的坐标，找到同样坐标位置的单元格，并对其数值求和，比如：

=SUMIF(A2:A11," 龙逸凡 ",B3)

上面的公式的第一参数 A2:A11 单元格区域中满足求和“龙逸凡”的单元格分别是第 1、3、6、7 个（不是指 A 列的第几个，而是指该区域的第几个），那么上面的公式就对以 B3 单元格为基准点，开始数的第 1、3、6、7 个单元格（即 B3、B5、B8、B9 单元格）求和。

我们可以利用第三参数定位定点的作用，统计图 2-32 中 A1:F11 单元格区域中龙逸凡 1 ～ 3 月的金额，可以直接在 H8 单元格中用下面的公式统计：

=SUMIF(A2:F11," 龙逸凡 ",B2)

而不必用三个 SUMIF 函数分别求和后再相加：

=SUMIF(A2:A11," 龙逸凡 ",B2:B11)+SUMIF(C2:C11," 龙逸凡 ",D2:D11)+SUMIF(E2:E11," 龙逸凡 ",F2:F11)

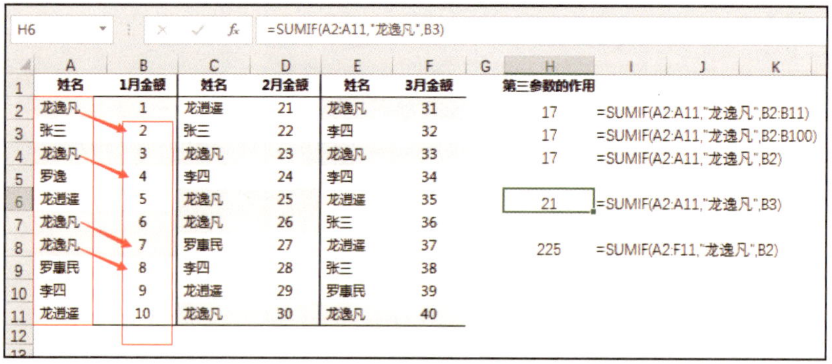
H6 =SUMIF(A2:A11,"龙逸凡",B3)

	A	B	C	D	E	F	G	H	I
1	姓名	1月金额	姓名	2月金额	姓名	3月金额		第三参数的作用	
2	龙逸凡	1	龙逍遥	21	龙逸凡	31		17	=SUMIF(A2:A11,"龙逸凡",B2:B11)
3	张三	2	张三	22	李四	32		17	=SUMIF(A2:A11,"龙逸凡",B2:B100)
4	龙逸凡	3	龙逸凡	23	龙逸凡	33		17	=SUMIF(A2:A11,"龙逸凡",B2)
5	罗逸	4	李四	24	李四	34			
6	龙逍遥	5	龙逸凡	25	龙逍遥	35		21	=SUMIF(A2:A11,"龙逸凡",B3)
7	龙逸凡	6	龙逸凡	26	张三	36			
8	龙逸凡	7	罗秉民	27	龙逍遥	37		225	=SUMIF(A2:F11,"龙逸凡",B2)
9	罗秉民	8	李四	28	张三	38			
10	李四	9	龙逍遥	29	罗秉民	39			
11	龙逍遥	10	龙逸凡	30	龙逸凡	40			

图 2-32　第三参数的定位定点

又比如，《知识点 2.4-1 SUMIF 函数》工作簿的“求最后一次之和”工作表（图 2-33）中要统计各供应商最后一次进货金额之和，直接用下面的公式轻松计算出：

=SUMIF(B2:F9,"",B1)

G11　=SUMIF(B2:F9,"",B1)

	A	B	C	D	E	F	G
1		供应商A	供应商B	供应商C	供应商D	供应商F	
2	第1次	59	65	71	57	74	
3	第2次	70	71	55	80	78	
4	第3次	70	71	62	73		
5	第4次	62		58	54		
6	第5次	78		60	63		
7	第6次				73		
8	第7次				52		
9	第8次						
10	最后一次	78.00	71.00	60.00	52.00	78.00	339.00
11						求各供应商最后一次进货金额之和:	339.00

图 2-33　求最后一次金额之和

【公式解释】

如果 B2:F9 单元格为空（B7:B9、C5:C9、D7:D9……），那么就以 B1 为原点，统计那些为空的坐标对应的单元格（B6:B8、C4:C8、D6:D8……）。

第五节　销售收入预算表：隔列求和，如此简单

一、需求背景

《示例 2-05 隔列求和：销售收入预算表》

逸凡公司每年年底要编制预算表，对于普通的费用预算表样式，我们在第五节中已经介绍，另外还需编制销售收入和产品成本的预算表，由于这些项目的预算涉及数量和金额，表格样式有所不同，要分别列示数量和金额。

二、表格布局

销售收入预算表总体布局和部门费用预算表类似,在此不重复介绍,除了应该考虑上一节的内容,我们还应考虑以下三点。

(一)表格是横向还是纵向

由于本表有数量和金额两个维度,且要分月列示,如果产品类型较少,为了方便阅读,我们应该将产品按列排放,将各月份的数量和金额按行排列。这样就可以在一个屏幕内显示所有产品的数量和金额,不用横向拖动屏幕。但是,考虑到年度预算的其他表格都是将月份按列排列,为了统一,也便于分析取数,我们还是将此表和其他表格的布局保持一致,将月份按列排列。

(二)数量和金额是否分表列示

同样的道理,为了方便分析取数,我们应将数量和金额分别单独用表列示。但考虑到在工作中,将数量和金额在同一个表列示的情况也比较常见,故我们选择采用这种样式介绍如何隔列求和。

三、公式设计

(一)季度小计在后

《示例 2-05》工作簿的"销售收入预算表(布局 1)"工作表(图 2-34)中给出了季度小计在后的示例。

1. 季度小计

季度小计的公式很简单,直接用 SUM 函数即可,比如 AC4 单元格一季度小计的公式:

=SUM(E4,G4,I4)

可手动直接输入,也可先输入" =SUM(",然后按住【Ctrl】键,用鼠标依次点击 E4、G4、I4 单元格,再直接回车即可。

	A	B	C	D	E	F	AA	AB	AC	AD	AE	AF	AG	AH	AI	AJ
1	销售收入预算表															
2	产品名称	规格型号	合计		1月		12月		一季度小计		二季度小计		三季度小计		四季度小计	
3			数量	金额	数量	金额	数量	金额	数量	金额	数量	金额	数量	金额	数量	金额
4	产品B	XL104A	3,609	74,201.04	245	5,037.20	331	6,805.36	857	17,619.92	1,109	22,801.04	824	16,941.44	819	16,838.64
5		XL104B	3,538	79,817.28	263	5,933.28	220	4,963.20	729	16,446.24	1,060	23,913.60	956	21,587.36	793	17,890.08
6		XL104C	3,421	73,756.76	319	6,877.64	201	4,333.56	900	19,404.00	918	19,792.08	822	17,722.32	781	16,838.36
7		小计	10,568	227,775.08	827	17,848.12	752	16,102.12	2,486	53,470.16	3,087	66,506.72	2,602	56,231.12	2,393	51,567.08
8	产品A	CY150	3,922	140,407.60	360	12,888.00	354	12,673.20	1,038	37,160.40	879	31,468.20	951	34,045.80	1,054	37,733.20
9		CY250	3,528	136,886.40	397	15,403.60	285	11,058.00	853	33,096.40	888	34,454.40	957	37,131.60	830	32,204.00
10		小计	7,450	277,294.00	757	28,291.60	639	23,731.20	1,891	70,256.80	1,767	65,922.60	1,908	71,177.40	1,884	69,937.20
11	产品C	CSC35	3,667	212,686.00	243	14,094.00	296	17,168.00	881	51,098.00	1,024	59,392.00	897	52,026.00	865	50,170.00
12		CSC36	3,818	209,990.00	235	12,925.00	311	17,105.00	818	44,990.00	958	52,690.00	1,014	55,770.00	1,028	56,540.00
13		CSC37	3,566	199,696.00	250	14,000.00	216	12,096.00	759	42,504.00	995	55,720.00	885	49,580.00	927	51,912.00
14		CSC38	3,635	221,735.00	252	15,372.00	304	18,544.00	772	47,092.00	780	47,580.00	1,040	63,440.00	1,043	63,823.00
15		小计	14,686	844,107.00	980	56,391.00	1,127	64,913.00	3,230	185,684.00	3,757	215,382.00	3,836	220,796.00	3,863	222,245.00

图 2-34　季度小计在后

用此方法输入第 4 行"产品 B（XL104A）"其他季度的数量和金额小计公式后，选择 AC4:AJ4 单元格，按【Ctrl+C】复制，然后将公式粘贴到其他产品对应的单元格。

2. 年度合计

要计算数量和金额的年度合计数，我们可以用以下思路：

- 用条件求和函数 SUMIF

由于本示例各月的数量和金额列标题是一致的（比如：所有数量的列标题均为"数量"），因而我们可以使用条件求和 SUMIF 函数来计算全年合计，公式如下：

=SUMIF($E$3:$AB$3,C$3,$E4:$AB4)

这个公式很简洁，但要注意，如果各月的列标题没有规律，就不能使用 SUMIF 函数来进行条件求和。

- 隔列求和

隔列求和就是每隔 N 列进行求和，要求和的列的序号都有一定的规律，比如本表要求和的数量列是 E 列、F 列、G 列、I 列、K 列……其列号分别是 5、7、9、

扫码看视频

11……为方便行文，我们在第 1 行用 COLUMN 函数计算各列的列号，如图 2-35 所示。

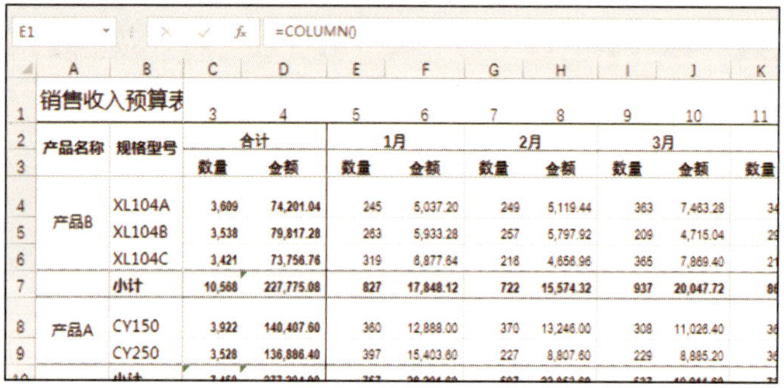

图 2-35　列号

数量列的列号有一个共同点，即将它除以 2，余数都是 1，而金额列的列号，将它除以 2，余数是 0，如图 2-36 所示。

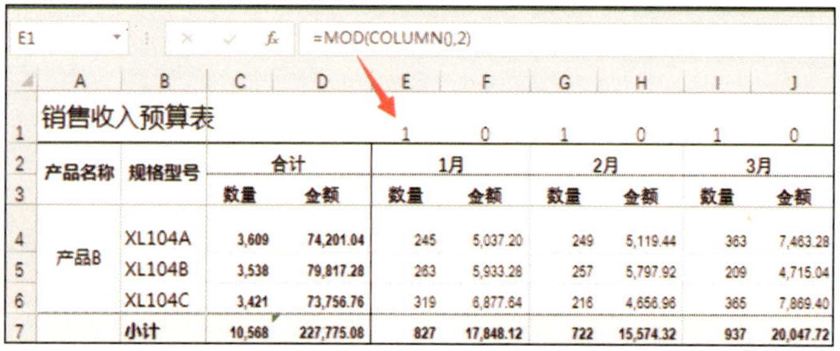

图 2-36　计算各列被 2 除的余数

图 2-36 公式中 MOD 函数的作用就是返回两数相除的余数。

我们将上面列号除以 2 的余数分别与第 4 行对应的单元格相乘，然后将所有乘积加总（E1*E4+G1*G4+I1*I4+……）。由于 0 乘以任何数得 0，1 乘以任何数还是原数，因而最终结果就是数量的合计。在 Excel 中刚好有一个求乘积之和的函数——SUMPRODUCT，因而我们用此函数来隔列求和。

我们将前面的思路编制成 C4 单元格公式就是：

=SUMPRODUCT((MOD(COLUMN(E4:AB4),2)=1)*(E4:AB4))

D4 单元格的公式为：

=SUMPRODUCT((MOD(COLUMN(E4:AB4),2)=0)*(E4:AB4))

然后，我们选定 C4:D4 单元格，复制后将公式粘贴到其他年度合计的单元格。

【隔列求和】公式模型
=SUMPRODUCT((MOD(COLUMN(求和区域),2)=A)*(求和区域))
上面公式中的 A 等于 0 或 1，是 0 还是 1 要根据实际情况而定。
如果是每隔 2 列求和，那么 A 是 0、1、2 中的某个数。

（二）季度小计在中间

《示例 2-05》工作簿的"销售收入预算表（布局 2）"工作表（图 2-37）中给出了季度小计在中间的示例。

		合计		1月		2月		3月		一季度		4月		5
产品名称	规格型号	数量	金额	数量	金额	数量	金额	数量	金额	数量	金额	数量	金额	数量
产品B	XL104A	3,609	74,201.04	245	5,037.20	249	5,119.44	363	7,463.28	857	17,619.92	347	7,134.32	375
	XL104B	3,538	79,817.28	263	5,933.28	257	5,797.92	209	4,715.04	729	16,446.24	298	6,722.88	373
	XL104C	3,421	73,756.76	319	6,877.64	216	4,656.96	365	7,869.40	900	19,404.00	217	4,678.52	343
	小计	10,568	227,775.08	827	17,848.12	722	15,574.32	937	20,047.72	2,486	53,470.16	862	18,535.72	1,091
产品A	CY150	3,922	140,407.60	360	12,888.00	370	13,246.00	308	11,026.40	1,038	37,160.40	368	13,174.40	238
	CY250	3,528	136,886.40	397	15,403.60	227	8,807.60	229	8,885.20	853	33,096.40	365	14,162.00	307
	小计	7,450	277,294.00	757	28,291.60	597	22,053.60	537	19,911.60	1,891	70,256.80	733	27,336.40	545
产品C	CSC35	3,667	212,686.00	243	14,094.00	346	20,068.00	292	16,936.00	881	51,098.00	365	21,170.00	332
	CSC36	3,818	209,990.00	235	12,925.00	287	15,785.00	296	16,280.00	818	44,990.00	316	17,380.00	399
	CSC37	3,566	199,696.00	250	14,000.00	255	14,280.00	254	14,224.00	759	42,504.00	383	21,448.00	292
	CSC38	3,635	221,735.00	252	15,372.00	312	19,032.00	208	12,688.00	772	47,092.00	325	19,825.00	241
	小计	14,686	844,107.00	980	56,391.00	1,200	69,165.00	1,050	60,128.00	3,230	185,684.00	1,389	79,823.00	1,264

图 2-37　季度小计在中间

如果季度小计在各月份中间，用上面的公式计算年度合计会将季度小计也包含进去，造成重复计算，因而会使结果不正确。但是如果我们稍加分析就会知道，季度小计实际上就是各月的合计，也就是说，用前面公式计算出的合计，是正确合计的两倍，因而我们直接将其除以 2 就是正确的合计了（见图 2-38）。C4 单元格的公式如下：

=SUMPRODUCT((MOD(COLUMN(E4:AJ4),2)=0)*(E4:AJ4))/2

实际上，我们也可用 SUMIF 来求年度合计：

=SUMIF($E$3:$AJ$3,D$3,$E4:$AJ4)/2

图 2-38　用 SUMIF 求本年合计

其他单元格的公式类推，这里不再赘述。

（三）如何检查公式引用单元格是否正确

我们在输入求季度小计的公式"=SUM(E4,G4,I4)"后，要检查一下公式范围是否正确（见图 2-39）。检查方法如下所述：

- 使用定位功能

  按【F5】功能键→定位→定位条件→引用单元格；也可直接使用定位引用单元格的快捷键

【Ctrl+[】，偷懒效率更高。
- 还可以双击公式所在单元格，或选中公式单元格后点击编辑栏，系统就会将引用的单元格标示出来，检查完后，按【Esc】键退出即可。

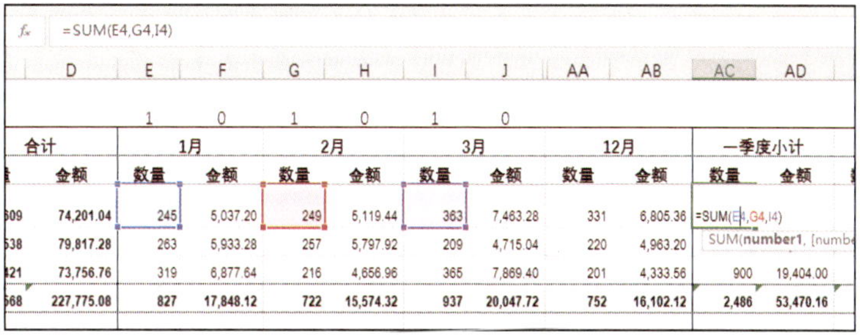

图 2-39　检查公式所引用的单元格是否正确

- 使用"追踪引用单元格"功能

选中单元格，点击"公式"选项卡下的"追踪引用单元格"，如图 2-40 所示，检查完后，点击"移去箭头"即可。

图 2-40　用追踪引用单元格检查公式

四、友好性设计

- 给表格创建组,以方便查看不同层次的数据。

对各月份在一起、季度小计排在后面的表格,选定 1～12 月的 E:AB 列→点击"数据"选项卡下的"创建组"。

考虑到有时只需要看数量或金额,我们还可以利用自定义视图功能来定义视图和切换,具体方法参见第三节。

- 保护公式单元格,以防止误修改。

选定需要录入数据的单元格→点击右键→设置单元格格式→在"保护"选项卡中,将"锁定"属性前的勾去掉→点击"审阅"选项卡下的"保护工作表"按钮。

这样就可以允许只能在指定的单元格输入数据,以防止误修改公式。

- 批量设置数量格式。

在通常情况下,我们将数字设为千位分隔符且保留两位小数,但在本示例中,由产品性质决定,数量不会出现小数,因而就不需要保留两位小数。我们在设置表格时如何快速选定数量列,并将其设为有千位分隔符的数字呢?

以图 2-34 的表格为例,我们可按以下步骤操作:

在 C16 单元格中输入公式 =SUM(C4:C15)→选定 C16:D16 单元格区域→拖动填充柄,将其填充至 E16:AJ16 单元格→按【F5】功能键,在弹出的对话框点击"定位条件"→双击"引用单元格"选项,即可批量选定 SUM 公式所引用的那些单元格→按【Ctrl+Shift+1】快捷键将数量单元格区域设为无小数且有千位分隔符的数字→选定第 16 行,按【DEL】键将公式清除。

五、知识点

(一) 定位

Excel 里有两个选择单元格的利器:查找和定位。**查找是根据单元格的内容和格式选择,而定位是根据单元格的属性选择,**它的功能如图 2-41 所示。

下面我们将对定位中几个常用的条件做介绍。

常量：选择此选项后，还会选定不是公式的单元格，根据情况勾选下面的"数字、文本、逻辑值、错误"等选项来分别选择数字、文本、逻辑值、错误的单元格。

公式：就是不是手动输入的值，而是以等于号开始的函数或等式。

空值：指内容为空的单元格。

行内容差异单元格：指同一行内与活动单元格内容不同的单元格。

引用单元格：是指公式所引用的单元格。

可见单元格：是指没有隐藏的单元格。

图 2-41　定位

（二）SUMPRODUCT 函数

见示例文件《知识点 2.5-1：SUMPRODUCT 函数》。

SUMPRODUCT 函数是将几个数组对应的元素相乘，并返回乘积之和。其语法格式为：

=SUMPRODUCT（数组 1, 数组 2,…）

比如本示例中的"SUMPRODUCT"工作表（图 2-42）中不需要计算各产品的销售收入，只需要其乘积之和，就不必增加 D 列的销售收入，只需在 F2 单元格中输入公式：

=SUMPRODUCT(B2:B11,C2:C11)

图 2-42　用 SUMPRODUCT 求乘积之和

SUMPRODUCT 函数有一个特点就是不必按【Ctrl+Shift+Enter】输入就可以进行数组运算。Excel 2007 版之前的版本没有 SUMIFS 函数，通常用这个函数来做多条件计数和多条件求和。

【用 SUMPRODUCT 多条件求和】公式模型 1

=SUMPRODUCT((条件判断式 1)*(条件判断式 2)*（……），求和区域）

上面的公式第一参数中的“条件判断式 1”计算结果是 TRUE 和 FALSE 组成的数组，然后与“条件判断式 2”计算结果的数组相乘，其计算结果还是由 TRUE 和 FALSE 组成的数组（不是满足全部条件的计算结果为 FALSE），然后再与第二参数“求和区域”相乘，前面条件区域结果为 FALSE 的相乘的结果为 0，最终留下的就是符合条件的。然后，我们将这些乘积之和相加，就是多条件求和的结果。

上述公式也可以写成：

【用 SUMPRODUCT 多条件求和】公式模型 2

=SUMPRODUCT((条件判断式 1)*(条件判断式 2)*（……）* 求和区域）

下面我们举例说明，如图 2-43 所示。

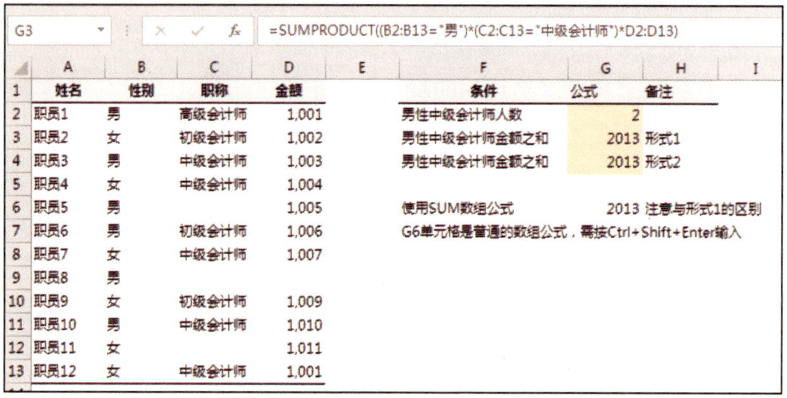

G3 =SUMPRODUCT((B2:B13="男")*(C2:C13="中级会计师")*D2:D13)

	A	B	C	D	E	F	G	H	I
1	姓名	性别	职称	金额		条件	公式	备注	
2	职员1	男	高级会计师	1,001		男性中级会计师人数	2		
3	职员2	女	初级会计师	1,002		男性中级会计师金额之和	2013	形式1	
4	职员3	男	中级会计师	1,003		男性中级会计师金额之和	2013	形式2	
5	职员4	女	中级会计师	1,004					
6	职员5	男		1,005		使用SUM数组公式	2013	注意与形式1的区别	
7	职员6	男	初级会计师	1,006		G6单元格是普通的数组公式，需按Ctrl+Shift+Enter输入			
8	职员7	女	中级会计师	1,007					
9	职员8	男							
10	职员9	女	初级会计师	1,009					
11	职员10	男	中级会计师	1,010					
12	职员11	女		1,011					
13	职员12	女	中级会计师	1,001					

图 2-43 用 SUMPRODUCT 函数多条件求和

G2 单元格统计男性中级会计师的人数，其公式为：

=SUMPRODUCT((B2:B13="男")*(C2:C13="中级会计师"))

G3 单元格统计男性中级会计师金额之和，其公式为：

=SUMPRODUCT((B2:B13="男")*(C2:C13="中级会计师"),D2:D13)

上面的公式也可以写成：

=SUMPRODUCT((B2:B13="男")*(C2:C13="中级会计师")*D2:D13)

这个公式只有一个参数，前面的公式有两个参数。

使用","和"*"的区别：当拟求和的区域中无文本时，两者无区别；当有文本时，使用"*"时会出错，返回错误值"#VALUE!"，而使用","时，SUMPRODUCT 函数会将非数值型的数组元素作为 0 处理，不会报错。

另外，要注意的是，SUMPRODUCT 函数不支持通配符"*"和"?"。

■ 扩展阅读

在财务日常工作中，我们还会经常遇到忽略错误值求和、忽略隐藏行求和的需求，由于本书篇幅所限，已将该示例删除，请在微信公众号"Excel 偷懒的技术"中发送"第六节"学习"第六节　忽略错误值、隐藏行求和：成本计算表"。

第三章 查找引用

旁征博引信手拈来的引用秘籍

复制（Ctrl+C）再多前人的思想，也追不上时代更替的节奏；只有不停地替换（SUBSTITUTE）旧思想，才能跟上时代的步伐。

本章将介绍工作中常用的查找引用公式，比如：双条件横列交叉查询、批量将格式相同的多个工作表的数据查询汇总到一张表、自动生成多张工作表的目录、多条件提取唯一值、根据指定条件查询所有的明细记录、反向模糊查找、按规范的简称查询、按不规范的缩写查询，以及如何使用这些公式来设计常用的财务表格。

第一节　管理费用查询表：查找引用基础

一、需求背景

《示例 3-01 查找引用基础：管理费用查询表》

在日常工作中，我们会将一年的统计数据分项目填写在一个表格中，项目按行排列，月份按列排列。要引用这些数据时，我们就需要使用双条件交叉引用的公式来引用它们。比如，我们将 2016 年管理费用二级科目分列保存在一个表格中，然后在另一个表用公式查询指定科目指定月份的数据。

我们需要在查询表里编制公式来查询引用"管理费用"工作表（图 3-1）中的数据。查询表要有如下功能。

	A	B	C	D	E	F	G	H	I	J	K	L	M	N
1	费用	1月	2月	3月	4月	5月	6月	7月	8月	9月	10月	11月	12月	合计
2	职工薪酬福利	26.00	58.00	25.00	30.00	31.00	31.00	17.00	18.00	30.50	31.00	31.50	14.00	343.00
3	水电费	0.77	1.00	1.00	2.54	3.34	2.60	0.88	2.00	3.11	2.20	2.83	2.19	24.46
4	办公费	1.06	1.21	1.32	1.11	1.73	1.14	1.60	0.92	0.90	0.84	1.77	0.96	14.56
5	通讯费	0.28	0.88	1.80	0.93	0.19	1.64	1.08	1.74	1.45	0.93	0.66	1.63	13.21
6	差旅费		5.00	5.00	1.00	1.00	2.00	3.00	1.00	2.00	5.00	4.00	4.00	5.00	38
7	折旧摊销费	23.00	23.00	23.00	23.00	23.00	23.00	23.00	23.00	23.00	23.00	23.00	23.00	276
8	业务招待费	2.72	22.00	5.39	3.80	5.69	7.94	3.50	4.56	17.62	8.89	5.66	5.90	93.67
9	其他		5.00	3.50	2.80	5.00	3.80	9.60	9.30	5.40	1.30	8.90	7.80	1.90	64.3
10	合计	63.83	114.59	61.31	67.38	70.75	79.92	57.36	57.62	82.88	79.76	77.22	54.58	867.2

图 3-1　管理费用表

- 查询指定费用项目指定月份的发生额（交叉查询）；
- 查询指定费用项目的全年发生额（N 列）；
- 查询指定月份的管理费用合计；
- 用图形直观地展示指定费用项目各月的金额。

二、表格布局

（一）管理费用表

这是一个简单的二维表，考虑到管理费用的二级科目较多，为了方便查看，我们将科目放在行，月份按列排列，在表格的最后一行和最后一列分别放置月份合计和本科目的全年合计数。

（二）查询表

查询表根据需要安排布局，将需要指定的"月份""费用项目"放在最上面，下面依次放置各指标以及各月的费用金额。为了更形象直观，我们将插入的图表排放在右边，如图 3-2 所示。

三、公式设计

（一）让表格的项目名称随查询项目变动而变动

我们在设计表格时，在查询表的 A4 单元格中标示"费用金额"，表示 B4 单元格是查询的费用金额。为了更直观，我们可以用公式让 A4 单元格的内容随 B3 单元格的项目变动而变动，比如显示为"办公费金额""差旅费金额"，A4 单元格的公式为：

=B3&" 金额 "

【公式解释】
公式中的 & 是连接符，将 B3 单元格的内容与字符"金额"连接拼装在一起。

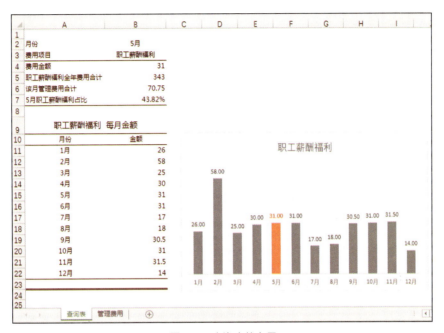

图 3-2 查询表的布局

然后,我们用同样的方法设置 A5、A7 单元格的公式。

(二) 各项目的金额查询

1. 指定费用项目指定月份的金额(B4 单元格)

要查询指定费用项目指定月份的金额,实际上就是求费用项目和月份交叉的点,比如通信费 3 月的金额,就是取 D5 单元格,那么如何才能取到 D5 单元格呢?

方法一:直接按交叉点取数。

"通信费"是费用项目放在第 4 行,"3 月"放在月份的第 3 列,也就是说,直接取 B2:N10 单元格区域的第 4 行和第 3 列的交叉点就可以了(见图 3-3)。

Excel 中的 **INDEX 函数就是按行列交叉点来取数**的,上面的需求写成公式就是:

=INDEX(管理费用 !B2:N10,4,3)

为了让公式更灵活，我们需要将 INDEX 的第二、第三参数能根据指定项目和月份变动而变动，那么怎么才能变动呢？

费用	1月	2月	3月	4月	5月	6月	7月	8月	9月	10月	11月	12月	合计
职工薪酬福利	26.00	58.00	25.00	30.00	31.00	31.00	17.00	18.00	30.50	31.00	31.50	14.00	343.00
水电费	0.77	1.00	1.00	2.54	3.34	2.60	0.88	2.00	3.11	2.20	2.83	2.19	24.46
办公费	1.06	1.21	1.32	1.11	1.73	1.14	1.60	0.92	0.90	0.84	1.77	0.96	14.56
通信费	0.28	0.88	1.80	0.93	0.19	1.64	1.08	1.74	1.45	0.93	0.66	1.63	13.21
差旅费	5.00	5.00	1.00	1.00	2.00	3.00	1.00	2.00	5.00	4.00	4.00	5.00	38
折旧摊销费	23.00	23.00	23.00	23.00	23.00	23.00	23.00	23.00	23.00	23.00	23.00	23.00	276
业务招待费	2.72	22.00	5.39	3.80	5.69	7.94	3.50	4.56	17.62	8.89	5.66	5.90	93.67
其他	5.00	3.50	2.80	5.00	3.80	9.60	9.30	5.40	1.30	8.90	7.80	1.90	64.3
合计	63.83	114.59	61.31	67.38	70.75	79.92	57.36	57.62	82.88	79.76	77.22	54.58	867.2

图 3-3　按交叉点引用

参数中的 4 和 3 是所在位置的序号，也就是我们通常说的第几个。**要计算项目在序列中是第几个，我们可以使用 MATCH 函数。** 比如，计算通信费在管理费用表的 A2:A10 中的第几个，公式为：

=MATCH(B3, 管理费用 !A2:A10,0)

上面公式的计算结果是 4。MATCH 函数第三参数为 0 时，代表精确匹配（关于此函数的解释详见后面的知识点）。

同理，我们要计算 3 月在管理费用表的 B1:M1 中排在第几，公式为：

=MATCH(B2, 管理费用 !B1:N1,0)

将上面两个公式分别替代前面的 INDEX 函数的第二、第三参数的 4 和 3，查询表 B4 单元格完整的公式为：

=INDEX(管理费用 !B2:N10,MATCH(B3, 管理费用 !A2:A10,0),MATCH(B2, 管理费用 !B1:

N1,0))

【用 INDEX 和 MATCH 交叉查询】公式模型
=INDEX(数据区域 ,MATCH(查询对象 1, 行标题的列表 ,0),MATCH(查询对象 2, 列标题的列表 ,0))

方法二：按偏移位置取数。

我们还可以根据基准点的偏移位来取数。比如要取到管理费用的 D5 单元格，我们可以用 B2:N10 单元格区域左上角的单元格 B2 为基准点，往下数 3 行、再往右数 2 列，就可得到 D5 单元格。

Excel 根据偏移来取数的函数是 OFFSET，其英文单词的含义就是"偏移、偏移量"。前面从 B2 到 D5 的偏移过程如果用 OFFSET 函数来表示，公式如下：

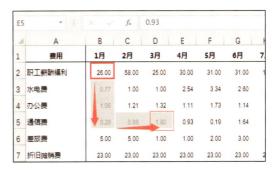

图 3-4　按偏移位置取数

=OFFSET(管理费用 !B2,3,2,1,1)

当要取的行数、列数为 1 时，可省略，因而上面的公式也可简写成：

=OFFSET(管理费用 !B2,3,2)

OFFSET 函数的语法格式：

=OFFSET(起点单元格 , 偏移几行 , 偏移几列 , 取几行 , 取几列)

注意，OFFSET 函数的第二参数是偏移几行、几列，比如以 B2 为基准，要取 B3 单元格，那就是偏移 1 行、偏移 0 列。而 MATCH 函数是计算位于第几个，所以我们将 MATCH 函数的计算结果套入 OFFSET 时要减 1，因而，从以 B2 为基准，根据指定的科目和月份来引用单元格的最终公式为：

=OFFSET(管理费用 !B2,MATCH(B3, 管理费用 !A2:A9,0)−1,MATCH(B2, 管理费用 !B1:M1,0)−1,1,1)

如果我们以 A1 单元格为基准，偏移的行列数就不用减 1，查询表 B4 单元格公式为：

=OFFSET(管理费用 !A1,MATCH(B3, 管理费用 !A2:A9,0),MATCH(B2, 管理费用 !B1:M1,0),1,1)

请大家注意上面两个公式的区别。

当要取的行数、列数为 1 时，可省略，因而上面的公式也可简写成：

=OFFSET(管理费用 !B2,MATCH(B3, 管理费用 !A2:A9,0)-1,MATCH(B2, 管理费用 !B1:M1,0)-1)

【用 OFFSET 和 MATCH 交叉查询】公式模型
=OFFSET(基准单元格 ,MATCH 函数 ,MATCH 函数)

方法三：用查找函数来取数。

除了前面两种方法，我们还可以用查找引用函数来取数。为将问题简化，我们先假设要取指定科目 1 月的金额，比如要引用"通信费"1 月的金额，就是在 A2:N10 单元格区域的第一列查找"通信费"，找到后，取此区域第 2 列中和通信费同行的单元格的值（即 B5）；如果取 2 月的数字，那么就是取第 3 列中同一行的单元格的值（即 C5）。这种"在某矩形区域的第一列中查找某个值，找到后返回与目标值同一行中指定列的数据"的查找可以用 VLOOKUP 函数来完成，该函数语法格式为：

=VLOOKUP（查找值 , 查找区域 , 取第几列 , 匹配类型）

我们用此函数编制的公式查找 1 月、2 月指定费用的金额，公式分别为：

=VLOOKUP(B3, 管理费用 !A2:M9,2,0)
=VLOOKUP(B3, 管理费用 !A2:M9,3,0)

为增强公式的扩展性，公式中的第三参数 2 和 3 应该用 MATCH 函数计算得出。我们将其替换为 MATCH 函数，完整的公式为：

=VLOOKUP(B3, 管理费用 !A2:M9,MATCH(B2, 管理费用 !B1:M1,0)+1,0)

也可以写成：

=VLOOKUP(B3, 管理费用 !A2:M9,MATCH(B2, 管理费用 !A1:M1,0),0)

请注意上面两公式中 MATCH 函数第二参数的差异。

【用 VLOOKUP 和 MATCH 交叉查询】公式模型
=VLOOKUP(费用项目 , 数据区域 ,MATCH(指定的月份 , 月份列表区域 ,0)+1,0)

■ 扩展阅读

我们还可以用其他函数来进行交叉查找引用，限于篇幅就不一一介绍了，大家在微信公众号"Excel 偷懒的技术"中发送"交叉查询"以获取更多的交叉查询公式。

2. 引用指定科目全年费用的合计金额（B5 单元格）

查找引用指定科目全年费用的金额，分两种情况：有合计列、没有合计列。下面我们分别对其进行介绍。

- 使用 VLOOKUP 函数查找引用已有的合计数

我们要查找引用指定明细科目的全年合计数（N 列），可以直接使用 VLOOKUP 函数，B5 单元格公式为：

=VLOOKUP(B3, 管理费用 !A2:N9,14,0)

- 使用函数对指定科目的全年费用求和
  - 使用 OFFSET 函数引用指定科目的全年费用

如果数据区域的表格没有行和列的合计，也就是表格只有 A1:M9 单元格区域的数据，没有 N 列（我们在第二章第五节中介绍过），用 OFFSET、MATCH 偏移取数然后求和即可，不再赘述。所以，B5 单元格完整的公式为：

=SUM(OFFSET(管理费用 !B2,MATCH(B3, 管理费用 !A2:A9,0)–1,0,1,12))

  - 使用 INDEX 函数引用指定科目的全年费用

除了用 OFFSET 函数来引用单元格区域，实际上，我们还可用 INDEX 函数来引用一行或一列：

当 INDEX 第一参数是矩形区域时，如果第二参数省略或为零，则引用第一参数区域中指定的列；当第三参数省略或为零时，则引用第一参数区域指定的行。

比如公式"INDEX(管理费用!B2:M9,3,0)"就是引用管理费用!B2:M9 中的第 3 行即 B4:M4，而"INDEX(管理费用!B2:M9,0,3)"实际上就是引用 D2:D9，因而我们可以联用 MATCH 函数来自动取指定的费用科目的全年合计，B5 单元格的公式为：

=SUM(INDEX(管理费用!B2:M9,MATCH(B3,管理费用!A2:A9,0),0))

3. 引用指定月份所有科目的合计金额（B6 单元格）

根据第 2 点所介绍的知识，我们可以用下面的三个公式中的一个来引用指定月份的合计金额：

=VLOOKUP("合计",管理费用!A2:M10,MATCH(B2,管理费用!B1:M1,0)+1,0)
=SUM(OFFSET(管理费用!B2,0,MATCH(B2,管理费用!B1:M1,0)−1,8,))
=SUM(INDEX(管理费用!B2:M9,0,MATCH(B2,管理费用!B1:M1,0)))

（三）批量引用各月的金额（B11:B22 单元格区域）

要引用指定费用 1 月、2 月、3 月的金额，其公式分别为：

=VLOOKUP($B$3,管理费用!$A$2:$M$9,2,0)
=VLOOKUP($B$3,管理费用!$A$2:$M$9,3,0)
=VLOOKUP($B$3,管理费用!$A$2:$M$9,4,0)

可以看出，第三参数随着公式所在行逐步递增，我们要让公式有良好的扩展性，使用 ROW 函数取得公式所在行的行数再减掉固定的数字即可，将其套入原公式，完整的公式为：

=VLOOKUP($B$3,管理费用!$A$2:$M$9,ROW()−9,0)

> **【公式解释】**
> B11 单元格的公式是引用指定科目 1 月的金额，B11 所在行号为 11，用 ROW 函数计算结果为 11，减去 9，等于 2，也就是管理费用表中 A2:M9 区域中的第 2 列中的值即为 1 月的相应数字。

四、知识点

（一）INDEX 函数

INDEX 的英文单词含义是"索引"，此函数的基本用法就是取第几行第几列交叉处单元格的值，我们可以理解为根据行列坐标位置来取数。其语法为：

=INDEX(单元格区域 , 第几行 , 第几列)

比如在《示例 3-01》的表中，要取"管理费用"工作表中 5 月通信费，其公式就是：

=INDEX(管理费用 !B2:M9,4,5)

或者是：

=INDEX(管理费用 !A1:M9,5,6)

如果第二参数或第三参数为零，那么就返回整列、整行。比如" =INDEX(管理费用 !B2:M9,4,0)"返回 B2:M9 区域中的第 4 行，即 B5:M5 单元格区域。

另外，INDEX 还有一个很重要的特点，它的计算结果不只是值，还可作为单元格引用，比如：

=SUM(管理费用 !B5:INDEX(管理费用 !B2:M9,4,5))

上面公式的作用就是计算 1～5 月通信费之和，相当于下面的公式：

=SUM(管理费用 !B5:F5)

因为"INDEX(管理费用 !B2:M9,4,5)"既可以返回单元格 F5 中的值 0.19，还可以作为单元格引用 F5 来使用。

（二）OFFSET 函数

OFFSET 的含义是“偏移”，即根据基准单元格偏移一定的行列数来引用取数，它的语法结构就是：

=OFFSET(基准单元格 , 偏移几行 , 偏移几列 , 取几行 , 取几列)

以示例文件《知识点 3.1-1 OFFSET 函数》的“ OFFSET 引用范围演示”工作表为例，我们以 H10 单元格为基准点，要取得 K12 单元格，需要从 H10 单元格往下数 2 行，往右数 3 列（见图 3-5）。

用 OFFSET 函数来表示就是：

=OFFSET(H10,2,3)

如果我们要以 H10 为基准单元格，取 K12:M13 单元格区域，就要：

从 H10 单元格往下数 2 行，往右数 3 行，取 2 行 3 列，用 OFFSET 函数表示就是：

=OFFSET(H10,2,3,2,3)

注意，偏移的行数 / 列数，取几行 / 几列既可以是正数，也可以为负数。如果第二、三参数为负数，则表示往上数 / 往左数；第四、五参数为负，则表示往上往左取若干行或列。

比如“ OFFSET(H10,−2,−3,−4,−3)”表示以 H10 为基准点，往上数 2 行往左数 3 列，然后往上取 4 行，往左取 3 列，即 C5:E8 单元格区域（见图 3-6）。

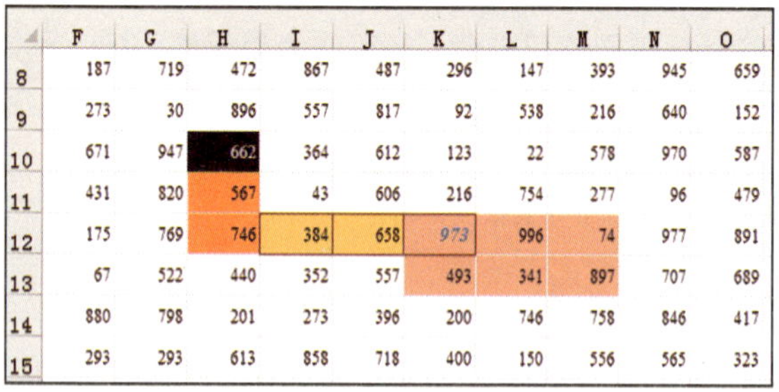

	F	G	H	I	J	K	L	M	N	O
8	187	719	472	867	487	296	147	393	945	659
9	273	30	896	557	817	92	538	216	640	152
10	671	947	662	364	612	123	22	578	970	587
11	431	820	567	43	606	216	754	277	96	479
12	175	769	746	384	658	973	996	74	977	891
13	67	522	440	352	557	493	341	897	707	689
14	880	798	201	273	396	200	746	758	846	417
15	293	293	613	858	718	400	150	556	565	323

图 3-5　OFFSET 偏移示意图

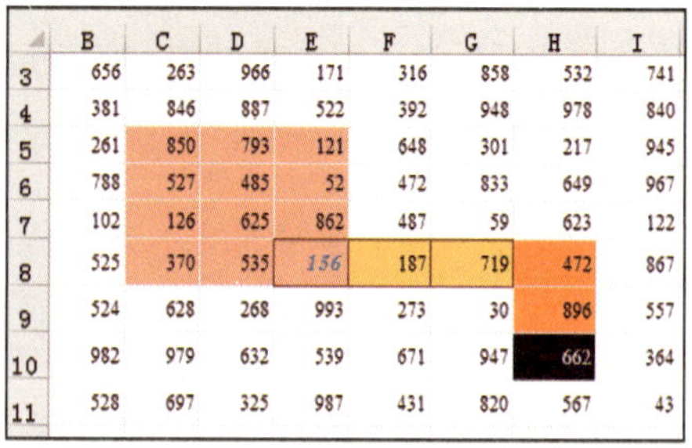

	B	C	D	E	F	G	H	I
3	656	263	966	171	316	858	532	741
4	381	846	887	522	392	948	978	840
5	261	850	793	121	648	301	217	945
6	788	527	485	52	472	833	649	967
7	102	126	625	862	487	59	623	122
8	525	370	535	156	187	719	472	867
9	524	628	268	993	273	30	896	557
10	982	979	632	539	671	947	662	364
11	528	697	325	987	431	820	567	43

图 3-6　OFFSET 偏移行列为负时示意图

需要提醒的是，OFFSET 函数第一参数既可以是单元格，也可以是单元格区域。

（三）MATCH 函数

MATCH 的含义是"匹配"，它的作用就是在指定的序列中逐个匹配，如果找到相匹配的值就返回其序列号，也就是返回其在该序列中的排行。其语法格式为：

=MATCH(查找值 , 数据列表 , 匹配模式)

比如，我们在《示例 3-01》中要计算出"11 月"在"管理费用"工作表 B1:M1 中的位置数，就可使用公式：

=MATCH("11 月 ", 管理费用 !B1:M1,0)

公式计算结果为 11。

此函数的第三参数为匹配模式，为 0 时表示精确匹配模式，查找序列中第一个完全等于查找值的位置数，此模式对第二参数无排序要求；为 1 时要求第二参数的值按升序排列，MATCH 函数会查找小于或等于查找值的最大值；为 –1 时要求第二参数的值按降序排列，MATCH 函数会查找大于或等于查找值的最小值。

MATCH 函数经常与 INDEX、OFFSET 等函数搭配使用。

（四）VLOOKUP 函数

VLOOKUP 是英文单词 VERTICAL（垂直的）的首字母和 LOOKUP（查找）的组合，表示在指定区域的第一列（垂直方向）中查找。如果找到了，就返回指定列中查找值所在行对应的值。其语法格式是：

=VLOOKUP(查找值 , 查找区域 , 要返回第几列 , 精确查找还是模糊查找)

第四参数为 FALSE 或 0 时，表示精确查找，为 TRUE 或 1 时表示模糊查找。

下面我们来看一下第四参数为 1 时模糊匹配的使用场景。

当第四参数为1、TRUE或省略时，VLOOKUP函数则返回精确匹配值或近似匹配值。如果找不到精确匹配值，VLOOKUP函数则返回小于查找值的最大值。此外，要求查找区域必须按升序排列第一列中的值，否则，VLOOKUP函数可能无法返回正确的值。

模糊匹配常用于分档分级计算，比如按销售额档次计算提成，按应纳税所得额计算适用的税率。如图3-7所示的H5单元格计算个人所得税率的公式为：

=VLOOKUP(G5,$C$3:$E$9,2,1)

级数	全年应纳税所得额	应纳税所得额	税率	速算扣除数	全年应纳税所得额	适用税率	税额	公式2
1	不超过36000元的	0	3%	0	35,999	3%	1,079.97	1,079.97
2	超过36000元至144000元的部分	36,000.01	10%	2,520	36,000	3%	1,080.00	1,080.00
3	超过144000元至300000元的部分	144,000.01	20%	16,920	50,000	10%	2,480.00	2,480.00
4	超过300000元至420000元的部分	300,000.01	25%	31,920	144,000	10%	11,880.00	11,880.00
5	超过420000元至660000元的部分	420,000.01	30%	52,920	194,000	20%	21,880.00	21,880.00
6	超过660000元至960000元的部分	660,000.01	35%	85,920	300,000	20%	43,080.00	43,080.00
7	超过960000元的部分	960,000.01	45%	181,920	350,000	25%	55,580.00	55,580.00

图3-7 VLOOKUP模糊查找

由于个税税率共分为七档，而应纳税所得额金额很少会刚好等于各档位的金额，所以我们不能使用精确查找来确定税率，只能使用模糊匹配来确定适用哪个税率区间。比如，应纳税所得额（50,000）在C列查找不到，那么就会返回等于或小于它的最大值（36,000.01）所对应的税率，即10%。

另外，需要注意的是，如果有多个符合条件的值，使用精确查找时，会返回第一个值所对应的值；使用模糊查找时，会返回最后一个值所对应的值。

VLOOKUP如其函数名所示，它只适用于在一列中垂直查找，而不能在一行中横向查找，要横向查找，请使用其"双胞兄弟"HLOOKUP函数，HLOOKUP函数为HORIZONTAL（水平的）

单词的首字母+LOOKUP（查找），用法和 VLOOKUP 函数一样，只是方向不同。

第二节　开发项目信息登记表：批量引用多表数据的经典

一、需求背景

《示例 3-02 多表查询：开发项目信息登记表》

为了方便数据汇总，我们应将基础数据表格设计成清单式表格。但在实务中，我们难免会将表格设计成报表式，按项目分别在不同工作表中填列。遇到这种情况，我们该如何将这些多个格式相同的表格快速引用填列到一个清单式汇总表里呢？我们以安天下房地产公司的房地产开发项目信息登记表为例，介绍如何批量引用各表的数据。设计的表格要有以下功能：

- 能自动提取各表格的名称，当新增表格时，清单式表格也能随之增加；
- 能生成各工作表名称的目录；
- 能批量建立链接，点击时可自动跳转；
- 能用一个公式批量引用各表格中的数据。

二、表格布局

房地产开发项目信息表是为了满足企业管理需要或行政部门的要求而填列的，其样式如图 3-8 所示。

此登记表用于登记各个房地产项目的相关信息，每个项目一个工作表，各工作表均存放在同一个工作簿中，现要将各项目的信息汇总到一个工作表中。如果采用复制粘贴的方式，效率低且容易出错，并且当数据有变化时无法自动更新，因而需要用公式自动汇集各项目的信息。

那么，汇总表该如何设计呢？我们要根据管理需要设计汇总表的样式：

	A	B	C	D	E	F
1			房地产开发项目信息登记表			
2						单位：万元/㎡
3	1	开发单位：	重庆安天下产业控股集团有限公司			
4	2	项目名称：	绣绣天下●江山里 商住小区一期			
5	3	主体施工单位	重庆逸凡建筑有限责任公司、重庆惠民建筑集团公司			
11	4.11	可售车位（㎡）	4,464.00	4.12	银行融资需求	
12	4.13	土地使用权取得金额	5,616.18	4.14	预计建设期	自 年 月至 年 月止
13	4.15	规划栋数（栋）	23	4.16	各栋层数	1-3、5、7、8#:18层；其余16层
14	4.17	预计项目销售收入	73,704.09			
15	5	五证取得情况				
16	序号	证件	证件编号	取得/预计取得时间	证载面积（㎡）	证载金额（万元）
17	5.1	国有土地使用权证	渝土国用(2010)第001号	2010-11-1	196,226.10	
18	5.2	建设用地规划许可证	市规红地【2010】第001号	2010-10-27	196,667.65	
19	5.3	建设工程规划许可证	市规建【2010】第0004-0017号	2010-12-13	172,253.57	
20	5.4	建设工程施工许可证	渝建委施字(2010)001号	2010-12-21	156,542.47	
21	5.5	商品房销售(预售)许可证	(2011)渝房预售证第123456号	2011-1-18	151,746.95	
22	6	项目开发进展（截至2016年12月31日）				
23	6.1	累计完成投资额	49,161.13	6.2	完工进度（%）	100.00%
24	6.3	累计投入资金	49,161.13		其中：累计投入借款资金	
25	6.4	形象描述：	已竣工验收			
26	7	项目销售进展（截至2016年12月31日）				
27	7.1	累计销售金额	69,497.77	7.2	累计回笼金额	68,480.28
28	7.3	累计住宅销售面积	143,715.68	7.4	累计商铺销售面积	6,555.49
29	7.5	累计车位销售个数	311	7.6	累计尚未回笼金额	1,017.49
30	7.7	销售进度（按面积）	98.30%			
31	8	其他				
32	8.1	说明1				
33	8.2	说明2				
34	8.3	说明……				
35						
36						

图 3-8 房地产开发项目信息登记表

注：表中的公司名称及数据均为虚拟。

- 如果需要汇总的信息项目较多，而房地产开发项目较少，我们应该将各信息项目按行排列，各房地产开发项目按列横向排列，如图 3-9 所示。
- 如果汇总表只需要列示一些关键项目的数据，并且开发项目很多，那么我们应将表格设计成开发项目按行纵向排列，项目信息按列横向排列。如图 3-10 所示，B 列逐行填列开发项目，用公式自动取各信息登记表的工作表名称，C 列到 Q 列分别为需要汇总的信息（为简化表格，本案例仅列示七个开发项目）。

房地产开发项目信息汇总表

项目	江山里一期	江山里二期	安天下一期	合计
占地面积	15,044.86	13,544.59	10,874.46	178,786.11
设计总建筑面积	172,253.57	157,980.72	146,645.27	1,237,172.48
容积率	2.00	2.00	2.00	14.80
总可售面积（包含车位）	156,665.71	137,684.79	112,535.07	1,031,299.67
可售住宅面积	145,646.22	124,185.09	86,812.01	889,971.73
可售商铺面积	6,555.49	7,283.70	14,155.06	71,835.94
可售车位（个）	372.00	555.00	969.00	6,217.00
总投资估算	47,790.39	47,045.43	43,504.45	383,084.76
可售车位（m²）	4,464.00	6,666.00	11,111.00	74,093.00
累计销售金额	69,497.77	67,395.75	104,818.74	711,925.48
累计回笼金额	68,480.28	66,779.79	100,329.41	697,010.39
累计住宅销售面积	143,715.68	123,718.79	83,892.64	883,783.84
累计商铺销售面积	6,555.49	5,837.03	13,259.03	62,666.79
累计车位销售个数	311.00	450.00	888.00	4,269.00
累计尚未回笼金额	1,017.49	615.96	4,489.33	12,351.99

图 3-9　开发项目按列横向排列

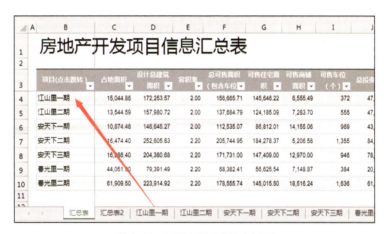

图 3-10　开发项目按行纵向排列

说明：开始设计表格时，图 3-10 中 B4:Q10 区域均为空，各单元格需要用公式引用各项目表格的内容，相关的公式见后面的相关内容。

三、公式设计

下面我们以《示例 3-02》的"汇总表"工作表的样式为例（见图 3-10），来看一下如何用公式实现自动提取各工作表的名称、给各项目添加链接。

（一）自动提取工作表名称生成目录（B 列）

由于各开发项目信息登记表格的工作表名称就是开发项目的名称（如果不是，请按此要求修改工作表的名称），如图 3-10 中的箭头所指。所以，首先我们要做的就是用公式将各项目工作表的名称提取出来，填列到 B4:B10 单元格区域中。

扫码看视频

那么，如何提取各工作表名称呢？

Excel 中有一个"古老"的函数（此函数是为了兼容以前的版本而保留的），可以提取工作簿的相关信息，这个函数就是 GET.WORKBOOK，其语法格式如下：

=GET.WORKBOOK(信息类型 , 工作簿名称)

它一共有两个参数，第一个参数指定要返回的工作簿信息的类型。此参数常用的类型主要有下面几个（见图 3-11）。

第一参数	作用
1	返回工作簿中所有表的名字
3	返回工作簿中当前选择的表的名称
4	工作簿中表格的个数
38	活动工作表的名字

图 3-11　GET.WORKBOOK 第一参数的类型

第二个参数是工作簿的名称，如果没有指定名称，则默认为当前工作簿。

需要注意的是，此函数不能直接在工作表中使用，只能在定义名称中使用。

如图 3-11 参数表所示，如果我们使用参数 1，那么就可得到一个由各工作表名称组成的横向数组。此函数的计算结果为工作表的名称，此名称同时包含了工作簿名称。类似于图 3-12 中 A1:D1 单元格区域所示。

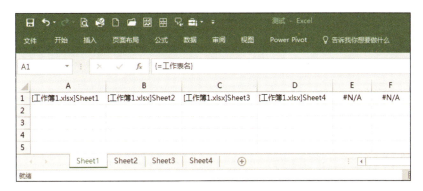

图 3-12　由各工作表名称组成的水平数组

我们需要用文本函数去掉工作簿名称，即可得到纯粹的工作表名称。

具体操作如下所述。

Step 1：定义名称。

选定 B4 单元格→点击"公式"选项卡下的"定义名称"按钮（见图 3-13）→在新建名称对话框的名称栏中输入"工作表列表"，在引用位置栏中输入下面的公式：

=INDEX(GET.WORKBOOK(1),ROW()-1)&T(NOW())

当我们完成 Step 1，定义好名称后，保存表格时，系统会弹出如图 3-14 所示的提示：

这是因为 GET.WORKBOOK 是宏表函数，它类似于宏，需要保存为启用宏的工作簿才能使用。此时，我们点击"否"，然后点击"文件"选项卡下的"另存为"按钮，在"另存为"窗口，选择保存类型为"Excel 启用宏的工作簿"即可（见图 3-15）。

Step 2：提取工作表名。

前面定义名称生成的工作表名称含有工作簿名，如"[示例 3-02 多表查询：开发项目信息

登记表 .xlsm] 江山里一期"，而我们只需要工作表名，所以要用文本函数提取出工作表名。工作表名称就是右括号"]"之后的内容，因而我们先用 FIND 函数找到"]"的位置，公式如下：

=FIND("]",工作表列表,1)

图 3-13　定义名称"工作表列表"

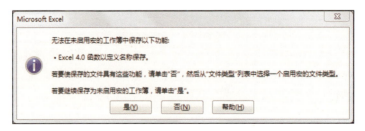

图 3-14　保存有宏表函数的表格时会弹出提示

图 3-15　保存为"启用宏的工作簿"类型

然后，我们用 RIGHT 函数取其右边字符就可以了，所取的字符数就是整体字符数减右括号"]"的位置。要取的字符数公式为：

=LEN(工作表列表)-FIND("]", 工作表列表 ,1)

然后，我们用 RIGHT 函数取右边的字符，B4 单元格完整的公式就是：

=RIGHT(工作表列表 ,LEN(工作表列表)-FIND("]", 工作表列表 ,1))

最后，我们将 B4 单元格公式下拉填充至 B5:B10 单元格。

（二）查询各表格信息的公式

现在我们来看一下如何设计查询各项目信息的公式。

要将各表格的相关信息引用过来，查询的信息较少时可以使用简单的链接，比如 C4 单元格公式为"= 江山里一期 !C7"，C5 单元格公式为"= 江山里一期 !F7"。但这样的公式不能批量输入，效率低下，我们的宗旨是"偷懒"，能使用公式的时候绝不手动。在这里，我们使用查询函数 VLOOKUP 来引用，公式为：

=VLOOKUP(C$3, 江山里一期 !$B$6:$F$30,2,0)

我们将这个公式往右填充，会发现这个公式只能查询到一部分项目，像开发项目表中 E 列、F 列的"设计总建筑面积、可售商铺面积"等内容就查找不到，会显示"#N/A"。在这里，我们使用 IFNA 函数，当其前面公式查找结果为"#N/A"时，就取另一个公式（查找开发项目表中的 E 列 F 列）的结果，C4 单元格完整的公式为：

=IFNA(VLOOKUP(C$3, 江山里一期 !$B$6:$F$30,2,0),VLOOKUP(C$3, 江山里一期 !$E$6:$F$30,2,0))

IFNA 的语法格式是：

=IFNA（公式 1，值 2）

此公式的意思是如果"公式"计算结果不是 #N/A，就取此公式计算结果，否则就取"值 2"。我们也可用 IFERROR 函数来代替上面公式中的 IFNA 函数。

这个公式只能查询到江山里一期项目表格的数据，无法自动往下填充查询其他项目的数据（因为其他项目在其他工作表中）。要查询其他项目，我们还要手工修改公式中的工作表名称，C5 单元格的公式为：

=IFNA(VLOOKUP(C$3, 江山里二期 !$B$6:$F$30,2,0),VLOOKUP(C$3, 江山里二期 !$E$6:$F$30,2,0))

C6 单元格的公式为：

=IFNA(VLOOKUP(C$3, 安天下一期 !$B$6:$F$30,2,0),VLOOKUP(C$3, 安天下一期 !$E$6:$F$30,2,0))

通过观察上面的公式我们可以发现，公式中表格的名称分别是 B4、B5、B6 单元格的内容。如果我们能用"B4"替换掉 C4 单元格公式中的"江山里一期"，也就是将公式中"江山里一期!$B$6:$F$30"修改为"$B4&"!$B$6:$F$30""，那是不是就能自动引用其他表格呢？不能！因为"$B4&"!$B$6:$F$30""生成的是文本字符串，不是单元格区域，要将文本字符串变为真正的单元格引用，需要使用 INDIRECT 函数（其用法详见第一章第六节相关知识点）：INDIRECT($B4&"!B6:C34")，将其代入前面所编制的 C4 单元格中的公式，嵌套后的完整公式为：

=IFNA(VLOOKUP(C$3,INDIRECT($B4&"!B6:C34"),2,0),VLOOKUP(C$3,INDIRECT($B4&"!E6:F34"),2,0))

然后将 C4 单元格的公式依次填充到右边和下边的单元格，即可批量查找、引用各工作表中的相应指标。

四、友好性设计

（一）应用【表格】样式以及添加汇总行

为方便阅读，我们需要给表格隔行填色，同时考虑到开发项目会不断增加，要让新增的开发项目自动添加格式和公式。我们给汇总表的 B3:Q10 单元格区域应用【表格】样式。应用了【表格】以后，我们需要给【表格】添加汇总行。对于【表格】的汇总行，我们不必手动输入公式，可按下面的步骤操作：

Step 1：选中【表格】中的任一单元格，点击"设计"选项卡，将"汇总行"勾选上，这样表格在最末行后就会添加一个"汇总"行（见图 3-16）。

Step 2：选中汇总行中的 C11 单元格，点击下拉箭头，选择"求和"，就会自动输入求和公式：

=SUBTOTAL(109,[占地面积])

Step 3：选中汇总行中的 C11 单元格，往右拖动 C11 单元格右下角的填充柄，将公式填充到 D11:Q11 单元格中。

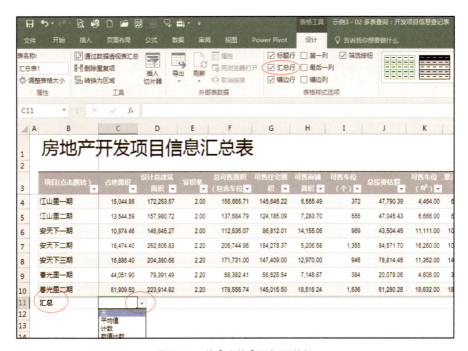

图 3-16　给【表格】添加汇总行

(二)新增工作表后，手动更新项目行

当新增开发项目（也就是新增工作表）后，我们只需选中 C10 单元格，然后拖动填充柄下拉填充，这时系统会弹出如图 3-17 所示的对话框。

我们点击"确定"就可将新增项目表格中的相关内容自动引用过来，同时"汇总"行会自动下移一行。

(三)添加链接

当开发项目较多时，我们要查看各项目表格，除了可以滚动工作

图 3-17　插入行的提示

表的三角箭头，移动工作表标签，还可右键点击屏幕三角箭头，在弹出的工作表列表中点击相应表格名称进行切换（见图 3-18）。

除了以上方法，我们还可以在工作表中添加链接，然后用鼠标点击相关单元格，就可以直接跳转切换。操作方法如下：

选中 B4 单元格→点击右键，选择"超链接"→在弹出的"插入超链接"对话框左边，选择"本文档中的位置"→选择"江山里一期"表格→"请键入单元格引用"栏默认为"A1"，如果希望跳转后直接选定某个单元格，请在此键入其地址（见图 3-19）。

上面的方法只能手动一个个添加链接，效率低，并且新增项目表格后还需手动添加，不符合"偷懒"的精神。下面我们将介绍用公式批量输入的"偷懒"方法。

图 3-18　选择工作表列表快速跳转

要实现自动跳转，我们需要使用添加链接的 HYPERLINK 函数，此函数的语法格式为：

图 3-19　手动添加链接

> **=HYPERLINK(链接地址，要显示的文字)**

比如，我们在单元格中输入下面的公式：

=HYPERLINK("D:\ 财务报表 \1 月管理报表 .xlsx"," 点击跳转 ")

此公式会显示"点击跳转"，用鼠标点击就会打开"D:\ 财务报表"文件夹下的 1 月管理报表。

如果我们在汇总表的 B4 单元格中输入下面的公式：

=HYPERLINK("# 江山里一期 !A1"," 江山里一期 ")

此时会显示"江山里一期"，点击后会跳转到'江山里一期'工作表的 A1 单元格（上面公式中的 # 表示本工作簿）。前面我们已经用公式计算得出"江山里一期"，将前面的公式套入，就是：

=HYPERLINK("#"&RIGHT(工作表列表 ,LEN(工作表列表)–FIND("]", 工作表列表 ,1))&"!A1",RIGHT(工作表列表 ,LEN(工作表列表)–FIND("]", 工作表列表 ,1)))

设置上面的链接公式后，单元格中的值会显示为蓝色并带有下划线。如果为了美观，不希望显示下划线，我们可以点击右键→设置单元格格式→在"字体"选项卡的下划选择框，将"单下划线"改为"无"即可。

第三节 商品销售统计表：多条件查找及提取唯一值

一、需求背景

《示例 3-03 多条件查找及提取唯一值列表：销售汇总表》

我们知道，单条件的查找引用可以用 VLOOKUP 函数来实现，在日常工作中我们还会遇到双条件或多条件查询。另外，有时我们还需要将其他表格某一列的数据去掉重复值后提取唯一值列表。下面我们以"商品销售统计表"为例来介绍如何满足上述需求，此表格的具体需求有：

- 用公式提取销售明细表格各单位的唯一值列表
- 用公式提取产品名称的唯一值列表
- 根据指定的单条件提取唯一值列表
- 根据指定的双条件提取唯一值列表
- 统计销售给各单位的各类产品的销售金额

二、表格布局

本示例主要有两类工作表，其中之一是源数据工作表“销售明细”，为一维清单式表，表样如图 3-20 所示。

	A	B	C	D	E	F	G
1	客户名称	片区	商品名称	颜色	金额		
2	重庆新世纪电子有限公司	西部	商品A	黑色	676		
3	重庆环宇实业有限公司	西部	商品BB	蓝色	544		
4	大发服装公司	南部	商品A	珍珠白	838		
5	重庆新世纪电子有限公司	西部	商品CCC	红色	579		
6	重庆环宇实业有限公司	西部	商品BB	珍珠白	621		
7	重庆环宇实业有限公司	西部	商品CCC	蓝色	881		
8	大发服装公司	南部	商品A	玫瑰金	379		
9	重庆长安汽车有限公司	西部	商品BB	红色	469		
10	重庆逸凡咨询有限公司	西部	商品A	红色	779		
11	重庆逸凡咨询有限公司	西部	商品BB	珍珠白	948		
12	北京点击计算机公司	北部	商品A	蓝色	963		
13	重庆环宇实业有限公司	西部	商品CCC	黑色	746		
14	北京点击计算机公司	北部	商品BB	红色	801		
15	重庆环宇实业有限公司	西部	商品A	珍珠白	552		

唯一值列表 (倒序) | 唯一值列表 (顺序) | 单条件唯一值列表 | 双条件唯一值列表 | 销售明细

图 3-20　“销售明细”表

“商品销售统计表”是一个简单的二维表，行标题为单位名称，列标题为产品名称，如果纯粹是为了对“销售明细”表的数据进行统计分析，我们用透视表可以简单、快速地得到结果，但在工作中有“提取唯一值列表”的需求，因而，本案例采取用公式生成“商品销售统计表”的单位名称列表和产品名称列表。

由于列标题的产品名称是用公式生成的，我们如果应用【表格】功能来实现格式和公式自动扩展,系统会提示"标题行中的公式将被删除并转换成静态文本,是否继续?",因而本汇总表不适合使用【表格】功能。

为了方便查看是否包含所有的唯一值列表,我们将表格的最末行最末列预留一行空白,当最末行最末列已被使用时,再手动插入行或列,拖动填充更新一下相关单元格的公式即可。

三、公式设计

由于本节的公式比较难以理解,为了让大家在没有理解公式的情况下也能将其应用到日常工作中,本节改变前面章节"先讲公式思路,再介绍如何一步步编制"的方式,而是先讲公式模型,然后介绍如何套用,最后才解释公式。

扫码看视频

(一)提取唯一值列表(倒序)

1. 公式模型及如何套用

【提取唯一值列表(倒序)】公式模型
=LOOKUP(1,0/(COUNTIF(列表区域,源数据区域)=0),源数据区域)

- 公式说明

我们在套用时要注意列表区域的范围及单元格引用类型,其中:

"列表区域"应该为从标题单元格(起点单元格)到公式所在单元格的前一个单元格(终点单元格)。起点单元格使用行号锁定的混合引用或绝对引用,终点单元格使用相对引用。

我们以《示例 3-03》工作簿中"唯一值列表(倒序)"工作表为例,如图 3-21 所示。

现要用此模型公式提取"销售明细"工作表 A 列单位名称的唯一值,那么 B5 单元格公式中的列表区域就是 B$4:B4,B6 单元格中的列表区域就是 B$4:B5。

"源数据区域"是要根据它们来提取唯一值的数据区域,使用绝对引用,在本示例中就是:销售明细!$A$2:$A$54。

- 公式套用

按照上面的描述,我们将列表区域和源数据区域套入后,B5 单元格的完整公式如下:

=LOOKUP(1,0/(COUNTIF(B$4:B4, 销售明细 !$A$2:$A$54)=0), 销售明细 !$A$2:$A$54)

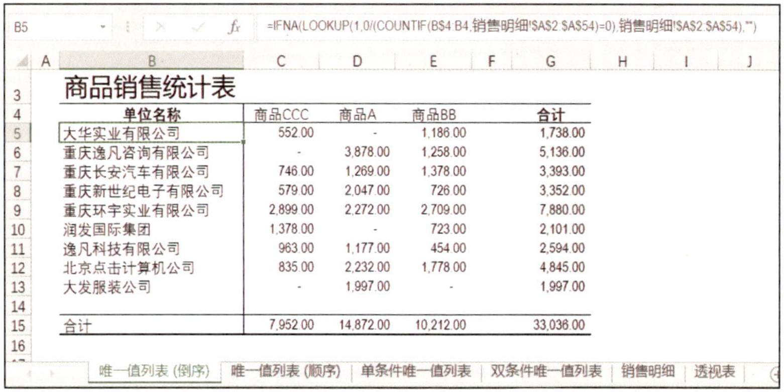

商品销售统计表

单位名称	商品CCC	商品A	商品BB	合计
大华实业有限公司	552.00	-	1,186.00	1,738.00
重庆逸凡咨询有限公司	-	3,878.00	1,258.00	5,136.00
重庆长安汽车有限公司	746.00	1,269.00	1,378.00	3,393.00
重庆新世纪电子有限公司	579.00	2,047.00	726.00	3,352.00
重庆环宇实业有限公司	2,899.00	2,272.00	2,709.00	7,880.00
润发国际集团	1,378.00	-	723.00	2,101.00
逸凡科技有限公司	963.00	1,177.00	454.00	2,594.00
北京点击计算机公司	835.00	2,232.00	1,778.00	4,845.00
大发服装公司	-	1,997.00	-	1,997.00
合计	7,952.00	14,872.00	10,212.00	33,036.00

图 3-21 “唯一值列表 (倒序)”工作表

为了避免出现错误码，我们在最外围套一个 IFNA 或 IFERROR 函数，让公式结果为错误码时显示为空，最终的公式为：

=IFNA(LOOKUP(1,0/(COUNTIF(B$4:B4, 销售明细 !$A$2:$A$54)=0), 销售明细 !$A$2:$A$54),"")

然后拖动 B5 单元格的填充柄将公式填充至 B6:B14 单元格中。

同理，我们要在第 4 行用此模型公式提取“销售明细”工作表 C 列的产品名称的唯一值列表，可在 C4 单元格编制下面的公式：

=IFNA(LOOKUP(1,0/(COUNTIF($B$4:B4, 销售明细 !$C$2:$C$54)=0), 销售明细 !$C$2:$C$54),"")

2. 公式解释

我们以 B6 单元格的公式为例（不选 B5 单元格为例是为了让公式中间计算结果中包含 0 和 #DIV/0! 两种情况），来解释各公式的各组成部分的含义：

=IFNA(LOOKUP(1,0/(COUNTIF(B$4:B5,销售明细!$A$2:$A$54)=0),销售明细!$A$2:$A$54),"")

- COUNTIF 函数

此函数通常的语法格式是：

=COUNTIF(区域 , 条件)

条件可以是某个单元格，而在此公式中却是含有多个单元格的单元格区域。这是数组公式才有的用法，对于数组公式通常要按【Ctrl+Shift+Enter】来输入，这样系统会自动在公式最外围加上 {}。而本公式并没有按三键输入，这是因为 LOOKUP 函数可以进行数组运算。

- COUNTIF(B$4:B5,销售明细!$A$2:$A$54)=0

此部分是逐个判断销售明细表中 A2、A3……A54 单元格在 B4:B5 单元格中的个数是否为零，也就是说销售明细!$A$2:$A$54 中的单位名称是否已在前面的单元格（B4:B5）中罗列出来：

如果未罗列，那么 COUNTIF 的统计结果会是零。公式"0=0"的计算结果为 TRUE，TRUE 相当于 1；

如果已罗列，那么 COUNTIF 的统计结果会是大于 0 的数，比如是 1。公式"1=0"的计算结果为 FALSE，FALSE 相当于 0。

- 0/(COUNTIF($B$4:B5,销售明细!$C$2:$C$54)=0)

其计算结果只有两种：当单位名称在前面的单元格中未罗列，也就是分母为 1 时，计算结果为 0；当单位名称在前面的单元格中已罗列，也就是分母为 0 时，其计算结果为 #DIV/0!（零除错误）。

公式运算到这一步，B6 单元格的公式实际上是在由 0 和 #DIV/0! 组成的列表中查找 1：

=IFNA(LOOKUP(1,{0;0;0;0;0;0;0;0;0;0;0;0;0;0;0;0;0;0;0;0;0;0;0;0;#DIV/0!;0;0;0;0;0;0;0;0;#DIV/0!;0;0;0;0;0;0;0;0;0;0;0;0;0;#DIV/0!},销售明细!$A$2:$A$54),"")

LOOKUP 有两个特点：忽略掉查找列表中的错误值，按二分法原理查找。当在一堆 0 中找 1 而又找不到 1 时，它会返回最后一个 0 所对应的值（详见后面知识点中对 LOOKUP 函数的介绍），也就是返回销售明细!$A$2:$A$54 的倒数第二个值。

正因为这个原理，此公式是以销售明细!$A$2:$A$54 从下到上的顺序来提取唯一值列表的。

此公式用通俗的话来解释就是：

先用公式【COUNTIF(…)=0】判断客户名称是否已提取→如果已经提取，想办法让公式忽略掉【出现除零错误，LOOKUP 会忽略错误值】→如果没有提取，就让所有客户名称都为 0，然后排队，按照规则取最后一个 0 对应的值。

（二）提取唯一值列表（顺序）

1. 公式模型及如何套用

前面的公式提取出的结果与在数据源表中的顺序相反，在工作中我们可能需要按数据源表中的先后顺序来提取唯一值列表，这时可以使用下面的模型公式：

【提取唯一值列表（顺序）】公式模型
=LOOKUP(1,0/FREQUENCY(1,1-COUNTIF(列表区域 , 源数据区域)), 源数据区域)

- 公式说明

与前面的公式一样，我们在套用时要注意列表区域的范围及引用类型，列表区域应该为从标题单元格（起点单元格）到公式所在单元格的前一个单元格（终点单元格）。起点单元格为行号锁定的混合引用或绝对引用，终点单元格应为相对引用。

- 公式套用

我们以《示例 3-03》工作簿中"唯一值列表（顺序）"工作表为例，来介绍如何套用此模型公式，如图 3-22 所示：

B5 单元格套用此模型公式，其公式为：

=LOOKUP(1,0/FREQUENCY(1,1-COUNTIF($B$4:B4, 销售明细 [客户名称])), 销售明细 [客户名称])

当超出唯一值列表的数量时，此公式的结果为 0，为了版面美观，我们在后面加 "&""，让其显示空白，因而完整的公式为：

=LOOKUP(1,0/FREQUENCY(1,1-COUNTIF($B$4:B4, 销售明细 [客户名称])), 销售明细

[客户名称])&""

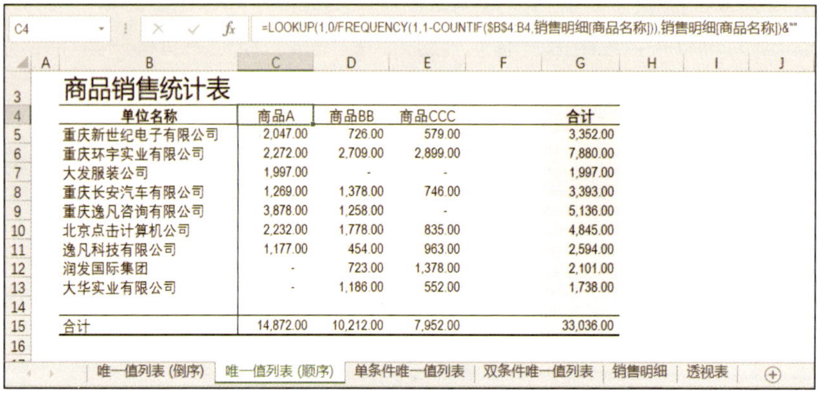

商品销售统计表

单位名称	商品A	商品BB	商品CCC		合计
重庆新世纪电子有限公司	2,047.00	726.00	579.00		3,352.00
重庆环宇实业有限公司	2,272.00	2,709.00	2,899.00		7,880.00
大发服装公司	1,997.00	-	-		1,997.00
重庆长安汽车有限公司	1,269.00	1,378.00	746.00		3,393.00
重庆逸凡咨询有限公司	3,878.00	1,258.00	-		5,136.00
北京点击计算机公司	2,232.00	1,778.00	835.00		4,845.00
逸凡科技有限公司	1,177.00	454.00	963.00		2,594.00
润发国际集团	-	723.00	1,378.00		2,101.00
大华实业有限公司	-	1,186.00	552.00		1,738.00
合计	14,872.00	10,212.00	7,952.00		33,036.00

图 3-22 “唯一值列表（顺序）”工作表

然后，我们拖动填充柄将其此公式填充应用至 B6:B14 单元格。

C4 单元格套用此模型公式，其公式为：

=LOOKUP(1,0/FREQUENCY(1,1-COUNTIF($B$4:B4, 销售明细 [商品名称])), 销售明细 [商品名称])&""

然后，我们拖动填充柄将此公式填充应用至 D4:F4 单元格。

2. 公式解释

- COUNTIF($B$4:B5, 销售明细 [客户名称])

本公式做数组运算，将“销售明细”表中“客户名称”列的客户一个个作为统计条件，统计这些客户名称在 $B$4:B5 中的个数，其运算结果要么是 0（客户名称没有提取），要么是 1（已经提取）。

- FREQUENCY(1,1-COUNTIF($B$4:B5, 销售明细 [客户名称]))

FREQUENCY 函数的作用是计算区间值的个数，比如统计小于等于 60 分的人数、大于 60 分的人数。FREQUENCY 函数有一个特点，当第二参数区间分割点有重复值时，后面重复的分割点计算结果为 0。所以，当单位名称还没有提取时，排在最前面的单位名称对应的计算结果为 1，排在后面的即使没有提取，计算结果也为 0；当已经提取时，其计算结果为 0。

■ **扩展阅读**

关于 FREQUENCY 函数的相应知识，请在微信公众号"Excel 偷懒的技术"中发送"FREQUENCY"进行扩展学习。

我们建议先学习一下 FREQUENCY 函数的相应知识，再来理解上面的公式。

0/FREQUENCY(1,1-COUNTIF($B$4:B4,销售明细 [商品名称]))

其计算结果只有两种：当分母为 1 时，计算结果为 0；当分母为 0 时，计算结果为 #DIV/0!（零除错误）。公式运算到这一步，B6 单元格的公式实际上是在由 1 个 0 和 53 个 #DIV/0! 组成的列表中查找 1：

=LOOKUP(1,{#DIV/0!;0;#DIV/0!},销售明细 [客户名称])&""

根据 LOOKUP 函数的特点，它会忽略掉所有的错误值，找不到 1 时，会返回 0 值所对应的单位名称。

（三）多条件查询

1. 公式模型及如何套用

在工作中，我们经常会遇到多条件查找的情况，用 VLOOKUP 函数来进行多条件查找就勉为其难了，而用 LOOKUP 函数就比较简单，双条件查找的公式模型为：

> 【双条件查找】公式模型
> =LOOKUP(1，0/((条件1)*(条件2))，结果区域)

特别提醒，上面公式的第二个参数的分母是一个整体，要用括号括起来。

条件1、条件2中的条件可以是第二章示例文件《知识点2.1-2：公式中的条件》中那些简单的条件，也可以是较复杂的条件。简单的条件如本章知识点《知识点3.4-2 LOOKUP函数》示例中查找商品B中黑色型号的价格的多条件查找公式：

=LOOKUP(1,0/((C2:C10=G2)*(B2:B10=G1)),D2:D10)

复杂的条件如后面要介绍的指定公司所销售产品的唯一值列表的提取公式：

=LOOKUP(1,0/((销售明细!$A$2:$A$54=$C$3)*(COUNTIF(B$4:B4,销售明细!$C$2:$C$54)=0)),销售明细!$C$2:$C$54)

如果是三个以上条件的话，模型公式为：

> 【多条件查找】公式模型
> =LOOKUP(1,0/((条件1)*(条件2)*(条件3)*…(条件N))，结果区域)

2. 公式解释

每个条件的计算结果要么是TRUE，要么是FALSE，TRUE相当于1，FALSE相当于0，只要有一个条件没满足，各个条件相乘的结果就是0。0/0会出现零除错误(#DIV/0!)，LOOKUP查找时会将其忽略掉；所有条件都满足的话，各条件相乘，其计算结果为1，0/1为0。

LOOKUP在由0和#DIV/0!组成的列表中查找1，肯定找不到，根据其查找特点，它会返回最后一个0（也就是符合所有条件的最后一条）所对应的结果区域的值。

（四）单条件提取唯一值列表

公式模型及如何套用

按指定的单条件提取唯一值，实际上就是双条件查找，是在提取唯一值模型公式的基础上增加了一个条件而已，其公式模型为：

【单条件提取唯一值列表】公式模型
=LOOKUP（1，0/((条件1)*(COUNTIF(列表区域，源数据区域)=0))，源数据区域）

我们以《示例 3-03》工作簿中"单条件唯一值列表"工作表为例，来介绍如何套用此模型公式。

"单条件唯一值列表"工作表要在 B5:B14 单元格区域根据 C3 单元格指定的单位，提取"销售明细"工作表 C 列相应的商品名称（见图 3-23）。那么，在 B5 单元格中，我们应套入此模型公式：

=IFNA(LOOKUP(1,0/((销售明细!$A$2:$A$54=$C$3)*(COUNTIF(B$4:B4,销售明细!$C$2:$C$54)=0)),销售明细!$C$2:$C$54),"")

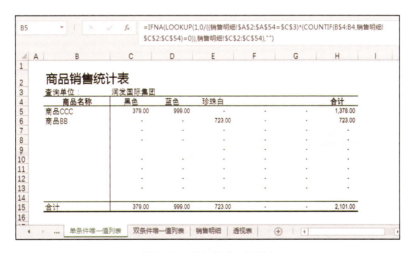

图 3-23　单条件唯一值列表

对于此公式，我们不再详细解释，请结合前面的多条件查找和提取唯一值列表的相关知识点自行理解。

（五）双条件提取唯一值列表

公式模型及如何套用

双条件提取唯一值列表公式实际就是三条件查询，其模型公式为：

> 【双条件提取唯一值列表】公式模型
> =LOOKUP（1，0/((条件1)*(条件2)*(COUNTIF(列表区域，源数据区域)=0)),源数据区域）

如图 3-24 所示，要在"双条件唯一值列表"工作表的 B5:B14 单元格区域根据 B3、C3 单元格指定的单位和商品名称，提取"销售明细"工作表 D 列相应商品的颜色列表，那么 B5 单元格套用此模型公式，其公式为：

=IFNA(LOOKUP(1,0/((销售明细[客户名称]=$B$3)*(销售明细[商品名称]=$C$3)*(COUNTIF(B$4:B4,销售明细[颜色])=0)),销售明细[颜色]),"")

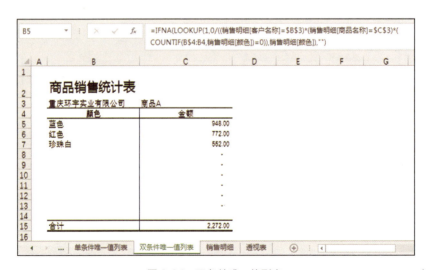

图 3-24　双条件唯一值列表

四、知识点

LOOKUP 函数

本知识点示例文件为《知识点 3.3-1 LOOKUP 函数》。

LOOKUP 函数和 VLOOKUP 的模糊查找一样，用于查找数值，但它的语法格式与 VLOOKUP 函数有所不同：

=LOOKUP（查找值，查找区域，结果区域）

需要强调的是，查找区域必须按升序排列，否则查找结果会出错。

我们以本章第一节中 VLOOKUP 函数查找个税税率的示例为例，用 LOOKUP 函数编制的公式为：

=LOOKUP(E3,$A$3:$A$9,$B$3:$B$9)

由于 LOOKUP 函数的查找区域和结果区域是分开输入的，因而比起 VLOOKUP 函数它更灵活，比如图 3-25 中的表格，要用 VLOOKUP 函数实现逆向查找就要编制下面复杂的公式：

=VLOOKUP(D13,IF({1,0},$B$13:$B$19,$A$13:$A$19),2,1)

而用 LOOKUP 函数则可轻松搞定：

=LOOKUP(D13,$B$13:$B$19,$A$13:$A$19)

甚至 LOOKUP 函数的第二参数与第三参数可以不在同一行甚至不在同一个表中，大大增加了其适用范围。比如图 3-25 中的 A12:B28 单元格区域，个税税率和速算扣除分开列示，并不在相同行内，我们要在 F 列使用公式确定 D 列金额相应

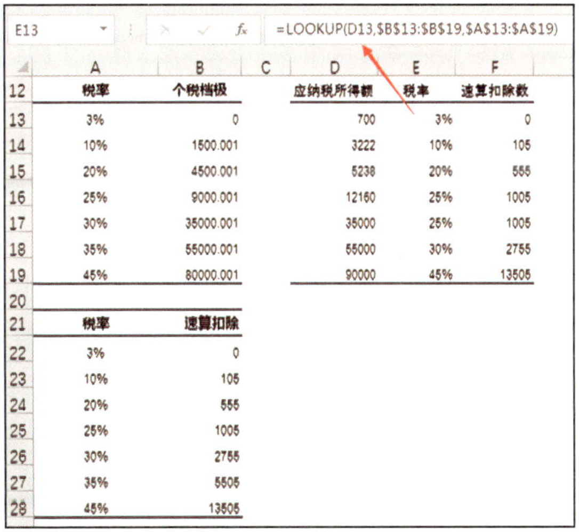
E13　=LOOKUP(D13,$B$13:$B$19,$A$13:$A$19)

	A	B	C	D	E	F
12	税率	个税档级		应纳税所得额	税率	速算扣除数
13	3%	0		700	3%	0
14	10%	1500.001		3222	10%	105
15	20%	4500.001		5238	20%	555
16	25%	9000.001		12160	25%	1005
17	30%	35000.001		35000	25%	1005
18	35%	55000.001		55000	30%	2755
19	45%	80000.001		90000	45%	13505
20						
21	税率	速算扣除				
22	3%	0				
23	10%	105				
24	20%	555				
25	25%	1005				
26	30%	2755				
27	35%	5505				
28	45%	13505				

图 3-25　LOOKUP 函数可逆向查找

的速算扣除数。我们用 LOOKUP 函数来编制下面的公式：

=LOOKUP(D13,$B$13:$B$19,$B$22:$B$28)

■ 扩展阅读

关于 LOOKUP 函数的查找原理、深入讲解，请在微信公众号"Excel 偷懒的技术"中发送"LOOKUP"进一步学习。

第四节　往来对账函：查询明细记录的经典案例

一、需求背景

《示例 3-04 查询并列出明细：往来对账函》

财务每年年底都需要与供应商、客户核对往来账目，核对方式有两种：一种是仅提供余额，如有不符再核对明细；另一种是在提供余额的同时也提供交易明细。第一种我们可以使用 Word 软件的邮件合并功能（详见《"偷懒"的技术：打造财务 Excel 达人》第二章），批量打印或以电子邮件的方式发送对账函。如果是第二种，由于要提供明细，邮件合并无法满足要求，需要使用公式来查询明细。第二种情况对账函表格的需求如下：

- 根据核算项目明细账提取客户唯一值列表
- 根据指定的客户名称查询、罗列出销售及回款明细
- 用公式将欠款金额转换为中文大写

二、表格布局

本对账函主要由三个表格组成，分别为核算项目明细账、单位清单以及往来对账单。

（一）核算项目明细账

核算项目明细账是从财务软件导出，按核算项目列出各客户在指定期间的应收账款的明细，将导出的明细账，筛选出"小计""本年累计"行，然后将这些行删除掉。我们进行简单的整理后，表格样式如图 3-26 所示。

	A	B	C	D	E	F	G	H	I	J	K	L	M
1	辅助账:			核算项目:客户 期间:2016年第1期至第12期					币别:人民币			重庆逸凡伟业有限公司	
2		客户	科目代码	科目名称	记账日期	期间	凭证类型	凭证号	摘要	借方	贷方	方向	余额
3		重庆市墨宇商贸有限公司	1122	应收账款					年初余额				500,000.00
4		重庆市墨宇商贸有限公司	1122	应收账款	2016-01-05	2016.1	记	0010	重庆市墨宇商贸应收摘要1		1,100,000.00	贷	1,600,000.00
5		重庆市墨宇商贸有限公司	1122	应收账款	2016-01-07	2016.1	记	0030	重庆市墨宇商贸应收摘要2		450,000.00	贷	2,050,000.00
6		重庆市墨宇商贸有限公司	1122	应收账款	2016-01-11	2016.1	记	0046	重庆市墨宇商贸应收摘要3		360,000.00	贷	2,410,000.00
7		重庆市墨宇商贸有限公司	1122	应收账款	2016-01-18	2016.1	记	0085	重庆市墨宇商贸应收摘要4	2,027,136.00		贷	382,864.00
8		重庆市墨宇商贸有限公司	1122	应收账款	2016-03-24	2016.3	记	0068	重庆市墨宇商贸应收摘要5		200,000.00	贷	582,864.00
9		重庆市墨宇商贸有限公司	1122	应收账款	2016-03-26	2016.3	记	0090	重庆市墨宇商贸应收摘要6	361,952.50		贷	220,911.50
10		重庆市墨宇商贸有限公司	1122	应收账款	2016-07-29	2016.7	记	0138	重庆市墨宇商贸应收摘要7	116,082.00		贷	104,829.50
11		重庆市墨宇商贸有限公司	1122	应收账款	2016-08-29	2016.8	记	0125	重庆市墨宇商贸应收摘要8	191,628.00		借	86,798.50
12		重庆市墨宇商贸有限公司	1122	应收账款	2016-08-01	2016.8	记	0127	重庆市墨宇商贸应收摘要9	-116,082.00		借	29,283.50
13		重庆市墨宇商贸有限公司	1122	应收账款	2016-10-19	2016.10	记	0067	重庆市墨宇商贸应收摘要10	28,377.40		贷	906.10
14		重庆市墨宇商贸有限公司	1122	应收账款	2016-10-21	2016.10	记	0076	重庆市墨宇商贸应收摘要11	906.10		平	
15		重庆市墨宇商贸有限公司							合计	2,610,000.00	2,110,000.00	平	
16		湖南省银河工贸有限责任公司	1122	应收账款					年初余额			借	1,051,108.75
17		湖南省银河工贸有限责任公司	1122	应收账款	2016-01-11	2016.1	记	0046	湖南省银河工贸应收摘要2		190,000.00	借	861,108.75
18		湖南省银河工贸有限责任公司	1122	应收账款	2016-01-11	2016.1	记	0046	湖南省银河工贸应收摘要3		510,000.00	借	351,108.75
19		湖南省银河工贸有限责任公司	1122	应收账款	2016-03-30	2016.3	记	0110	湖南省银河工贸应收摘要4	946,780.80		借	1,297,889.55
20		湖南省银河工贸有限责任公司	1122	应收账款	2016-04-29	2016.4	记	0132	湖南省银河工贸应收摘要5		500,000.00	借	797,889.55
21		湖南省银河工贸有限责任公司	1122	应收账款	2016-06-29	2016.6	记	0112	湖南省银河工贸应收摘要6		500,000.00	借	297,889.55
22		湖南省银河工贸有限责任公司	1122	应收账款	2016-07-27	2016.7	记	0117	湖南省银河工贸应收摘要7	-946,780.80		贷	648,891.25
23		湖南省银河工贸有限责任公司	1122	应收账款	2016-07-27	2016.7	记	0118	湖南省银河工贸应收摘要8	2,022,657.20		借	1,373,765.95
24		湖南省银河工贸有限责任公司	1122	应收账款	2016-07-27	2016.7	记	0119	湖南省银河工贸应收摘要9	-1,133,394.00		借	240,371.95
25		湖南省银河工贸有限责任公司	1122	应收账款	2016-08-27	2016.8	记	0113	湖南省银河工贸应收摘要10		500,000.00	贷	259,628.05

图 3-26　核算项目明细账

为了方便使用公式以及增强表格的自动扩展，我们选定 B2:M249 区域，将其设置为【表格】，并命名为"明细账"。

（二）单位清单

为了方便在往来对账单中使用下拉箭头选择单位名称，我们新建一个工作表"单位清单"，用第三节所介绍的公式，从核算项目明细表中提取各往来单位的唯一值列表（见图 3-27）。

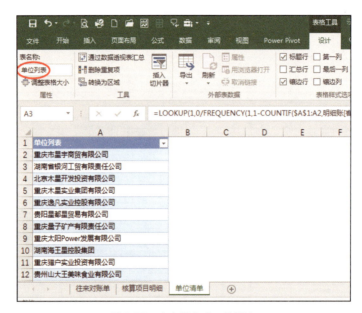

图 3-27　客户单位唯一值列表

然后，我们点击"插入"选项卡→【表格】功能，将其命名为"单位列表"，以让其有良好的扩展性。

（三）往来对账单

本表主要由两部分组成：上半部分是对账函部分，有客户名称、对账期间、应收、实收、欠款余额等信息；下半部分是往来明细，只取日期、摘要、借方、贷方余额等字段。表格样式如图 3-28 所示。

在往来对账单表格的 B2 单元格应用"数据验证"的"序列"功能，这样可通过下拉箭头选取列表中的单位名称（见图 3-29）。

图 3-28 往来对账单样式

我们在"往来对账单"C4、D4 单元格中分别输入对账的期间,C4 可以输入"从:2016 年 1 月 1 日",也可以只输入"2016 年 1 月 1 日",然后用下面的自定义格式显示为"从:2016 年 1 月 1 日"。"往来对账单"C4 单元格的自定义格式:

图 3-29　添加数据验证的下拉列表

"从：" yyyy" 年 "m" 月 "d" 日 "

其余项目：上期余额、本期应收、本期实收、本期余额、金额大写、往来明细等，均用公式生成。

三、公式设计

（一）提取单位名称的唯一值列表

要提取单位名称的唯一值列表，我们可以用本章第三节介绍的公式。"单位清单"工作表 A2 单元格的公式为：

=LOOKUP(1,0/FREQUENCY(1,1-COUNTIF($A$1:A1,明细账[客户])),明细账[客户])&""

（二）往来对账单表格的公式

1. 上期余额（D5 单元格）

由于上期余额是该单位往来明细的第一条记录，而 VLOOKUP 函数精确查询模型时，会返回符合条件的第一条记录，因而我们直接使用 VLOOKUP 函数即可：

=IFERROR(VLOOKUP(B2,明细账,12,0)+0,0)

在 VLOOKUP 函数查询结果上加 0，是因为明细账表格中某单位的上期余额显示为空时，并不是什么也没有，而是假空（有不可见字符）。如果用 VLOOKUP 函数查找到要返回的单元格是真空时，会返回 0，而是假空时会显示为空。为了让 VLOOKUP 函数的计算结果显示为 0，我们给 VLOOKUP 函数后加上 0，由于是假空，加 0 会出错，显示"#VALUE!"。这时，我们可以在公式最外层套上一层 IFERROR，当其出错时用 IFERROR 函数让其显示 0。当然，我们也可先将余额列中的假空整理为真空，然后再用 VLOOKUP 函数查找，具体方法详见后面的知识点。

2. 本期应收（F5 单元格）

根据导出的核算项目明细账的特点，每个公司的最末行是该公司的借方贷方合计数，在前面我们介绍过，用 LOOKUP 函数查找公式时，当结果有多个时会返回最后一条，因而这里可以用 LOOKUP 函数来查询指定单位本期应收合计。由于核算项目明细账的 B 列（客户）并没有按升序排列，如果此处直接使用下面的公式：

=LOOKUP(往来对账单!B2,明细账[客户],明细账[借方])

其结果可能不正确,应使用下面的公式来返回该公司的借方合计数（本期应收）：

=LOOKUP(1,0/(明细账[客户]=往来对账单!B2),明细账[借方])

我们也可以用 SUMIF 对该公司的借方（J 列）进行求和，然后再除以 2（因为该公司最后一行的合计数等于前面发生额的合计），公式为：

=SUMIF(明细账 [客户], 往来对账单 !B2, 明细账 [借方])/2

3. 本期实收（F6 单元格）

本期实收和本期应收公式一样：

=LOOKUP(1,0/(明细账 [客户]= 往来对账单 !B2), 明细账 [贷方])

4. 本期余额（D6 单元格）

本期余额在该单位的最后一条，所以用 LOOKUP 的模型公式：

=IFERROR(LOOKUP(1,0/(明细账 [客户]= 往来对账单 !B2), 明细账 [余额])+0,0)

5. 截止日累计欠款金额及大写（B7 单元格）

B7 单元格显示截止日累计欠款金额及大写的公式如下：

="   截止到 "&TEXT(D4,"yyyy 年 m 月 d 日 ")&" 累计结欠 "&TEXT(D6,"#,##0.00 元，大写：人民币 ")&SUBSTITUTE(SUBSTITUTE(IF(D6>-0.5%,," 负 ")&TEXT(INT(FIXED(ABS(D6))),"[dbnum2]G/ 通用格式元 ;;")&TEXT(RIGHT(FIXED(D6),2),"[dbnum2]0 角 0 分 ;;"&IF(ABS(D6)>1%," 整 ",))," 零角 ",IF(ABS(D6)<1,," 零 "))," 零分 "," 整 ")&IF(ROUND(D6,2)=0," 零元整 ","")

上面的公式共由五部分组成：

- "   截止到 "
- TEXT(D4,"yyyy 年 m 月 d 日 ")
- " 累计结欠 "
- TEXT(D6,"#,##0.00 元，大写：人民币 ")
- 金额大写的公式（详见公式模型）

五部分用连接符 & 拼接起来，公式中的 TEXT 函数用于返回指定格式的文本，此函数中的 "yyyy 年 m 月 d 日 " 是让其返回"2017 年 6 月 1 日"这种格式；" [dbnum2]G/ 通用格式"是让其显示中文大写数字，123.02 显示为"壹佰贰拾叁 . 零贰"。

【人民币金额大写】公式模型
=SUBSTITUTE(SUBSTITUTE(IF(数字 >–0.5%,," 负 ")&TEXT(INT(FIXED(ABS(数字)),"[dbnum2]G/ 通用格式元 ;;")&TEXT(RIGHT(FIXED(数字 ,2),"[dbnum2]0 角 0 分 ;;"&IF(ABS(数字)>1%," 整 ",))," 零角 ",IF(ABS(数字)<1,," 零 "))," 零分 "," 整 ")&IF(ROUND(数字 ,2)=0," 零元 ","")

关于中文金额大写和 TEXT 函数的详细解释，请参见第六章第四节"付款单进账单套打"案例的知识点。

6. 附表标注所属期间（B17 单元格）

B17 单元格的公式如下：

="< 附: "&TEXT(C4," 从：yyyy 年 m 月 d 日 ")&TEXT(D4," 到：yyyy 年 m 月 d 日 ")&" 往来明细 >"

7. 罗列往来明细

要将往来对账单指定单位的明细账列出来，常用的方法有：
- 用 INDEX+SMALL+ROW 编制数组公式；
- 用辅助列法化繁为简法；
- LOOKUP+COUNTIF+OFFSET 法。

下面我们将分别介绍第二种和第三种方法：
- 辅助列法

公式思路：由于核算项目明细账 B 列客户名称中同一个客户有多个，如果用 VLOOKUP 函数查找的话，我们只能查找到第一个，后面的无法查询到，因而，我们要想办法将单位名称的重复值变为唯一值。一种简单的方法就是分别在单位名称后添加上出现的序号，然后使用公式查找“单位名称 & 序号”，这样就可以查找并罗列出所有的往来明细了。下面是详细的步骤。

Step 1：在“核算项目明细”表 A3 单元格中输入下面的公式，然后下拉填充：

= 明细账 [@ 客户]&COUNTIF($B$3:B3,B3)

此公式就是在 B 列的单位名称加上序号 (注意各单元格的引用类型，单元格区域第一个单元格 B3 是绝对引用，其他单元格是相对引用)，比如 A3 单元格公式的结果是“重庆市星宇商贸有限公司 1”，A4 的结果是“重庆市星宇商贸有限公司 2”……A16 是“湖南省银河工贸有限责任公司 1”，A17 是“湖南省银河工贸有限责任公司 2”，其余依此类推（见图 3-30）。

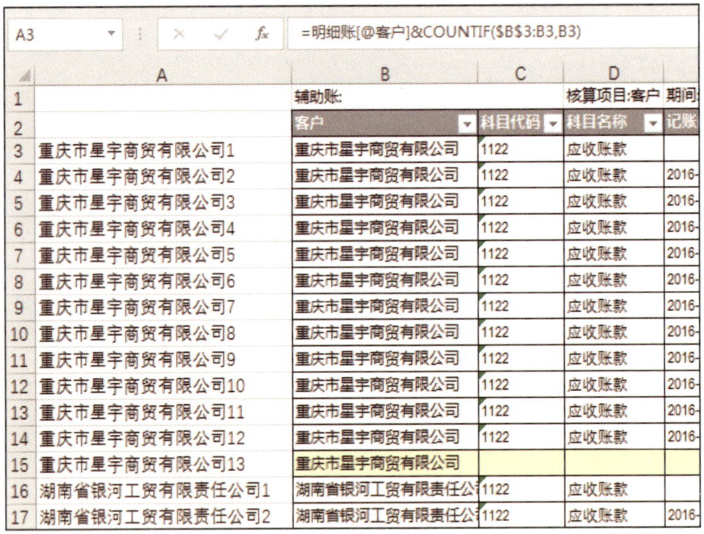
A3　=明细账[@客户]&COUNTIF($B$3:B3,B3)

	A	B	C	D	
1		辅助账:		核算项目:客户	期间:
2		客户	科目代码	科目名称	记账
3	重庆市星宇商贸有限公司1	重庆市星宇商贸有限公司	1122	应收账款	
4	重庆市星宇商贸有限公司2	重庆市星宇商贸有限公司	1122	应收账款	2016-
5	重庆市星宇商贸有限公司3	重庆市星宇商贸有限公司	1122	应收账款	2016-
6	重庆市星宇商贸有限公司4	重庆市星宇商贸有限公司	1122	应收账款	2016-
7	重庆市星宇商贸有限公司5	重庆市星宇商贸有限公司	1122	应收账款	2016-
8	重庆市星宇商贸有限公司6	重庆市星宇商贸有限公司	1122	应收账款	2016-
9	重庆市星宇商贸有限公司7	重庆市星宇商贸有限公司	1122	应收账款	2016-
10	重庆市星宇商贸有限公司8	重庆市星宇商贸有限公司	1122	应收账款	2016-
11	重庆市星宇商贸有限公司9	重庆市星宇商贸有限公司	1122	应收账款	2016-
12	重庆市星宇商贸有限公司10	重庆市星宇商贸有限公司	1122	应收账款	2016-
13	重庆市星宇商贸有限公司11	重庆市星宇商贸有限公司	1122	应收账款	2016-
14	重庆市星宇商贸有限公司12	重庆市星宇商贸有限公司	1122	应收账款	2016-
15	重庆市星宇商贸有限公司13	重庆市星宇商贸有限公司			
16	湖南省银河工贸有限责任公司1	湖南省银河工贸有限责任公	1122	应收账款	
17	湖南省银河工贸有限责任公司2	湖南省银河工贸有限责任公	1122	应收账款	2016-

图 3-30　添加辅助列

Step 2：在“往来对账单”表格的 B19 单元格中输入下面的公式：

=VLOOKUP($B$2&(ROW()-18), 核算项目明细 !$A$2:$M$249,5,0)

公式中的 ROW() 表示取公式所在单元格的行号。

Step 3：将上面的公式分别复制到 C19、E19:H19 单元格，并将 VLOOKUP 函数中的第三个参数分别修改成 9、10、11、12、13 即可。E19 单元格公式中 VLOOKUP 函数的第三参数也可改为"COLUMN()+5"，完整公式如下：

=VLOOKUP($B$2&(ROW()-18),核算项目明细!$A$2:$M$249,COLUMN()+5,0)

然后，我们将此单元格的公式右拉填充至 H19 单元格。

- LOOKUP+COUNTIF+OFFSET 法

我们用 LOOKUP+COUNTIF+OFFSET 法查找并罗列明细有一个模型公式。这个公式比较复杂，不太好理解，大家可以不掌握，但要会套用。

【查找并罗列明细】公式模型
=LOOKUP(序号 ,COUNTIF(OFFSET(源数据起点单元格 ,,,ROW($ 源数据起始行 :$ 源数据终止行)), 查找值)-(源数据的关键字列 = 查找值), 源数据要返回的值所在列)

序号：要查找的是第几个，我们一般用 ROW 函数来生成序号，在本示例 B19 单元格的公式中序号部分为 ROW($B19)-19，ROW($B19) 表示取 B19 单元格的行号，然后再减 19，生成序号 0，B20 的公式序号部分为 ROW($B20)-19，计算结果为 1，其余依此类推。

源数据起点单元格：要查找列数据的起始单元格，在本公式中为"核算项目明细!$B$3"，要使用绝对引用。

$ 源数据起始行：$ 源数据终止行："核算项目明细"工作表数据区域的首行（第 3 行）、末行（249 行），加美元符号是为了锁定，在填充公式时保持不变。在 B19 格公式中，本部分为 $3:$249。

源数据的关键字列：关键字列是指要查找的列，即"明细账 [客户]"，如果没有应用【表格】样式，就是"核算项目明细!B3:B249"。

源数据要返回的值所在列：就是我们要返回的值，分别为核算项目明细表的"记账日期""摘要""借方""贷方""余额"列，在 B19 单元格的公式中，本部分为"明细账 [记账日期]"。

我们将上面各部分全部套用到模式公式中，B19 单元格完整的公式为：

=LOOKUP(ROW($B19)-19,COUNTIF(OFFSET(核算项目明细 !$B$3,,,ROW($3:$249)-2),$B$2)-(明细账 [客户]=$B$2), 明细账 [记账日期])

要注意的是，此公式不太完善，当序号大于源数据表中的个数时，还是会显示要查询的最末一条记录，因而我们要在最外层嵌套一层 IF 函数，当遇到这种情况时，让其显示为空。B19 单元格完整的公式为：

=IF((ROW()-18)<=COUNTIF(明细账 [客户],$B$2),LOOKUP(ROW($B20)-19,COUNTIF(OFFSET(核算项目明细 !$B$3,,,ROW($3:$249)-2),$B$2)-(明细账 [客户]=$B$2), 明细账 [记账日期]),"")

C19 单元格完整的公式为：

=IF((ROW()-18)<=COUNTIF(明细账 [客户],$B$2),LOOKUP(ROW($B19)-19,COUNTIF(OFFSET(核算项目明细 !$B$3,,,ROW($3:$249)-2),$B$2)-(明细账 [客户]=$B$2), 明细账 [摘要]),"")

其余列的公式依此类推。

- 自动设置格式

将公式设置好以后，我们还要给查找出的明细添加单元格边框。由于各公司的记录条数不一样，我们要能根据查找出的记录数智能地添加边框，比如：

查找出"重庆星宇商贸"的记录条数为 13，那么就给 B19:H31 单元格区域添加边框；

查找出"重庆木星实业"只有 4 条记录，那么就只给 B19:H22 单元格区域添加边框。

这就需要用到条件格式，根据查询出的记录条数，智能地给符合条件的单元格添加边框（见图 3-31）。对于条件格式的相关知识介绍和添加方法，详见下一节的友好性设计"隔类填色"部分，其条件公式为：

=(ROW()-18)<=COUNTIF(核算项目明细 !$B$3:$B$249,$B$2)

第三章　查找引用
旁征博引信手拈来的引用秘籍

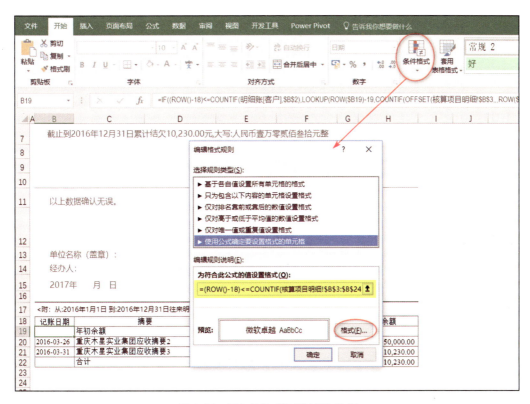

图 3-31　用条件格式智能地添加边框

四、知识点

1. 自定义格式

Excel 有一个特点，就是数字和所显示的样子可以不一样，比如图 3-32 中 B 列单元格的值实际上都是 123456，将其应用 C 列的自定义格式，就可显示出 B 列的样式：

图 3-32　自定义格式及示例

我们以示例文件《知识点 3.4-1 自定义格式》中"自定义格式"工作表的 B7 单元格为例,来介绍自定义格式的操作步骤:

选中 B7 单元格,然后点击右键→设置单元格格式→选择"数字"选项卡中的自定义,然后输入下面的自定义格式,然后点击确定即可(见图 3-33):

00-00-00

图 3-33　使用自定义格式

自定义格式中几种常用符号的作用如表 3-1 所示。

表 3-1

符　号	作　用
,	逗号作为千位分隔符或以一千为单位表示数字的数量级
""	强制显示双引号之间的文本
#	井号占位符,只显示有效数字而不显示无效的零

（续）

符　号	作　用
0	零也是占位符，如果数字的位数少于格式中的零，会显示无效的零
[DBNum1]	表示中文小写，不符合中文金额大写的习惯，还会保留小数点
[DBNum2]	表示中文大写，不符合中文金额大写的习惯，还会保留小数点
Y、m、d	y 表示年，m 表示月，d 表示日

上面的格式代码除了在自定义格式中使用，还可在 TEXT 函数中使用。

2. 真空与假空

有时我们从一些业务系统导出的数据（比如网银的银行流水、财务软件导出的明细账、ERP 导出的客户资料）不规范：数字后面有空格或不可见字符，一些空白的单元格看起来是空的，实际上单元格里有不可见字符，哪怕我们用 LEN 函数计算出那些空白单元格的字符数，其结果也是 0。这些真空、假空单元格就像真假美猴王，让人真假难辨。要分辨出这些空白单元格是否为真空，我们可以用 ISBLANK 函数来判断。比如在本节示例中的"核算项目明细"工作表的 O50 单元格使用公式（见图 3-34）。

图 3-34　假空的单元格

=ISBLANK(明细账 [@ 余额])

公式的计算结果为 FALSE，说明 M5 单元格并不是空的。

遇到假空单元格，使用"定位→空值"，是不能选定这些"空单元格"的，但我们可以使用查找功能来选定这些假空白单元格。 操作方法如下：

选定图 3-34 中的 M 列→按【Ctrl+F】打开查找对话框→在查找栏中不输入内容→点击"查找全部"→按【Ctrl+A】即可选定 M 列所有的空白单元格→按【DEL】键即可将假空单元格中的不可见字符删除（见图 3-35）。

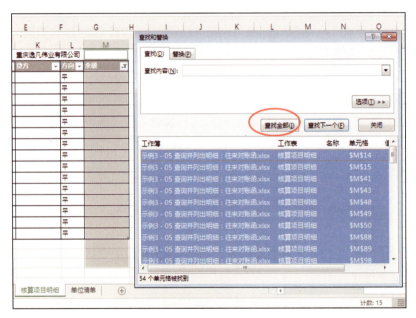

图 3-35　用查找批量选定真空和假空单元格

■ 扩展阅读

在微信公众号"Excel 偷懒的技术"中发送"不可见字符"，阅读不可见字符带给我们的困扰和处理方法。

第五节　合同管理台账：模糊查找很轻松

一、需求背景

《示例 3-05 模糊查找：合同管理台账》

财务管理工作的一项重要内容就是对公司签订的经济合同进行登记管理。合同管理既是对合同的执行、款项的收付进行监控，也是资金计划编制审核的基础，甚至还可利用合同台账进行数据分析，找出合同签订和执行中存在的不足。那么，我们应该如何设计合同管理台账才能满足经营管理需要呢？下面我们以采购付款类合同为例，介绍合同管理台账的设计。

付款类的合同除了登记合同的单位名称、金额、起始日期、摘要等基本信息外，还需对是否收到发票、合同付款日期进行登记，因而合同管理台账应该具备以下功能。

- 登记合同的基本信息：合同编号、供应商名称、合同金额、已付款金额、合同摘要。
- 登记合同付款明细：合同付款日期、实际付款日、付款金额、发票信息（已收到发票金额、发票类型、发票号）。
- 合同查询：在一个单元格中既可输入合同编号，也可输入单位名称进行查询。
- 按单位名称查询时可按规范的简称查询，也可按不规范的缩写查询（比如输入"中石化"可查询到"中国石油化工股份有限公司"），还可按输入单位名称的前几个字符联想式输入。

二、表格布局

要实现前面所说的合同基本信息、付款明细、合同查询三个基本功能，我们应该在三个工作表分别登记：合同台账、付款台账、合同查询表。下面我们将分别介绍各表格的布局。

（一）合同台账

合同台账主要登记合同的基本信息，本案例仅列示了合同编号、供应商名称、合同金额、已付款金额、合同摘要，还可根据管理需要添加责任部门、责任人、供应商类型、审批流程号等内容。合同台账的表格样式如图 3-36[1]所示。

合同编号	合同名称	对方单位	合同状态	合同总价	已付金额	已收发票金额	付款频次	合同开始日	合同截止日	合同年限	合同摘要
yf20160001	图书采购合同	北京华童信息图文有限公司	执行完毕	9,660.00	9,660.00	9,660.00	一次性	2016-02-03	2016-02-03	一次性	七折采购票随书寄
yf20160002	办公楼消防工程合同	重庆民安消防工程有限责任公司		150,000.00	142,500.00	142,500.00	每月按进度	2016-02-20	2016-02-20	一次性	
yf20160003	电梯维护保养合同	重庆长安电梯维保公司		86,400.00	21,600.00	21,600.00	季度	2016-03-01	2018-02-28	一年	办公大楼
yf20160004	原材料采购合同	上海新世纪电子有限公司		254,600.00	241,870.00	254,600.00	一次性	2016-03-25	2016-03-25	一次性	到验收后
yf20160005	原材料采购合同（年度）	成都环宇实业公司		4,206,968.54	3,326,396.54	3,326,396.54	月度	2017-04-10	2018-03-31	一年	年度合同
yf20160006	原材料采购合同（年度）	重庆逸凡电子科技公司		2,660,867.00	1,360,127.00	1,360,127.00	月度	2017-05-10	2018-04-30	一年	
yf20160007	中国石油化工股份有限	中国石油化工股份有限公司		1,887,972.00	1,627,701.00	1,485,952.00	月度	2017-01-31	2017-12-31	一年	
~~yf20160008~~	~~原材料采购合同~~	~~重庆逸凡电子科技有限公司~~	作废	100,000.00							合同金额
yf20160009	机械设备采购合同	中国第一重型机械股份公司		2,614,600.00	1,538,000.00	2,614,600.00	一次性	2017-06-08	2017-06-08	一次性	
yf20160010	保险合同	中国太平洋保险（集团）股份	执行完毕	256,980.00	256,980.00	256,980.00	一次性	2017-03-09	2017-03-09	一次性	
yf20160011	原材料采购合同（年度）	成都环宇实业公司		6,025,000.00	265,000.00	652,588.34	月度	2017-04-10	2018-03-31	一年	

图 3-36　合同台账样式

我们在安排各字段先后顺序时，要将主要关键字放在前面，比如合同编号、单位名称等，然后才是合同总价、已付款金额、合同摘要等。这样安排方便使用 VLOOKUP 函数查找引用数据。

（二）付款台账

要登记各个合同的付款情况，常见的一种做法是在一个单元格里连续累加进行登记，比如输入"=120000+23000+15000"，将付款日期标注在批注或备注里。这种做法不利于统计某时间段的付款情况。为了能统计某时间段的付款情况，部分财务人员将付款依次按列排列如图 3-37 所示。

合同号	合同名称	客户名称	第一次付款	第二次付款	第三次付款
yf20160001	图书采购合同	北京华童信息图文有限公司			
yf20160002	办公楼消防工程合同	重庆民安消防工程有限责任公司			
yf20160003	电梯维护保养合同	重庆长安电梯维保公司			
yf20160004	原材料采购合同	上海新世纪电子有限公司			
yf20160005	原材料采购合同（年度）	成都环宇实业公司			

图 3-37　付款台账样式

这种样式尽管能分清每次付款，但还是不方便列出付款时间，也不方便按时间段筛选。我们应该

---

[1] 示例文件中所列举公司均为虚拟。

按照标准的数据库模式来设计，分别增加应付款日期、实付款日期、应付金额、实付金额等字段，将每一个合同逐笔按行罗列，如图 3-38 所示。

合同号	合同名称	客户名称	款项性质	付款条件	合同付款日	应付金额	实付金额	实际付款日	付款凭证	已收发票	发票类型	发票号
y20160001	图书采购合同	北京华章信息图文有限公司	预付款	全款预付	2017-2-3	9,660.00	9,660.00	2017-2-3	2-9#	9,660.00	普票	05291384
y20160002	办公楼消防工程合同	重庆民安消防工程有限责任	进度款	按形象进度	2017-2-28	50,000.00	50,000.00	2017-2-29	2-357#	50,000.00	专票	05895569
y20160002	办公楼消防工程合同	重庆民安消防工程有限责任	进度款	按形象进度	2017-3-31	50,000.00	50,000.00	2017-3-31	3-135#	50,000.00	专票	09498519
y20160002	办公楼消防工程合同	重庆民安消防工程有限责任	进度款	按形象进度	2017-4-30	42,500.00	42,500.00	2017-4-30	4-359#	42,500.00	专票	01831680
y20160002	办公楼消防工程合同	重庆民安消防工程有限责任	质保金	满一年无质量问题支付!	2018-4-30	7,500.00						
y20160003	电梯维护保养合同	重庆长安电梯维保公司	进度款	维保工作签收单	2017-3-1	21,600.00	21,600.00	2017-3-5	3-219#	21,600.00	普票	05221261
y20160003	电梯维护保养合同	重庆长安电梯维保公司	进度款	维保工作签收单	2017-6-1	21,600.00						
y20160003	电梯维护保养合同	重庆长安电梯维保公司	进度款	维保工作签收单	2017-9-1	21,600.00						
y20160003	电梯维护保养合同	重庆长安电梯维保公司	进度款	维保工作签收单	2017-12-1	21,600.00						
y20160004	原材料采购合同	上海新世纪电子有限公司	预付款	合同签订后支付30%	2017-3-25	76,380.00	76,380.00	2017-3-29	3-32#			
y20160004	原材料采购合同	上海新世纪电子有限公司	进度款	验收无数量质量问题	2017-5-8	165,490.00	165,490.00	1900-1-0	1-399#	254,600.00	专票	09395641
y20160004	原材料采购合同	上海新世纪电子有限公司	质保金	验收后3个月	2017-8-15	12,730.00						
y20160005	原材料采购合同	成都环宇实业有限公司	进度款	90天后每月10日结算	2017-4-10	264,897.56	264,897.56	2017-4-10	4-371#	264,897.56	专票	00990001
y20160005	原材料采购合同	成都环宇实业有限公司	进度款	90天后每月10日结算	2017-5-10	387,690.98	387,690.98	2017-5-10	5-460#	387,690.98	专票	02379197
y20160005	原材料采购合同	成都环宇实业有限公司	进度款	90天后每月10日结算	2017-6-10	1,899,500.00	1,899,500.00	2017-6-10	6-474#	1,899,500.00	专票	02441490
y20160005	原材料采购合同	成都环宇实业有限公司	进度款	90天后每月10日结算	2017-7-10	874,308.00	774,308.00	2017-7-10	7-273#	774,308.00	专票	09058465
y20160005	原材料采购合同	成都环宇实业有限公司	进度款	90天后每月10日结算	2017-8-10	780,590.00						

图 3-38　规范的付款台账样式

在合同签订后，我们就根据合同条款将合同每笔款项的应付日期、应付金额登记填列。部分合同在签订时可能无法确定具体的付款日期和金额，为了方便检查付款台账和合同台账合同总金额是否相符，我们应预计一个付款日期和金额，待确定后再修改为正确的日期和金额即可。

（三）合同查询

日常工作中的合同查询主要有以下需求：

- 按合同编号查询合同内容；
- 按单位名称查询该单位已签订合同的情况（要求能按简称查询）；
- 查询最近 N 天要付款的合同及其金额；
- 查询收到发票的情况。

为了满足以上需求，我们将合同查询表设置为图 3-39 的样式。

要查询最近付款的合同明细，我们可在付款台账表用高级筛选功能筛选查询（详见后面的公式设计）。

	B	C	D	E	F
1	输入单位名称/合同编号		中石化		
2	输入截止日期		2017-8-1		
3					
4	yf20160007		中国石油化工股份有限公司		
5	合同名称		合同年限	付款频次	合同状态
6	中国石油化工股份有公		一年	月度	
7					
8	合同总价		到截止日应付金额	到截止日实付金额	到截止日已收发票
9	1,887,972.00		1,627,701.00	1,627,701.00	1,485,952.00
10					
11	应付质保金		实付质保金	合同开始日	合同截止日
12	260,271.00		0.00	2017-1-31	2017-12-31
13					
14	合同摘要				
15					
16					
17	与中国石油化工股份有限公司签订的所有合同(不含作废合同):				
18	合同总金额		1,887,972.00	合同总份数	1
19	到截止日应付金额		1,627,701.00		
20	到截止日已付款金额		1,627,701.00	已收发票金额	1,485,952.00
21	应付质保金		260,271.00	实付质保金	-

图 3-39 合同查询

三、公式设计

为增强表格的扩展性，我们将合同合账和付款台账都设置成【表格】，并将【表格】分别命名为"合同台账""付款台账"。

本案例的示例文件为大家呈现了最终完稿的样式，已将工作表标签、标题栏隐藏，不方便对照操作。大家可在"视图"选项卡，将显示组的"标题"选项勾选上，在"文件"选项卡→选项→高级，将"显示工作表标签"勾选上。

（一）合同台账表

对于合同台账表大部分列，我们都通过手动录入合同的基本信息，而对于 H 列"已付金额"和 I 列"已收发票金额"，需要编制公式。

H 列"已付金额"的公式实际上就是条件求和。我们对"付款台账"表中本合同号的付款记录进行汇总，H4 单元格的公式为：

=SUMIF(付款台账 [合同号],[@ 合同编号], 付款台账 [实付金额])

I 列"已收发票金额"的公式也是条件求和，I4 单元格的公式为：

=SUMIF(付款台账 [合同号],[@ 合同编号], 付款台账 [已收发票])

（二）付款台账

付款台账根据合同条款逐条记录应付款时间、实付款时间、付款金额，其内容基本上是靠手动录入，只有客户名称需要用 VLOOKUP 函数从合同台账查找引用过来，其 D 列、E 列的公式分别为：

=VLOOKUP([@ 合同号], 合同台账 [[合同编号]:[对方单位]],2,0)
=VLOOKUP([@ 合同号], 合同台账 [[合同编号]:[对方单位]],3,0)

（三）合同查询

1. 筛选五日内要付款的合同

编制付款台账的目的在于，在编制资金计划时或者安排近期资金时，能快速、方便地查询最近 N 天要付款的合同及金额。我们可以利用高级筛选功能来满足这个查询需求。

假设今天是 2017 年 6 月 9 日，则我们应在 F2 单元格中录入日期"2017-6-9"或者公式"=TODAY()"。如果要查询未来五天要付款的合同，那么我们可以在付款台账的 G2 单元格中输入下面的公式：

=AND((H5-$F$2)<=5,J5="")

上述公式的意思是判断是否同时满足以下两个条件：

- H5 单元格付款日距离 F2 单元格的日期在五天之内；
- J5 单元格为空（为空的就是还未付款）。

在这里，公式中的 H5、J5 使用的是相对引用，在高级筛选中具有指代含义，可代表数据区域相应列的各个单元格,比如判断第 6 行的数据时,就是 H6、J6,其他行依此类推。

如果满足以上两个条件,那么公式的计算结果就为 TRUE。我们将上面的单元格作为高级筛选的筛选条件,以筛选出同时满足两个条件的合同。

高级筛选的操作步骤如下:

选中【付款台账】表格的任一单元格→点击"数据"选项卡下的"高级筛选"按钮→在弹出的"高级筛选"对话框按图 3-40 设置列表区域和条件区域。

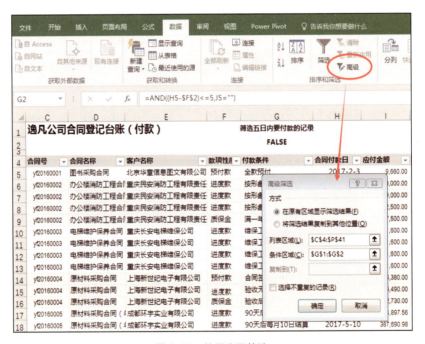

图 3-40 使用高级筛选

条件区域为"$G$1:$G$2",注意条件区域中 G1 单元格的内容不能为第 4 行任何一个列的字段名。

关于高级筛选的相关知识,参见后面的知识点。

2. 按合同编号或单位名称查询合同

合同查询表要查询的信息分为三部分：
- 数据输入单元格（D1:D2 单元格），输入要查询的合同编号或单位名称、截止日期；
- 查询出的合同信息（C5:F15 单元格区域）；
- 查询合同签订单位所有合同的信息（C18:F21 单元区域）。

我们只需在合同查询表格的 D1 单元格中输入完整的合同编号或单位简称，在 C4、D4 单元格中用公式查询出 D1 单元格相应的合同编号和完整的单位名称（对于 C4、D4 单元格的查询公式，我们在后面再介绍）。假定已经在 C4、D4 单元格中查询出合同编号和单位名称，现在需要查询出此合同的相关信息，我们可以按下面的操作编制相应的公式。

（1）根据合同编号查询合同信息。

C6 单元格的合同名称只需用 VLOOKUP 函数根据 C4 单元格的合同编号查询引用合同台账表的"合同名称"，其公式为：

=VLOOKUP($C$4, 合同台账 ,2,0)

合同年限、付款频次、合同状态、合同总价、合同开始日、合同截止日、合同摘要等信息都是用 VLOOKUP 函数查询引用合同台账表格相应列的数据，我们不再赘述。

要在 D9 单元格中得到"到截止日应付金额"，我们需要对付款台账表进行多条件求和：对"付款台账表格中合同号为 C4 单元格合同编号的付款，并且合同付款日小于 D2 单元格截止日"的应付金额进行求和。多条件求和使用 SUMIFS 函数，因而，合同查询表 D9 单元格的公式为：

=SUMIFS(付款台账 [应付金额], 付款台账 [合同号],C4, 付款台账 [合同付款日],"<="&D2)

到截止日实付金额、到截止日已收发票的公式和此公式类似，只需修改 SUMIFS 求和区域（第一个参数）即可。

考虑到合同质保金不会有多笔，因而我们可以用多条件查找公式，查找条件是"合同号等于 C4 单元格，并且款项性质是质保金"。查找到后，我们返回其对应的应付金额即可，用公式表示就是：

=IFERROR(LOOKUP(1,0/((付款台账 [合同号]=C4)*(付款台账 [款项性质]=" 质保金 ")),

付款台账[应付金额]),"无")

LOOKUP函数的多条件查找公式参见本章第三节的相关内容。

（2）查询某单位所签订合同的汇总信息。

统计查询某单位合同的汇总信息也是要进行多条件求和，比如要统计到截止日应付金额就是对"付款台账表中单位名称等于D4单元格，并且合同付款日小于等于D2单元格"的所有付款金额进行多条件求和，其公式为：

=SUMIFS(付款台账[应付金额],付款台账[客户名称],合同查询!D4,付款台账[合同付款日],"<="&D2)

其余单元格的公式类似。

（3）根据输入的合同编号或单位名称（甚至是简称）进行查询。

为了提高实用性，查询输入部分要实现以下三个功能：

- 能在一个单元格中输入不同类型的数据（合同编号、单位名称）进行查询。
- 能根据简称进行查询。输入的简称可能是规范的简称（简称是完整名称中某连续的部分，比如"逸凡电子"），也可能是不规范的简称（简称是名称中不连续的几个字，如"中石化"）。
- 提示输入功能，也就是只要输入单位名称的前几个字，按回车键后，下拉菜单就会列出符合条件的单位名称供选择，然后点击选择即可。

扫码看视频

下面我们将分别介绍：

1）如何根据输入不同类型的数据查找单位名称。

这个功能听起来似乎高大上，实际上并不难，用一个简单的IF函数来判断即可。因为输入的合同编号都是以字母或数字开头，而输入的单位名称是汉字或字母，为简化处理，我们要求输入合同编号时都输入完整的编号（也就是以"yf"开头）。所以，我们可使用IF函数来判断D1单元格是否以"yf"开头：如果是，则用输入的合同编号查询单位名称；如果不是，则用输入的单位简称来查询单位全称。

为了便于清晰地查看公式，查询简称的公式，我们姑且用"查询简称公式"表示，D4单元格完整的公式就是：

=IF(LEFT(D1,2)="yf",VLOOKUP(D1, 合同台账 !C4:E14,3,0), 查询简称的公式)

2）查询简称的公式。

我们要查询简称，如果简称是全名中某连续的部分，比如"逸凡电子"，则要根据输入的简称查询全名。用于查询简称的公式比较简单，直接在查询的对象前后加个"＊"通配符即可：

=VLOOKUP("*"&D1&"*", 合同台账 [对方单位],1,0)

> 【公式解释】
>   在查询对象前后都加上"＊"表示包含，如果 D1 为"逸凡电子"的话，"*"&D1&"*" 就表示名字中包含"逸凡电子"。

但是，如果是不连续的简称，比如"中石化"，上面的公式就无能为力了，我们用一个更强大的不连续简称模糊查找公式，公式模型为：

【不连续简称的模糊查找】公式模型
=INDEX(查询区域 ,MATCH(0,MMULT(-ISERR(FIND(MID(简称 ,COLUMN(A:Z),1), 查询区域)), 某包含 26 个空白单元格的连续区域 +1),))

此公式也可查询连续简称，将此模型公式套用到本案例，查询简称的公式为：

=INDEX(合同台账 [对方单位],MATCH(0,MMULT(-ISERR(FIND(MID(D1,COLUMN(A:Z),1), 合同台账 [对方单位])),A1:A26+1),))

我们将上述查询简称的公式代入上面的公式中，因而 D4 单元格完整的公式为：

=IF(LEFT(D1,2)="yf",VLOOKUP(D1, 合同台账 !C4:E14,3,0),INDEX(合同台账 [对方单位],MATCH(0,MMULT(-ISERR(FIND(MID(D1,COLUMN(A:Z),1), 合同台账 [对方单位])),A1:A26+1),)))

3）如何实现提示输入功能。

提示输入就是在 D1 单元格中输入"重庆",按回车键后,点击下拉列表,下拉列表即列出合同台账中以"重庆"开头的单位名称,此时我们点击下拉列表中某单位即可完成输入。

图 3-41 提示性输入

■ **扩展阅读**

限于篇幅,对于此功能的设计,请在微信公众号"Excel 偷懒的技术"中发送"提示输入"进行阅读学习。

四、友好性设计

1. 隔类填色

在合同台账表中,由于表格列比较多,为了防止视线转移过程中看错行,我们使用了【表格】功能,使用此功能后,会自动隔行填色。但是在付款台账表格中,由于一个合同有多条付款记录,如果使用间行填色,不利于区分不同的合同。为了便于区分各个合同,我们需要每隔一个合同用一个颜色分隔,如图 3-42 所示。

要实现间行填色,比较笨的方法是使用手动的方法一个合同一个合同地设置,但这样缺乏灵活性,新增付款记录时还要手动修改。为了达到"偷懒"的目的,我们可以使用条件格式来实现。操作方法如图 3-43 所示。

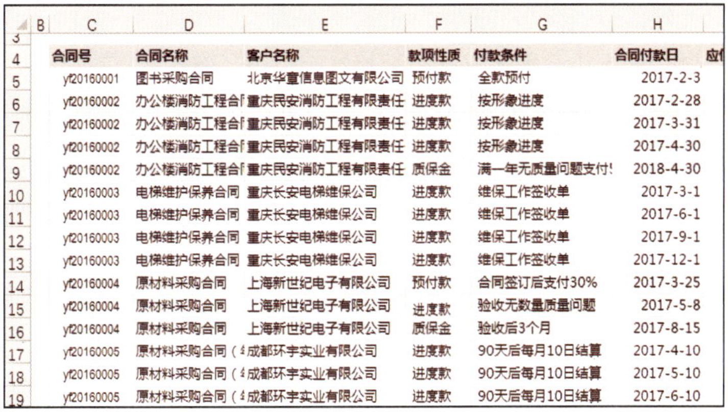

第三章 查找引用
旁征博引信手拈来的引用秘籍

图 3-42 间类填色

图 3-43 设置条件格式

选中 C5:P41 单元格区域→点击"开始"选项卡下的"条件格式"按钮→点击"新建规则"→规则类型选择"使用公式确定要设置格式的单元格"→点击"格式",在弹出的设置单元格格式中,设置填充色为淡灰色→在公式栏输入下面的公式:

=MOD(ROUNDUP(SUMPRODUCT(1/(COUNTIF($C$5:$C5,$C$5:$C5))),0),2)=0

此公式的含义是统计本行 C 列的单元格到 C5 单元格区域中合同号的个数(剔除重复),如果是双数,那么合同个数除以 2,其余数为零,公式的计算结果为 TRUE,此时就应用所设置的格式。

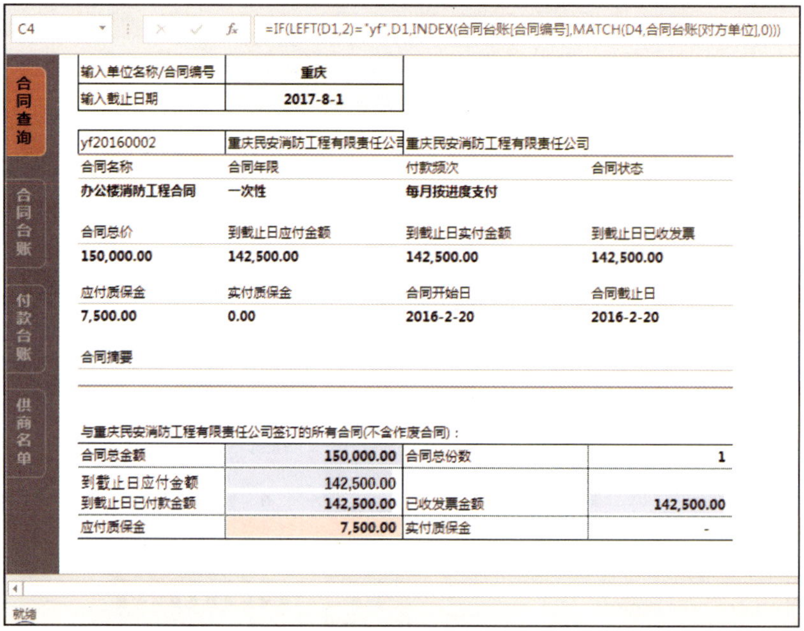

图 3-44 用自定义图形制作选项卡

编制上面的公式时,一定要注意公式单元格中的引用类型,$C$5:$C5 中起始单元格 $C$5 是绝对引用,行和列都要锁定;结束单元格 $C5 是混合引用,因为要将此公式应用到 D 列到 P 列,到这些列时,还要根据 C 列中的合同号来判断,所以列要锁定。同时第 6 行到第 41 行也要应用这个公式，需要此公式中的行自动变化，因而行不能锁定。

2. 添加类似选项卡的功能（点击可跳转）

为了让表格更美观、更新颖，我们在表格的左侧插入自选图形，做出选项卡的样子，只要点击某项卡就自动跳转相应表格，如图 3-44 所示。

详细操作步骤如下：

Step 1：制作"选项卡"。

"插入"选项卡→自选图形→圆顶角，选中后点击右键→编辑文字，输入"合同查询"→将其旋转 90°→将文字方向旋转 270°，并对此图形进行美化（见图 3-45）。

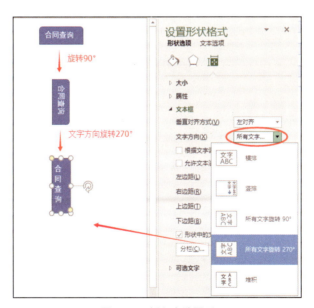

图 3-45 插入自选图形

Step 2：插入链接。

选中插入的圆顶角图形→点击右键→点击"链接"→链接到"本文档中的位置"，选择"合同查询"工作表中的 A1 单元格（见图 3-46）。

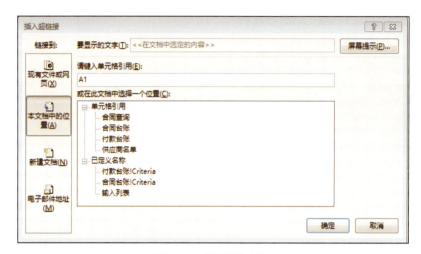

图 3-46　链接到本文档

Step 3：制作其他三个自选图形。

重复以上步骤，插入其他"合同台账""付款台账""供应商名单"自选图形，链接到其他表格，同时将其放到 A 列并排列整齐。

Step 4：按住【Ctrl】键，依次选中这四个自选图形，分别粘贴到其他三个表格的 A 列，并分别按图 3-47 设置好格式，在合同台账表将"合同台账"选项卡设置为"黄色"，在"付款台账"表将"付款台账"选项卡设置为黄色，在供应商名单表将"供应商名单"设置为黄色。

Step 5：隐藏行号列标、工作表标签。

最后，我们在"视图"选项卡显示组将"标题"前的勾去掉，隐藏行号和列标。在"文件"选项卡下的"高级"选项下，我们将"显示工作表标签"前的勾去掉，将工作表标签隐藏。

图 3-47　设置自定义图形的格式

3. 链接合同扫描件

合同台账登记的字段只是一些关键内容，不会将合同的所有内容都包含进去。为了方便查看合同，我们可将所有的合同都扫描成 PDF 文件，然后将其放在一个文件夹下，再使用前面所讲的链接功能，将其合同号链接到各文档，如图 3-48 所示。

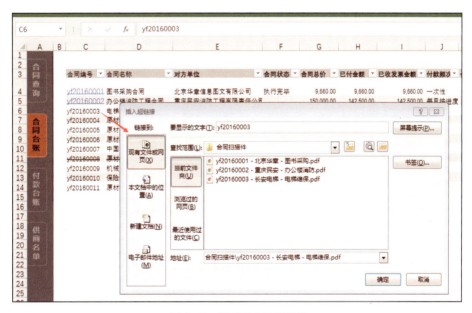

图 3-48　链接到合同扫描件

编辑好链接后，我们只要点击合同号即可直接打开合同浏览扫描件。

五、知识点

（一）高级筛选

高级筛选可以使用单元格区域作为筛选条件，条件区域中同行不同列表示"与"的关系，不同行表示“或”的关系。例如，我们要使用图 3-40 中的高级筛选功能筛选合同台账表格中的合同，将图 3-49 中的 A1:B2 作为筛选条件的话，表示筛选出合同台账中付款频次是“月度”并且合同年限为“一年”的合同；如果将 D1:E3 作为筛选条件，则表示付款频次是“月度”，或者合同年限为“一年”的合同。

	A	B	C	D	E
1	付款频次	合同年限		付款频次	合同年限
2	月度	一年		月度	
3					一年
4					

图 3-49　筛选条件

高级筛选的强大之处在于可以在条件单元格中使用公式。在条件单元格中使用公式时，我们要注意以下几点：

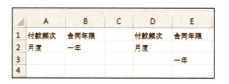

- 条件公式的计算结果必须为 TRUE 或 FALSE。
- 不能将列标签用作条件标签，请将条件标签设为空，或者为不等于列标签的其他文字，如图 3-40 中的 G1 单元格不能为“合同付款日”“实付金额”。
- 用于创建条件的公式必须使用相对引用来引用表格中第 1 行数据中的相应单元格，如图 3-40 中的 G2 单元格中的 H5、J5，在这里 H5、J5 具有指代含义。
- 公式中的所有其他引用必须是绝对引用，如图 3–40 中 G2 单元格公式中的 $F$2。

（二）反向模糊查找

在工作中，我们会有这种需求：根据地址或单位名称来确定其省份，比如示例文件《知识点 3.5-1 模糊查找》中“Sheet 1”工作表的 A 列为地址，要在 B 列用公式自动生成对应的省份（见图 3-50）。

B2　=LOOKUP(1000,FIND($E$2:$E$17,A2),$D$2:$D$17)

	A	B	C	D	E
1	地址或公司	省份		省市	市县
2	中国上海市闸北区江场路18号华瑞大厦	上海		浙江	浙江
3	浙江余姚市牟山镇	浙江		浙江	余姚
4	中国广东佛山市顺德区杏坛镇七工业区	广东		浙江	宁波
5	深圳市宝安区石新路	广东		……	……
6	江门市江海区南山路276号	广东		广东	广东
7	宁波市宁波北仑小镇	浙江		广东	深圳
8	浙江慈溪市宗汉镇史素村夏家路	浙江		广东	江门
9	黑龙江哈尔滨巴彦县兴隆镇	黑龙江		上海	上海
10	湖南省银河工贸有限责任公司	湖南		上海	闸北
11	黑龙江木星开发投资有限公司	黑龙江		黑龙江	黑龙江
12	长沙木星实业集团有限公司	长沙		黑龙江	哈尔滨
13	湖南逸凡实业控股有限公司	湖南		湖南	湖南

图 3-50　反向模糊查找

尽管大多数公司的名称或地址左边都是省份，但由于省份名称有些是两个字，有些是三个字，甚至有些是市县，故不能通过提取左边固定的字符来确定其省份。我们需要一份省份

市县的对应表，然后用 LOOKUP 函数反向模糊查找，其公式模型为：

【反向模糊查找】公式模型
=LOOKUP(1000,FIND(查询的列表区域 , 查询值), 结果列表区域)

应用到本案例，B2 单元格公式为：

=LOOKUP(1000,FIND($E$2:$E$17,A2),$D$2:$D$17)

■ 扩展阅读

限于篇幅，对 LOOKUP 反向模糊查询公式的解释，请在微信公众号"Excel 偷懒的技术"中发送"反向模糊查找"进行阅读学习。

第四章 合并汇总

千表合——劳永逸的汇总神器

冻结住的是窗口，锁定不了的是思维；获取的是糟粕，加载的是精品。

在本章中，我们将介绍获取和转换功能（Power Query），利用它来整理不规范的报表、自动批量合并汇总表格、每月自动汇总指定单位指定期间的报表。做好报表以后，每个月我们只需刷新一下就可得到新的数据报表，达到"偷懒"的最高境界。

第一节　数据的提取和整理：Power Query 轻松入门

一、认识 Power Query

（一）财务人员的痛点

财务人员的很多工作是周期性的、重复性的，比如：
- 收集各部门每月上报的资金计划，将其汇总合并到一起；
- 收集各车间报送的生产日报表，汇总并制作成图表后报送给财务总监；
- 收集各公司的月度财务报表，抵销合并后报送给公司领导；
- 每月要对从其他业务系统导出的或其他部门提供的表格进行数据整理，比如整理格式，删除空格、空行，去重复，从某字段中提取部分信息，关联其他表格的信息。

另外，有些表格因为设计不合理或其他某些原因，将本该在一个工作表登记填写的表格，按月、部门、项目分成多个工作表，甚至是分成多个工作簿登记。汇总分析时，我们需要手动将这些表一个个复制粘贴汇总到一起。

这些和搬砖性质一样的纯体力活，费时又费力，占用了财务人员大量的时间。为提高大家"搬砖"的工作效率，《"偷懒"的技术：打造财务 Excel 达人》介绍了多工作表多工作簿合并的技术，也介绍了报表翻新的思路与方法。在本章中，我们要介绍一种更高级、更可以让我们"偷懒"的方法：获取和转换功能，利用它来自动批量合并汇总表格，将不规范的表格整理为规范报表。只需整理一次，以后数据如果有修改、增加或减少，我们只需刷新一下就可得到新的数据报表，达到"偷懒"的最高境界。

（二）什么是 Power Query（获取和转换）

Power Query 翻译为中文就是超级查询，在 Excel 2010 年和 2013 年版中是加载项，需要加载后才能启用。Excel 2016 年版已将此功能集齐在"数据"选项卡中，放在"获取和转换"组，如图 4-1 所示。

图 4-1　获取和转换

Power Query 的作用是连接各种来源的数据（只是连接，并不会改变源数据），并对其整理加工后输出数据。数据来源可以是多个工作表、多个工作簿、多个文件夹，也可以是各种常见的数据库，比如 SQL、Oracle、Sybase，甚至可以是网页、常用的在线服务等。

加工整理的方法主要有：对字符的操作、对行列的操作、对表格的操作（对于其详细的功能，我们将在后面介绍）。它在进行数据处理时会自动用 M 语言记录加工的每一步，当数据改变后或者有增减时（增减行、增减表、增减工作簿、增减文件夹），只需刷新一下，Power Query 就会将所有的步骤再执行一遍，并输出新的结果。掌握了 Power Query，会使我们"偷懒"的效率极高，将大幅度地提高我们的工作效率。

■ 扩展阅读

　　由于篇幅所限，请在微信公众号"Excel 偷懒的技术"中发送"PQ 功能"来了解 Power Query 有哪些具体功能。

二、数据的提取和整理实例

在简单地介绍了什么是 Power Query 后，我们以实际例子来学习 Power Query 的具体功能和使用。

(一) 用 Power Query 将不规范的表整理为清单式表格

1. 操作实例 1：按指定字符分拆到行

《示例 4-01 Power Query 基础：数据的提取和整理》

扫码看视频

本案例是逸凡公司各部门的绩效得分情况。逸凡公司的考核制度规定：主管以上人员的绩效得分计算公式为“ = 个人考评 *70%+ 部门绩效 *30% ”。人力资源提供的表格如“分列字符”工作表（图 4-2）所示。

部门	人员	部门绩效
总经办	徐志奋、张琪、郑广荣、周蓓	78
行政部	陈宏子、刘瑞娟、曹丽娜、曾盼丽、陈墨	82
财务部	范淑慧、范圆、陈婷、曾顺、胡书琴	83
生产管理部	陈小艳、丁欣如、范志坚、胡剑	91
销售经营部	胡丹丹、刘彬彬、王官君、王红梅、樊周依、武文嘉、徐珺、刘嵩	68
售后服务部	王丽婧、王艳红、魏天霞、吴巧芬	79
生产技术部	吴银红、徐晨曦、晏玉屏、徐婷	95

图 4-2 部门绩效得分表

为了方便统计，我们需要将上表拆分为每个人一行，成为标准的清单式表格（见图 4-3）。

	A	B	C
1	部门	人员	部门绩效
2	总经办	徐志奋	78
3	总经办	张琪	78
4	总经办	郑广荣	78
5	总经办	周蓓	78
6	行政部	陈宏子	82
7	行政部	刘瑞娟	82
8	行政部	曹丽娜	82
9	行政部	曾盼丽	82
10	行政部	陈墨	82
11	财务部	范淑慧	83
12	财务部	范圆	83
13	财务部	陈婷	83
14	财务部	曾顺	83
15	财务部	胡书琴	83
16	生产管理部	陈小艳	91
17	生产管理部	丁欣如	91
18	生产管理部	范志坚	91
19	生产管理部	胡剑	91

图 4-3 整理后的清单式表格

操作步骤如下所述：

Step 1：打开《示例 4-01》工作簿的"分列字符"工作表→选中部门绩效得分表格的任一单元格→点击"数据"选项卡"获取和转换"组下的"从表格"按钮（"从表格"的意思是从表格获取数据）→由于原数据不是表格格式，系统弹出创建表的对话框。根据实际情况确定是否勾选"表包含标题"选项，并检查数据范围是否正确→设置完后，点击"确定"按钮，系统将 B2:D9 单元格区域创建为【表格】（见图 4-4）。

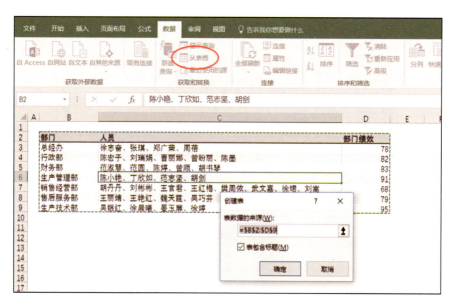

图 4-4　从表格获取数据

Step 2：点击"确定"后，系统自动将表格加载到 Power Query 查询编辑器中，界面如图 4-5 所示。

点击"人员"标题栏，选中人员列→点击"开始"选项卡下的"拆分列"按钮→选择"按分隔符"。

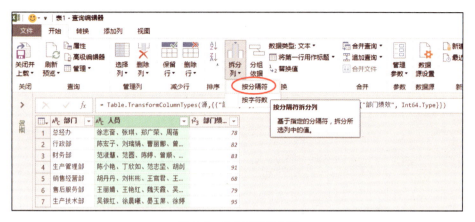

图 4-5　按分隔符拆分列

从图 4-5 中我们看到，加载到 Power Query 中后，由于上一步勾选了"表包含标题"，系统会自动将表格的标题放到标题栏。如果前面一步没有勾选"表包含标题"，则会在表格中添加一行标题，标题名称分列为"列 1""列 2""列 3"，导入到 Power Query 中后也会将"列 1""列 2""列 3"等放到标题栏，如图 4-6 所示。

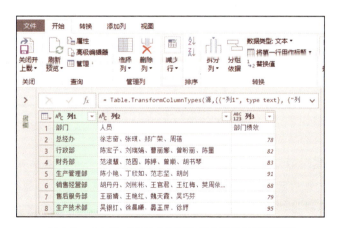

图 4-6　未勾选"表包含标题"则会自动添加行标题

Step 3：在弹出的"按分隔符拆分列"对话框中，我们将分隔符设置为"自定义"，并输入顿号"、"，拆分位置为"每次出现分隔符时"。点击高级选项，勾选拆分为项目下的"行"（见图 4-7）。

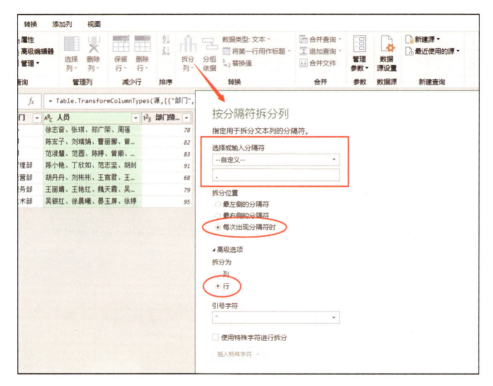

图 4-7　根据需要设置拆分选项

Step 4：点击"确定"即可将人员按顿号拆分为每人一行。拆分后的效果如图 4-8 所示。

Step 5：操作完后，我们若点击"开始"选项卡下"关闭并上载"旁的小三角箭头，点击"关闭并上载至"按钮，会弹出"加载到"对话框，系统会默认新建工作表存放处理好的数据（见图 4-9）。

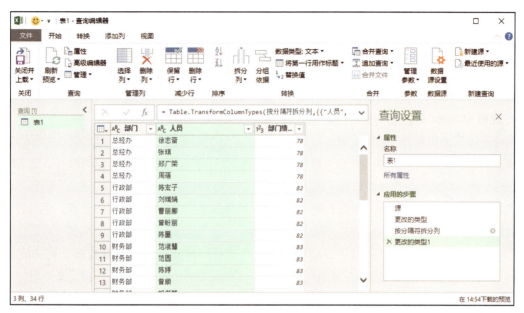

图 4-8 拆分后的效果

图 4-9 将整理好的数据加载到表格

若我们选择"仅创建连接",则整理好的数据不会显示在工作簿中,但可以通过"数据"选项卡下的"现有连接"查看,或者点击"数据"选项卡下的"显示查询"按钮进行查看,右击依然可以编辑或者修改数据表逻辑。

当原数据有修改或增减变动后,我们只需在上载到的工作表刷新一下数据即可。

2. 理解 Power Query 中的步骤

图 4-8 第二步右侧的"查询设置"栏中,有一个"应用的步骤"。"应用的步骤"中罗列了各操作步骤。这些步骤是指 Power Query 自动用 M 语言记录操作的每一步,并自动命名。我们用鼠标选择任何一步,均会在公式编辑栏显示该步骤的公式,并在窗口显示处理结果。这些步骤名可以重命名,也可以修改、插入或删除。但要注意的是,插入或删除某步骤会影响后面的步骤,后面的步骤可以引用前面的步骤。

Power Query 各步骤本身并不存储数据,只存储每一步的操作方法及数据之间的连接,在 Power Query 中处理完数据后,如果我们不将其上载到表格中,而是上载到连接,文件增加的大小是很小的。

3. 如何删除步骤

图 4-8 第二步和第四步"更改的类型"是系统自动添加的"数据转换"操作,如果不需要转换数据类型,将此步骤删除即可。

选中第二步"更改的类型"→点击右键→在弹出的右键菜单中,点击"删除"→系统弹出"删除步骤"确定对话框,点击"删除"后即可删除第二步(见图 4-10)。

4. 如何插入步骤

假定"人员"列中各部门排在最前面的都是部门负责人,现需要插入一个操作步骤,将部门负责人单独列示。操作如下:

Step 1:选中第一步"源",点击"添加列"选项卡下"提取"按钮下的"分隔符之前的文本"。

由于我们是在各步骤中间插入步骤,所以点击"分隔符之前的文本"后,会弹出"插入步骤"的提示框。在弹出的"插入步骤"对话框,点击"插入"按钮(见图 4-11)。

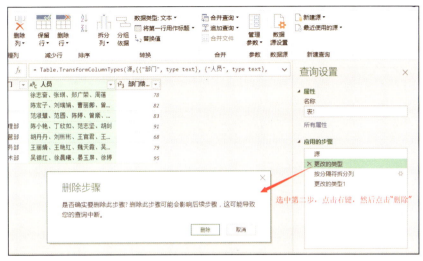

图 4-10 删除第二步

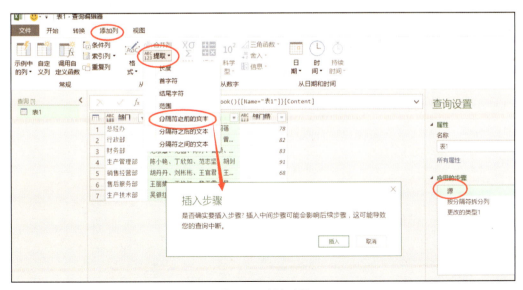

图 4-11 插入步骤

Step 2：如图 4-12 所示，在弹出的对话框中，输入分隔符"、"，并选择"从输入的开头"（意思是从字符串左边开始找分隔符）。

图 4-12　设置提取文本的选项

插入后效果如图 4-13 所示。

图 4-13　提取部门负责人的效果图

【提示】

如果选择"从输入的末尾",将删除最后一个顿号之后的姓名,而保留最后一个分隔符之前的。在这里,我们还可以设置跳过几个分隔符,比如要提取第三个及以前的人员姓名,则可以将图 4-12 中的"要跳过的分隔符数"设置为 2。

5. 认识"高级编辑器"

点击"开始"选项卡下查询组的"高级编辑器"按钮,我们会看到用 M 语言记录的每一个步骤。如果我们掌握了 M 语言的话,还可以在高级编辑器里直接写每一个步骤,它比图形界面更灵活、功能更强大。

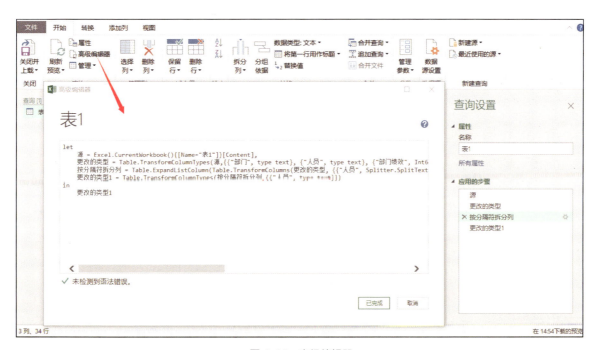

图 4-14　高级编辑器

（二）操作实例 2：提取文件路径中的指定信息

通过前面的示例，我们熟悉了 Power Query 的主要界面，以及按分隔符拆分列、插入步骤等功能。接下来我们自己试做一下《示例 4-01》工作簿的第二个工作表"提取字符"，分别提取文件路径中的部门、文件名（不含文件后缀名）、年月。例如，我们将 A2 单元格中的相应内容提取出来，其结果分别为："财务部""2014年财务报表""逸凡伟业报表（201501）""201501"。

扫码看视频

图 4-15　提取文件路径中的特定字符

由于篇幅所限，我们只简单提示一下关键操作步骤的设置。

1. 提取部门

部门前后的字符都是"\"，所以应该用"提取"的"分隔符之间的文本"功能。由于以前年度报表的文件夹路径多了一个层级，所以提取时不能统一从前往后数第几个，而应该从后往前数。具体设置如图 4-16 所示。

2. 提取文件名

文件名处于最后一个"\"和"."之间，所以要按图 4-17 设置提取。

3. 提取年月

年月在中文的左右括号之间，左右括号只有唯一的一个，所以我们可以将其设置为开始和结束分隔符，从字符串的开始扫描，如图 4-18 所示。

图 4-16 提取文本路径中的部门

图 4-17 提取文件名　　　　　　　　　图 4-18 提取报表的年月

根据上面的操作提示无法得到正确结果的读者朋友请扫码看操作视频。

至此，我们对 Power Query 的界面、功能作用和字符串处理功能有了初步了解，接下来我们要介绍 Power Query 在表格方面的功能和应用。

第二节　合并两年的销售报表：将二维报表转为一维清单

一、需求背景

《示例 4-02 将二维报表转为一维清单：合并两年的销售报表》

逸凡公司按年分月、分办事处统计各销售人员的销售情况，2016 年、2017 年部分销售人员有调动或增减，现要将两个统计报表都转换为一维清单式表格，以方便使用函数或数据透视表快速分析各办事处各销售员的销售情况。2016 年、2017 年销售统计表样式如图 4-19 所示。

		A	B	C	D	E	F	G	H	I	J	K	L	M	N	O
1		重庆逸凡实业各办事处销售统计表（2016年）													
2														单位：万元	
3	办事处	销售员	1月	2月	3月	4月	5月	6月	7月	8月	9月	10月	11月	12月	全年合计
4	西部	职员001	229.00	116.00	61.00	75.00	284.00	87.00	171.00	176.00	132.00	172.00	256.00	51.00	1,810.00
5		职员002	21.00	214.00	137.00	248.00	67.00	81.00	246.00	108.00	64.00	265.00	258.00	161.00	1,870.00
6		职员003	152.00	132.00	141.00	208.00	254.00	128.00	39.00	168.00	271.00	53.00	215.00	157.00	1,918.00
7		职员004	187.00	201.00	288.00	224.00	125.00	238.00	267.00	134.00	239.00	214.00	299.00	210.00	2,626.00
8		小计	589.00	663.00	627.00	755.00	730.00	534.00	723.00	586.00	706.00	704.00	1,028.00	579.00	8,224.00
9	东部	职员005	133.00	31.00	170.00	258.00	216.00	50.00	220.00	168.00	98.00	65.00	93.00	64.00	1,566.00
10		职员006	74.00	104.00	134.00	34.00	255.00	161.00	128.00	226.00	107.00	243.00	127.00	66.00	1,659.00
11		职员007	164.00	182.00	205.00	183.00	250.00	78.00	294.00	270.00	271.00	49.00	237.00	234.00	2,353.00
12		职员008	257.00	203.00	86.00	20.00	172.00	113.00	39.00	93.00	243.00	162.00	57.00	153.00	1,598.00
13		小计	628.00	520.00	595.00	495.00	893.00	402.00	681.00	757.00	655.00	519.00	514.00	517.00	7,176.00
14	华北	职员009	174.00	151.00	238.00	287.00	91.00	71.00	201.00	273.00	280.00	159.00	98.00	257.00	2,280.00
15		职员010	162.00	270.00	90.00	165.00	294.00	221.00	144.00	148.00	222.00	134.00	24.00	57.00	1,931.00
16		职员011	37.00	232.00	122.00	114.00	90.00	138.00	264.00	130.00	142.00	277.00	274.00	236.00	2,056.00
17		小计	373.00	653.00	450.00	566.00	475.00	430.00	609.00	551.00	644.00	570.00	396.00	550.00	6,267.00
18	华东	职员012	204.00	277.00	72.00	161.00	21.00	270.00	136.00	204.00	170.00	188.00	280.00	97.00	2,080.00
19		职员013	130.00	187.00	88.00	299.00	118.00	39.00	105.00	128.00	125.00	53.00	46.00	292.00	1,610.00
20		职员014	65.00	129.00	229.00	120.00	206.00	38.00	187.00	62.00	256.00	265.00	101.00	184.00	1,842.00
21		小计	399.00	593.00	389.00	580.00	345.00	347.00	428.00	394.00	551.00	506.00	427.00	573.00	5,532.00
22	西南	职员015	188.00	228.00	53.00	300.00	167.00	266.00	204.00	38.00	247.00	81.00	248.00	56.00	2,076.00
23		职员016	272.00	273.00	70.00	144.00	136.00	80.00	64.00	99.00	125.00	274.00	295.00	104.00	1,936.00
24		职员017	118.00	195.00	261.00	73.00	219.00	265.00	210.00	292.00	69.00	224.00	297.00	297.00	2,520.00
25		职员018	261.00	189.00	277.00	282.00	141.00	120.00	200.00	257.00	260.00	55.00	171.00	163.00	2,376.00
26		小计	839.00	885.00	661.00	799.00	663.00	731.00	678.00	686.00	701.00	634.00	1,011.00	620.00	8,908.00
27		合计	2,828.00	3,314.00	2,722.00	3,195.00	3,106.00	2,444.00	3,119.00	2,974.00	3,257.00	2,933.00	3,376.00	2,839.00	36,107.00

图 4-19　各办事处销售统计表

二、思路与方法

我们将两个表格都导入 Power Query 中，并添加年份列标识其所属年份，然后利用**追加查询**功能，将两张表合并为一张表，去掉不需要的行（小计行、合计行、空行、多余的标题行），将各办事处**往下填充**满各空白单元格，再将 1～12 月各列做**逆透视**，最后再加载到 Excel 表格中。

扫码看视频

三、操作步骤

（一）将两个表格导入 Power Query 中

Step 1：将表格导入 Power Query 中。

选中 2016 统计表中的任一单元格，点击"数据"选项卡下的"从表格"按钮，系统将推测"表数据的来源"为 A1:O27 单元格区域，不包含标题，点击"确定"按钮（见图 4-20）。

图 4-20　将数据添加到 Power Query

注意：不勾选"表包含标题行"会在原表格插入一行并添加标题行"列1""列2""列3"，如图4-21所示。

办事处	销售员	1月	2月	3月	4月	5月	6月	7月	8月	9月	10月	11月	12月	全年合计
西部	职员001	121.00	146.00	101.00	198.00	41.00	69.00	166.00	81.00	281.00	78.00	30.00	293.00	1,605.00
	职员003	269.00	256.00	288.00	117.00	187.00	88.00	246.00	37.00	58.00	69.00	66.00	40.00	1,721.00
	职员005	245.00	158.00	51.00	290.00	213.00	280.00	254.00	245.00	247.00	175.00	203.00	162.00	2,523.00
	小计	635.00	560.00	440.00	605.00	441.00	437.00	666.00	363.00	586.00	322.00	299.00	495.00	5,849.00
东部	职员006	117.00	210.00	265.00	32.00	210.00	196.00	294.00	164.00	63.00	81.00	233.00	147.00	2,012.00
	职员024	267.00	136.00	279.00	186.00	220.00	163.00	163.00	203.00	284.00	151.00	290.00	200.00	2,597.00
	职员012	108.00	62.00	121.00	266.00	206.00	84.00	77.00	161.00	266.00	62.00	159.00	34.00	1,606.00
	职员008	63.00	57.00	132.00	270.00	68.00	94.00	230.00	59.00	21.00	110.00	111.00	203.00	1,418.00
	小计	555.00	465.00	797.00	754.00	704.00	537.00	764.00	642.00	634.00	404.00	793.00	584.00	7,633.00
华北	职员010	50.00	284.00	97.00	105.00	103.00	111.00	62.00	262.00	200.00	240.00	272.00	277.00	2,063.00
	职员023	246.00	232.00	109.00	282.00	54.00	108.00	119.00	209.00	247.00	147.00	60.00	258.00	2,071.00
	小计	296.00	516.00	206.00	387.00	157.00	219.00	181.00	471.00	447.00	387.00	332.00	535.00	4,134.00
华东	职员014	140.00	219.00	41.00	250.00	169.00	90.00	111.00	237.00	252.00	172.00	222.00	90.00	1,947.00

图4-21 自动增加一行列标题

上面的设置与我们的需求不符，为避免增加一行标题行，我们可以在Step1中将"表数据的来源"更改为A3:N27，并勾选"表包含标题"。考虑到在实际整理数据时会遇到图4-21的情况，我们就以Step1的设置来介绍。

为了区分2016年和2017年两个表格，我们需要添加一列，标注其所属年份。

Step 2：添加年份列。

点击"添加列"选项卡下的"自定义列"，然后将默认的列名"自定义"更改为"年份"，在自定义列公式输入：

＝"2016年"

注意：双引号是英文半角状态下的，然后点击"确定"后，将在最后一列添加年份列（见图4-22）。

Step 3：创建连接。

点击"开始"选项卡下的"关闭并上载"旁的三角箭头，点击"关闭并上载至"按钮。将其设置为加载到"仅创建连接"（见图4-23）。因为我们只是利用Power Query来合并整理两个表格，所以不需要将此表加载到表格中。

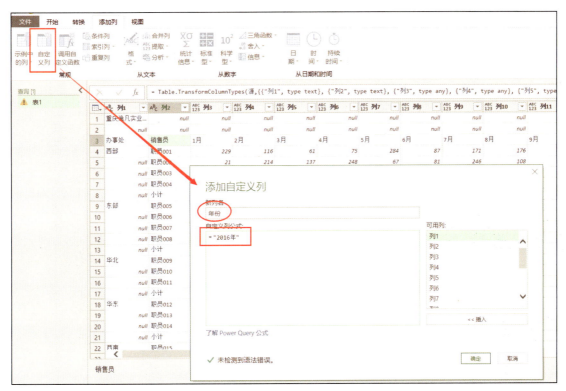

图 4-22 添加年份列

图 4-23 加载到连接

Step 4：重复上面的步骤，将 2017 年的销售统计表也加载到 Power Query 中，并添加年份列。

Step 5：修改查询名称。

为了便于识别，在查询设置栏分别将 Power Query 中的查询名称"表 1""表 2"，修改为"2016 年""2017 年"（见图 4-24）。

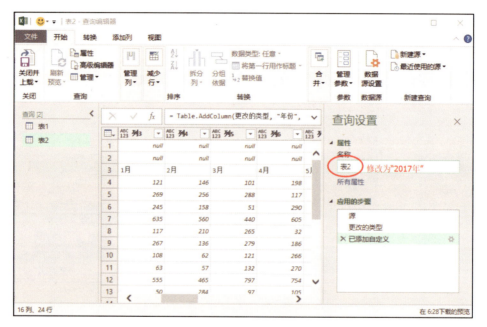

图 4-24　修改查询名称

Step 6：追加查询。

点击"开始"选项卡下的"追加查询"按钮旁的小三角，选择"将查询追加为新查询"，然后按图 4-25 所示将"2016 年"设为主表，"2017 年"设为要追加的表。

注意：追加查询就是两个表格合为一个表，将第二个表格的记录（行）放在第一个表格最后一条记录（行）后。

Step 7：追加后，Power Query 窗口左侧查询列表栏将出现"Append1"的新查询，我们可按照 Step5 在右边栏将查询名称改为"合并"。

接下来我们将合并表不需要的行（标题行、小计行、合计行）删除掉。

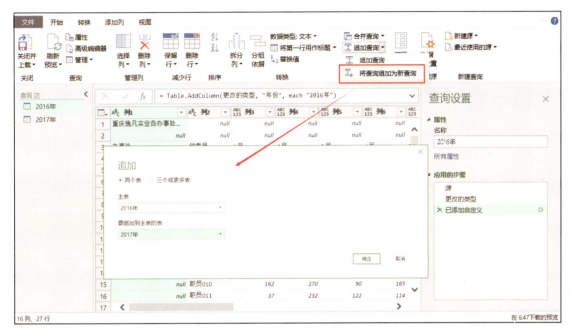

图 4-25　将查询追加为新查询

Step 8：删除不需要的行。

选中"合并"查询，点击"开始"选项卡下的"删除行"按钮，选择"删除最前面几行"，在弹出的对话框中输入 2，也就是将表中的表格名称和"单位：万元"所在行删除掉（见图 4-26）。

删除后效果如图 4-27 所示。

我们看到第一行就是原表格的标题行，而在 Power Query 中合并表的标题行是"列 1""列 2"……为了便于识别，我们需要将第一行用作标题行。

Step 9：点击"转换"选项卡下的"将第一行用作标题"按钮，如图 4-28 所示。

设置后效果如图 4-29 所示。

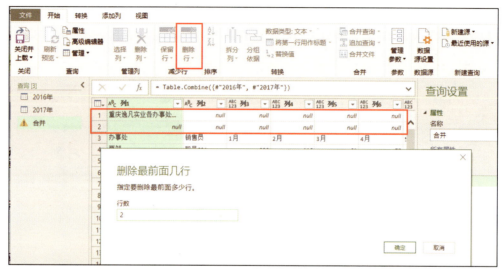

图 4-26 删除最前面的行

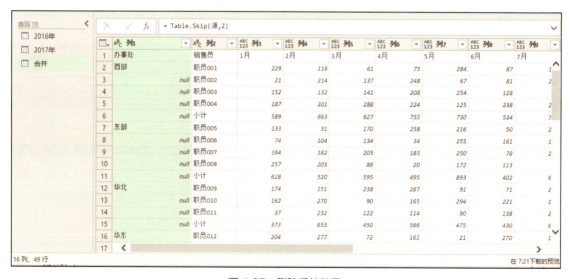

图 4-27 删除后的效果

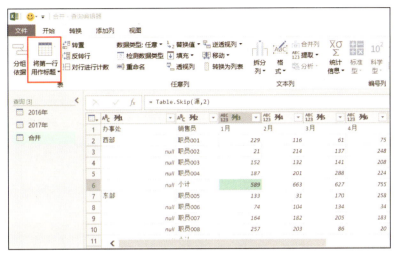

图 4-28 将第一行用作标题

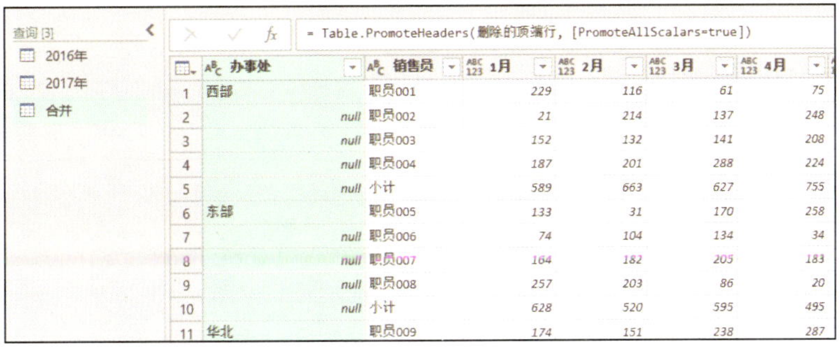

图 4-29 将第一行用作标题后的效果

Step 10：点击"销售员"列标题旁的筛选按钮，将"小计""(null)""销售员"前面的勾去掉，不予筛选，如图 4-30 所示。

null 在 Power Query 中表示空，在本示例中，其所在行为合计行，"销售员"行是原 2017 年表格的标题行。

大家需要注意的是，Power Query 中的筛选和 Excel 界面中的筛选有所不同，在 Power Query

中，后续的操作只会对筛选出的行进行处理，就像将那些未筛选的行删除了一样。

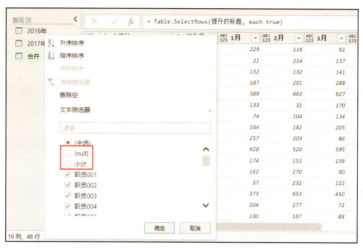

图 4-30 将不需要的小计行筛选掉

Step 11：选中"办事处"列，点击"转换"选项卡下的"填充"按钮，选择"向下"，即可将值往下填充到下面的空白单元格（见图 4-31）。

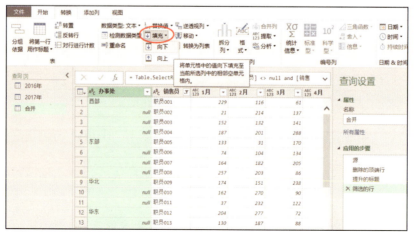

图 4-31 将内容填充到下面的空白行

填充后效果如图 4-32 所示。

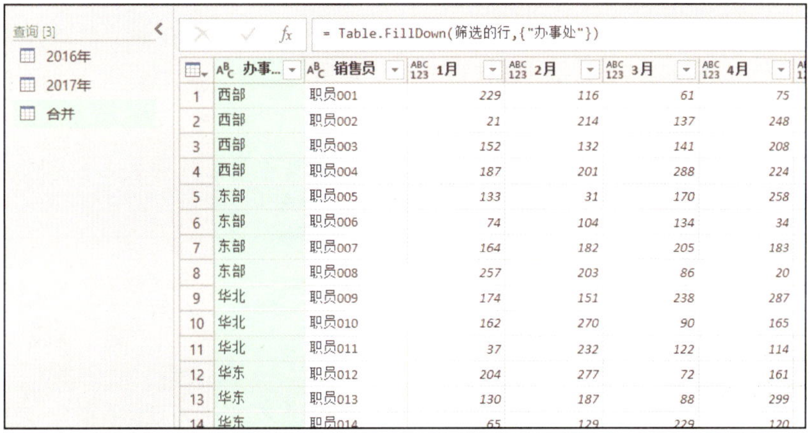

	办事...	销售员	1月	2月	3月	4月
1	西部	职员001	229	116	61	75
2	西部	职员002	21	214	137	248
3	西部	职员003	152	132	141	208
4	西部	职员004	187	201	288	224
5	东部	职员005	133	31	170	258
6	东部	职员006	74	104	134	34
7	东部	职员007	164	182	205	183
8	东部	职员008	257	203	86	20
9	华北	职员009	174	151	238	287
10	华北	职员010	162	270	90	165
11	华北	职员011	37	232	122	114
12	华东	职员012	204	277	72	161
13	华东	职员013	130	187	88	299
14	华东	职员014	65	129	229	120

图 4-32　填充后的效果

Step 12：选中“1 月”列后，按住 Shift 键不放，点选“12 月”列，将 1 ~ 12 月列都选中，点击“转换”选项卡下的“逆透视列”，即可将二维报表转为一维的清单表格。转换后的效果如图 4-33 所示。

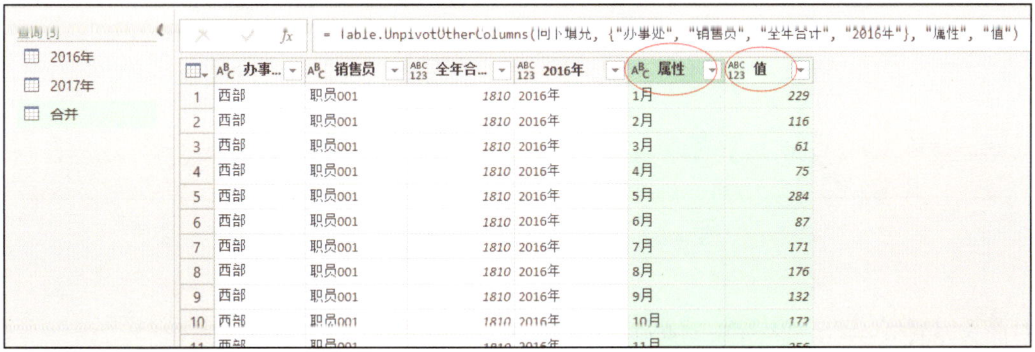

	办事...	销售员	全年合...	2016年	属性	值
1	西部	职员001	1810	2016年	1月	229
2	西部	职员001	1810	2016年	2月	116
3	西部	职员001	1810	2016年	3月	61
4	西部	职员001	1810	2016年	4月	75
5	西部	职员001	1810	2016年	5月	284
6	西部	职员001	1810	2016年	6月	87
7	西部	职员001	1810	2016年	7月	171
8	西部	职员001	1810	2016年	8月	176
9	西部	职员001	1810	2016年	9月	132
10	西部	职员001	1810	2016年	10月	172

图 4-33　进行逆透视后的效果

实际上，如果要选择的列比较多，而其他列如果集中在一起的话，我们用另一个功能"逆透视其他列"更方便：

选中"办事处、销售员、全年合计、2016 年"等列，然后点击右键"逆透视其他列"。

Step 13：选中"全年合计"列→点击右键→"删除"，然后双击"属性"列的标题栏"属性"，将其改为月份。采用同样的操作将"值"改为"金额"。

Step 14：点击"开始"选项卡下的"关闭并上载"，直接将其加载到 Excel 表格中（见图 4-34）。

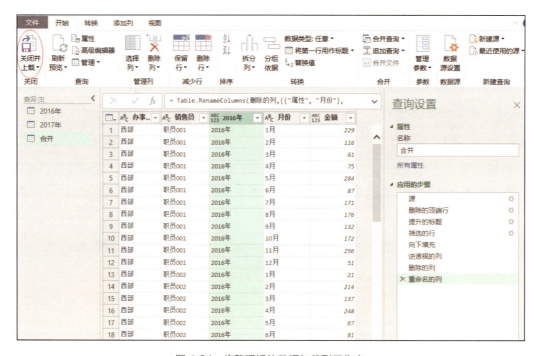

图 4-34　将整理好的数据加载到工作表

至此，我们用短短的几个步骤将两个报表型的表格合并并转换为了清单式表格。

此方法的缺点在于：需要逐个添加各个表到 Power Query 中，并且如果新增表后，不能自动将新表包含进去。要将新增的表格自动包含进去，我们需使用第三节的方法。

第三节　生产日报表：一劳永逸地合并新增工作表

一、需求背景

《示例 4-03 自动合并多工作表：生产日报表》

逸凡公司的车间生产管理人员每天要填写“生产日报表”，报告每天的生产及停工等情况。为了统计分析，他们需将每日各产品的产量、工时、出勤情况、停工时间及原因等整理到一张表格上，以便使用透视表等分析工具进行分析，如图 4-35 所示。

	A	B	C	D	E	F	G	H
1			生产日报表					
2	车间名称：	一车间					日期：	1月1日
3	生产单号	产品名称	本日产量		累计产量		耗费工时	
4			预计	实际	预计	实际	本日	累计
5	DM180100001	产品A	100	101	100	100	20	20
6	DM180100001	产品B	350	340	350	340	30	30
7								
8								
9								
10	小计		450	441	450	440	50	50
11	应到人数	90	停工时间	4.0小时				
12	实到人数	85	停工类别	其他				
13	请假人数	3	停工原因	元旦放假半天				
14	旷工人数	2						
15	加班人数	20						
16	生产部长：		车间主任：			填表人：		
17								

使用说明 | 汇总 | 1月1日 | 1月2日 | 1月3日 | 1月4日 | 1月5日

图 4-35　生产日报表

整理后的表格如图 4-36 所示。

	A	B	C	D	E	F	G	H	I	J	K	L	M	N	O	P	Q	R	S	T	U
1	日期	生产单号	产品名称	计划	实际	耗费工	车间	日期	车间	应到人	实到人	请假人	旷工人	加班人		日期	车间	停工时	停工类别	停工原因
2	1月1日	DM180100001	产品A	100	101	20	一车间	1月1日	一车间	90	85	3	2	20		1月1日	一车间	4	其他	元旦放假半天
3	1月1日	DM180100001	产品B	350	340	30	一车间	1月2日	一车间	100	98	2	0	60		1月2日	一车间			
4	1月2日	DM180100002	产品A	105	105	25	一车间	1月3日	一车间	100	98	2	0	39		1月3日	一车间	2.5	迎接检查	市安全月安全检查
5	1月3日	DM180100003	产品A	113	113	30	一车间	1月4日	一车间	98	98	1	0	25		1月4日	一车间			
6	1月4日	DM180100004	产品A	89	113	35	一车间	1月5日	一车间	95	95	2	0			1月5日	一车间	2	设备修理	1号生产线A传送带故
7	1月5日	DM180100005	产品A	128	135	43	一车间	1月6日	一车间	95	95	2	0			1月6日	一车间	2	设备修理	1号生产线A传送带故
8	1月5日	DM180100005	产品B	158	128	45	一车间													
9	1月5日	DM180100005	产品D	56	76	32	一车间													
10	1月6日	DM180100006	产品A	128	135	43	一车间													
11	1月6日	DM180100006	产品B	158	128	45	一车间													
12	1月6日	DM180100006	产品D	56	76	32	一车间													
13																				
14																				

图 4-36 整理后的表格

图 4-35 的生产日报表由于要打印签字后上报并存档，故格式是报表型的。为了方便统计，我们现要将其转换为图 4-36 中的清单式表格，希望实现这个功能：当新增工作表时，只要点击一下刷新，要能自动将新增的日报表包含进去。

二、思路和方法

在《"偷懒"的技术：打造财务 Excel 达人》中我们介绍的是使用 INDIRECT 函数来自动引用。现在我们要使用 Power Query 的"从工作簿"新建查询的功能。使用此功能后，当工作簿中的表格有增减时，我们只要刷新一下，Power Query 的输出结果也会随之更新。

由于每天生产的产品不止一个，而出勤记录和停工原因只有一条，因而需将产量和工时列为一张表，而出勤和停工原因另列一张表。

三、操作步骤

（一）将工作簿导入 Power Query

Step 1：点击"数据"选项卡→新建查询→从文件→从工作簿→选择要导入的工作簿→点击"导入"（见图 4-37）。

Step 2：在导航器左侧会列出工作簿及所包含的工作表，选择工作簿名称

扫码看视频

"示例4-03 自动合并多工作表"→点击"编辑"按钮（见图4-38）。

图4-37 从工作簿导入数据

图4-38 选择工作簿的名称

【提示】

如果勾选左上角的"选择多项",再选择1月1日到1月5日各工作表的话,以后当表格有增加时,无法将新增的表格的数据自动包含进来。所以,这里一定要选择工作簿名称,而不是各工作表。

Step 3:加载到 Power Query 后,我们会看到图 4-39 所示的界面。

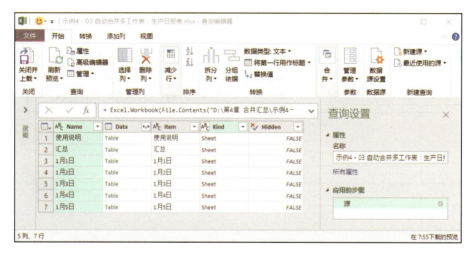

图 4-39　加载到 Power Query 的效果

其中"使用说明""汇总"这两个工作表并不是我们需要的。点击"Name"旁的小三角,在筛选器里将"使用说明"和"汇总"前的勾去掉,然后点击"确定",即可将两条记录筛选掉(见图 4-40)。

Step 4:选中"Item""Kind""Hidden"三列→点击右键→删除列,然后点击"Data"列旁的双向箭头进行扩展(见图 4-41)。

扩展时,将"使用原始列名作为前缀"前的勾选去掉。如果列比较多,只会显示前面一部分，点击右下角的"加载更多"可看到更多的列。

图 4-40　筛选掉不需要的表格

图 4-41　扩展"Data"列

扩展后如图 4-42 所示。

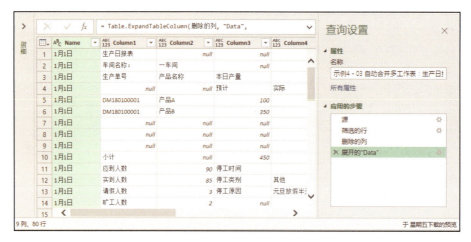

图 4-42　扩展后的效果

现在要增加一列，存放从"Column2"列取出的车间名。要取出车间名，所用的方法就是用一个 IF 语句进行判断，如果"Column1"列的值等于"车间名称："，那么就取"Column2"中的值（即车间名），否则的话为空。

Step 5：点击"添加列"选项卡下的"自定义列"按钮，在弹出的对话框中输入公式（见图 4-43）：

=if [Column1]= " 车间名称：" then [Column2] else null

> 【公式解释】
> - 这个 IF 语句和表格中 IF 函数的作用相同，表示"如果……那么……否则"，语法规则为：
>   =if 条件 then 输出 A else 输出 B
> - 公式中的 null 表示空。这里不能用 Excel 公式中常用的双引号 "" 来代表空，null 是真空，"" 是假空。如果在这里用 "" 替换公式中的 null，那么在下面的 Step 6 中无法使用

"向下填充"。
- 公式中的 [Column1] 不必手动输入,直接双击右边可用列列表框中相应的列名,即可插入到公式中。

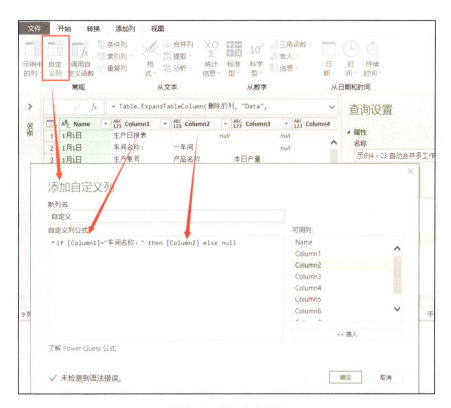

图 4-43　添加自定义列

Step 6:选中新增的"自定义列"→点击"转换"选项卡下的"填充"按钮,选择"向下"(见图 4-44)。

图 4-44　向下填充

填充后效果如图 4-45 所示。

图 4-45　填充后的效果

Step 7：点击"开始"选项卡下的删除行按钮，选择"删除最前面几行"，在弹出的对话框中输入 2，即可删除最前面的两行（即"生产日报表""车间名称："所在行，见图 4-46）。

下面我们将根据目前的表格分别提取产量和考勤停工信息，为了方便处理，需要将本查询复制一份。

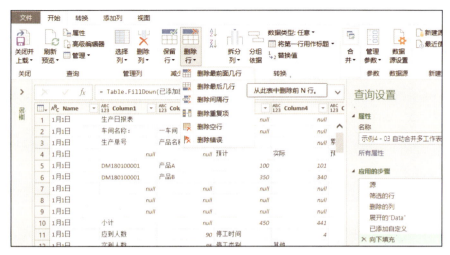

图 4-46 删除前面两行

Step 8：在右边查询设置栏的查询名称栏中，将查询的名称改为"产量"，按回车键确定。然后点击左边查询列表中"产量"查询，点击右键，选择第二个"复制"，然后将复制出的新查询重命名为"考勤和停工原因"（见图 4-47）。

图 4-47 修改查询名称为"产量"

下面我们将介绍如何提取每天的产量和工时。

(二) 处理产量

由于本查询要将每天当日产量、工时合并到一个表中，合并后，可以用公式或透视表计算累计数，因而不需要累计产量、累计工时，可将这些列删除。

Step 9：选中"产量"查询，按【Ctrl】键选定"Column5""Column6""Column8"这些列→点击右键→删除列（见图4-48）。

扫码看视频

图4-48　删除不需要的列

Step 10：点击"开始"选项卡下的"将第一行用作标题"→点击"生产单号"列标题旁的筛选按钮，将"null""加班人数""实到人数"前的勾都去掉，点击确定（见图4-49）。

实际上，我们要筛选掉的内容有很多，除了前面已去掉的三个，还有"小计""应到人数""旷工人数""生产单号""生产日报表""生产部长：""请假人数""车间名称："等。这里之所以只选择三个选项，而不是将要去掉的内容全部筛选掉，是因为如果将不要的内容全筛选掉，公式编辑栏（如果公式栏没有显示，请在"视图"选项卡中将"编辑栏"勾选上）的公式为：

图 4-49　筛选掉不需要的行

= Table.SelectRows(提升的标题 , each ([生产单号] = "DM180100001" or [生产单号] = "DM180100002" or [生产单号] = "DM180100003" or [生产单号] = "DM180100004" or [生产单号] = "DM180100005" or [生产单号] = "DM180100006"))

从这个公式可以看出，如果按上面的操作，会筛选出 [生产单号] DM180100001~DM180100006，这个公式相当于把要筛选的内容固定了，没有扩展性：当后面日期新增生产订单号时，无法将新的订单号包含进来，这肯定不是我们所期望的。所以，我们先只筛选掉两三个项目，点击确定后，公式编辑栏的公式如下：

= Table.SelectRows(提升的标题 , each ([生产单号] <> null and [生产单号] <> " 加班人数 " and [生产单号] <> " 实到人数 "))

> 【公式解释】
> 　　Table.SelectRows 函数表示筛选符合条件的行。上面的公式的含义就是，筛选前一个步骤"提升的标题"处理结果的表格中符合下面条件的行：生产单号不等于空，不等于"加班人数"，也不等于"实到人数"的行。

【提示】
　　如果筛选去掉项目的数量**大于等于**所有项目数量的 50% 时，筛选公式会由第二种模式（去掉某些指定的值）变为第一种（保留某些指定的值）

显然，我们还需要将其他要筛选掉的行添加进去。这里有两种方法添加要筛选掉的项目。
- 方法一：手动编辑公式

手动在前面公式中的"实到人数"后添加需要筛选掉的内容，筛选后的公式为：

= Table.SelectRows(提升的标题，each [生产单号] <> null and [生产单号] <> " 加班人数 " and [生产单号] <> " 实到人数 " and [生产单号] <> " 小计 " and [生产单号] <> " 应到人数 " and [生产单号] <> " 旷工人数 " and [生产单号] <> " 生产单号 " and [生产单号] <> " 生产日报表 " and [生产单号] <> " 生产部长：" and [生产单号] <> " 请假人数 " and [生产单号] <> " 车间名称：")

上面公式蓝色加粗部分为手动添加的筛选条件。
- 方法二：修改筛选条件

双击右边步骤栏中的"筛选的行 1"步骤，在弹出的筛选行对话框中，点击添加子句，按上面的设置，将要排除的项目添加进去（见图 4-50）。

图 4-50　添加筛选条件

添加完后，点击"确定"按钮，即可看到处理后的表格，也可看到公式编辑栏中的公式和方法一中手动修改的公式是一样的（见图 4-51）。

> 【提示】
> 从这个示例可以看出，我们使用 Power Query 时要注意自动生成公式的可扩展性。这也从另一方面说明如果只是使用图形界面操作，虽然可以满足工作中的一些基础需求，但遇到一些较复杂的情况，图形界面的操作就不一定能满足我们的要求，因而，还得学习一些基本的 M 语言知识。

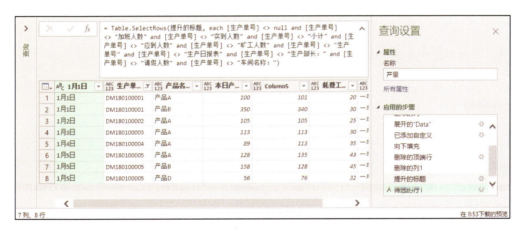

图 4-51　设置好的公式

如果对 M 语言比较熟悉，还可以根据生产单号都是 11 位这个特点来筛选：

= Table.SelectRows(提升的标题 , each Text.Length ([生产单号]) = 11)

Step 11：依次双击"1月1日""本日产量""Column5""一车间"等标题栏，将其更改为"日期""计划""实际""车间"等名称（见图 4-52）。

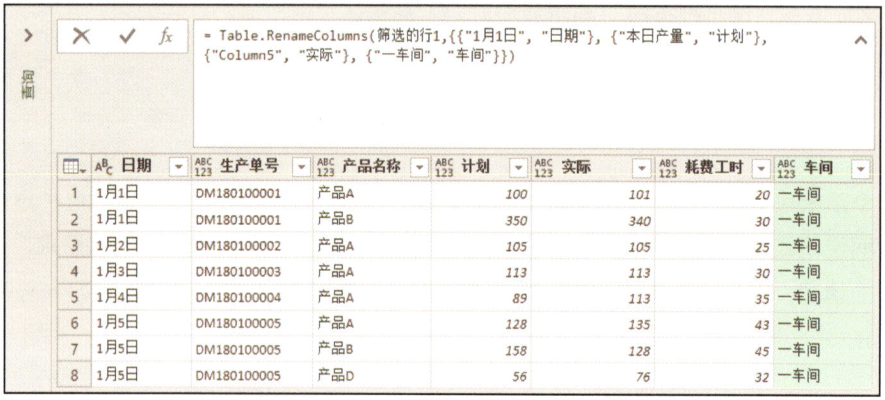

= Table.RenameColumns(筛选的行1,{{"1月1日", "日期"}, {"本日产量", "计划"}, {"Column5", "实际"}, {"一车间", "车间"}})

	日期	生产单号	产品名称	计划	实际	耗费工时	车间
1	1月1日	DM180100001	产品A	100	101	20	一车间
2	1月1日	DM180100001	产品B	350	340	30	一车间
3	1月2日	DM180100002	产品A	105	105	25	一车间
4	1月3日	DM180100003	产品A	113	113	30	一车间
5	1月4日	DM180100004	产品A	89	113	35	一车间
6	1月5日	DM180100005	产品A	128	135	43	一车间
7	1月5日	DM180100005	产品B	158	128	45	一车间
8	1月5日	DM180100005	产品D	56	76	32	一车间

图 4-52　修改标题名称

至此，提取产量的查询工作已完成，下面我们来提取考勤和停工原因。

（三）处理考勤

Step 12：点击选中 Power Query 窗口左侧查询栏中的“考勤和停工原因”查询→点击“Column1”列的筛选按钮，只勾选“加班人数”“实到人数”“应到人数”“旷工人数”“请假人数”→点击确定→删除不需要的“Column6”“Column7”“Column8”。

筛选并删除不需要的列后，效果如图 4-53 所示。

Step 13：为了方便处理，我们将此查询再复制一份，分别命名为“考勤”和“停工原因”，然后选中“考勤”查询，选中“Column3”“Column4”“Column5”列→点击右键→删除列（见图 4-54）。

至此考勤数据已整理为清单式表，如果要将此表的应到人数、实到人数等项目按列排列，对列进行透视即可。

Step 14：选中“Column1”列，点击“转换”选项卡下的“透视列”按钮，在弹出的对话框中，将值列改为"Column2"。由于每天各项目没有重复值，高级选项中的聚合函数选用求和、最大值、最小值、平均值都可以（见图4-55）。

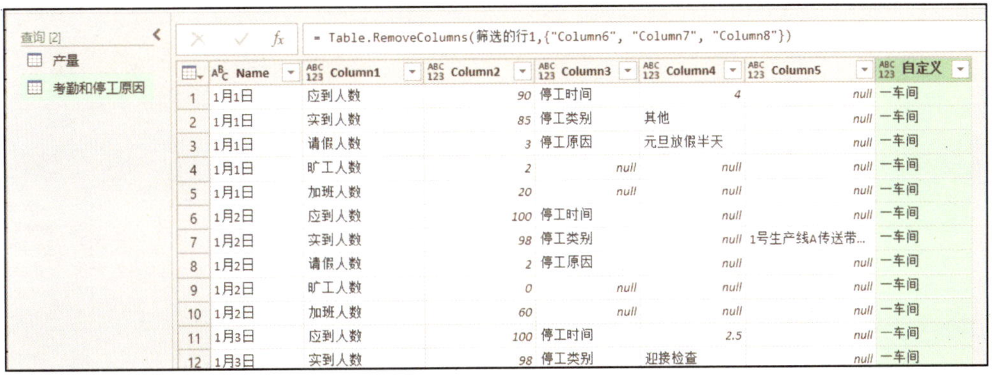

图4-53 删除"Column6"到"Column8"列后的效果图

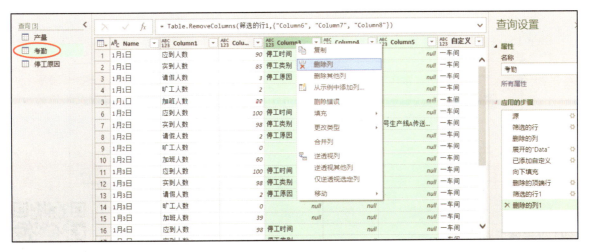

图4-54 删除不需要的列

图 4-55 透视列

Step 15：将 Name、自定义列的列标题依次改为"日期""车间"（见图 4-56）。

图 4-56 透视完并修改列标题后的效果图

（四）处理停工原因

Step 16：选中"停工原因"查询，选中"Column1""Column2""Column5"列，将其删除（见图 4-57）。

扫码看视频

图 4-57 删除不需要的列

Step 17：点击"Column3"的筛选按钮，将空行筛选掉（见图 4-58）。

图 4-58 筛选掉空行

Step 18：选中"Column3"列，点击"转换"选项卡下的"透视列"按钮，在弹出的对话框中将值列改为"Column4"，点击高级选项，将聚合值函数改为"不要聚合"（见图4-59）。

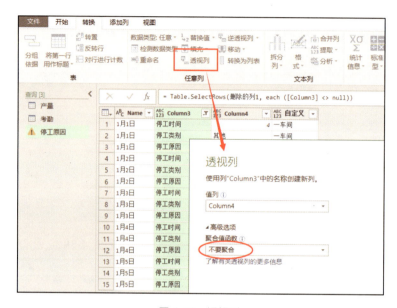

图4-59　透视列

不要聚合的意思是不对其进行计数、求和等统计操作，而是保留原值。

对"Column3"列进行透视后，表格样式如图4-60所示。

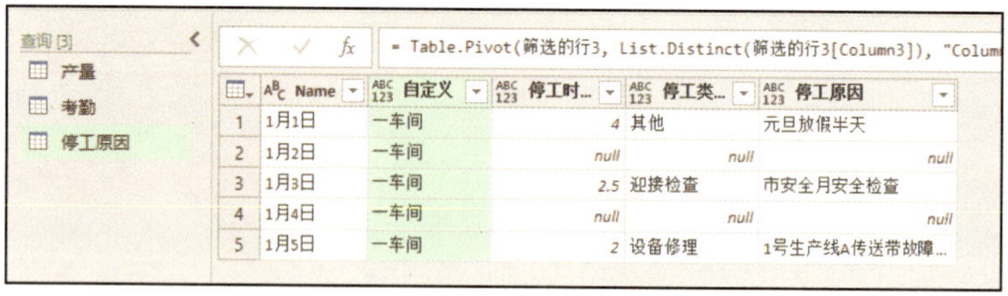

图4-60　透视后的效果

我们可以看到，使用"不要聚合"，一些描述类的文字也可罗列到相应"单元格"中。如果有重复值的话会出错，比如同一车间同一日期有两个停工原因，那么使用"不要聚合"时就会出错。

Step 19：依次双击 Name、自定义列的列标题，将其修改为"日期""车间"。然后点击"开始"选项卡的"关闭并上载"按钮，选择"关闭并上载至"，选择"仅创建连接"。

Step 20：在"汇总"工作表中，点击"数据"选项卡的显示查询，依次右键点击右侧的查询"产量""考勤""停工原因"，选择"加载到"，依次将其加载到现有工作表的 A1、I1、Q1 单元格（见图 4-61、图 4-62）。

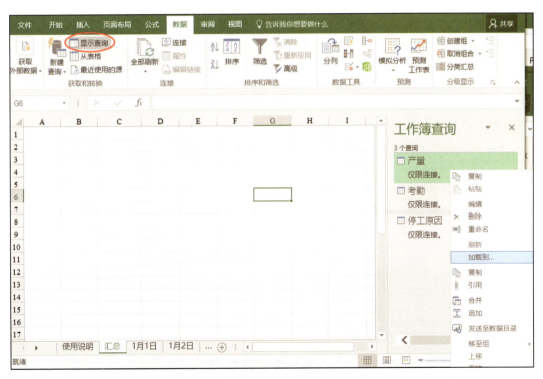

图 4-61　显示查询

图 4-62 将查询加载到表格

加载后效果如图 4-63 所示。

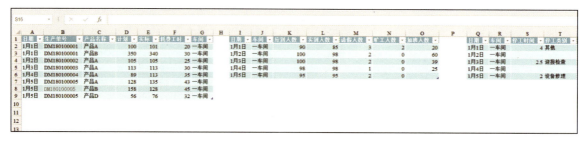

图 4-63 加载后的效果图

我们复制 1 月 5 日生产日报表，将工作表命名为 1 月 6 日，生产订单号改为"DM180100006"，然后点击"数据"选项卡下连接组的"全部刷新"按钮。我们会发现产量表格除了新增 1 月 6 日相关的数据，还在后面添加了一个多余的、莫名其妙的数据（如果未看到图 4-64 中新增的那些记录，请点击 Power Query 编辑器界面"开始"选项卡下的"刷新预览"按钮）：

	日期	生产单号	产品名称	计划	实际	耗费工时	车间
10	1月6日	DM180100006	产品A	128	135	43	一车间
11	1月6日	DM180100006	产品B	158	128	45	一车间
12	1月6日	DM180100006	产品D	56	76	32	一车间
13	ExternalData_1	日期	生产单号	产品名称	计划	车间	一车间
14	ExternalData_1	1月1日	DM180100001	产品A	100	一车间	一车间
15	ExternalData_1	1月1日	DM180100001	产品B	350	一车间	一车间
16	ExternalData_1	1月2日	DM180100002	产品A	105	一车间	一车间
17	ExternalData_1	1月3日	DM180100003	产品A	113	一车间	一车间
18	ExternalData_1	1月4日	DM180100004	产品A	89	一车间	一车间
19	ExternalData_1	1月5日	DM180100005	产品A	128	一车间	一车间
20	ExternalData_1	1月5日	DM180100005	产品B	158	一车间	一车间

图 4-64　刷新后新增了一些多余数据

这是因为我们在将表格加载到 Power Query 中后，筛选设置不正确造成的。在图 4-40 中，我们仅筛选了不包含“使用说明”“汇总”的表格，当我们将查询处理的结果加载到表格中后，会新增“产量”“考勤”“停工原因”三个【表格】(Table)，我们双击工作表窗口右侧的“产量”查询，进入 Power Query 查询编辑器，选中“源”步骤，可看到多了 Kind 列中 Table、DefinedName 等表（见图 4-65）。

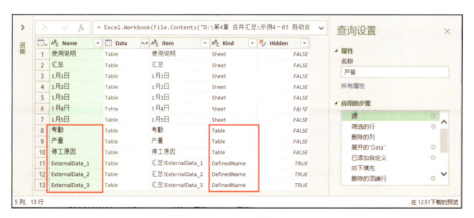

图 4-65　新增的表

为避免出现这种情况，我们双击第二个步骤“筛选的行”，在弹出的对话框中，选择“高级”，点击添加子句，增加一个条件：Kind 等于 Sheet（工作表），也就是只筛选出类别为“工作表”的表，不需要其他类别的表，如图 4-66 所示。

图 4-66　增加筛选条件

　　点击"确定"按钮后，再点击"开始"选项卡下的"关闭并上载"按钮，即可看到汇总表的"产量"表格中多余的数据已被删除。

　　这样修改以后，数据有所变动或新增生产日报表后，只需在汇总表点击右键刷新一下，即可更新为最新数据或包含新增的生产日报表。这样就可以真正做到一劳永逸，偷懒就是这么高效！

第四节　销售统计报表：批量合并格式不同的工作表

一、需求背景

《示例 4-04 批量合并格式不同的工作表：销售统计报表》

　　逸凡公司的销售部门每月制作"销售统计表"，由于每月销售的产品都不一样，因而需每月分别填列在不同的工作表中，每月的表格除了表头是一样的（第一行、第二行分别是标题、公司名），行列数及内容是不固定的，比如 1 月、2 月的报表如图 4-67 所示。

财务人员需将销售报表自动汇总到一个工作表中，并整理为清单式表格，以方便使用数据透视表统计分析。

二、思路和方法

在上一节中，我们介绍了如何利用 Power Query 的“从工作簿”新建查询的功能来自动合并多个工作表。在本节中，我们仍使用“从工作簿”新建查询，只是要更复杂一些。由于各月报表的列数不相同，我们按上一节的方法，将工作簿导入 Power Query，使表格按列的先后顺序依次合并，并不是按各列内容自动对应，如图 4-68 所示。

销售统计表

单位名称：重庆逸凡商贸实业有限公司

月份	桃子	苹果	西瓜	梨子
门店10	60	92	82	94
门店01				
门店13				
门店08				
门店12				
门店06				
门店03				
门店04				
门店19				
门店05				
门店09				
门店14				
合 计				

销售统计表

单位名称：重庆逸凡商贸实业有限公司

月份	西瓜	桃子
门店01	100	150
门店02	132	137
门店03	74	114
门店04	95	99
门店05	69	63
门店06	103	116
门店07	150	73
门店08	66	127
门店09	56	96
门店10	127	73
合 计	972	1,048

图 4-67 销售统计表

= Table.ExpandTableColumn(删除的列, "Data",

	Name	Column1	Column2	Column3	Column4	Column5	Column6	Column7
1	1月	销售统计表	null	null	null	null	null	null
2	1月	单位名称：重庆逸...	null	null	null	null	null	null
3	1月	月份	桃子	苹果	西瓜	梨子	null	null
4	1月	门店10	60	92	82	94	null	null
5	1月	门店01	53	69	87	87	null	null
6	1月	门店13	96	105	133	119	null	null
7	1月	门店08	91	69	55	115	null	null
8	1月	门店12	50	79	108	91	null	null
9	1月	门店06	84	136	118	55	null	null
10	1月	门店03	112	114	84	107	null	null
11	1月	门店04	71	84	99	119	null	null
12	1月	门店19	50	144	56	108	null	null
13	1月	门店05	114	103	138	90	null	null
14	1月	门店09	75	94	65	145	null	null
15	1月	门店14	62	106	97	139	null	null
16	1月	合 计	918	1195	1122	1269	null	null
17	2月	销售统计表	null	null	null	null	null	null
18	2月	单位名称：重庆逸...	null	null	null	null	null	null
19	2月	月份	西瓜	桃子	null	null	null	null
20	2月	门店01	100	150	null	null	null	null
21	2月	门店02	132	137	null	null	null	null
22	2月	门店03	74	114	null	null	null	null
23	2月	门店04	95	99	null	null	null	null
24	2月	门店05	69	63	null	null	null	null

图 4-68 错误的合并

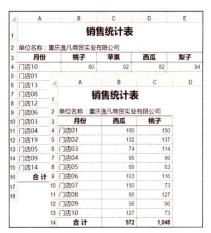

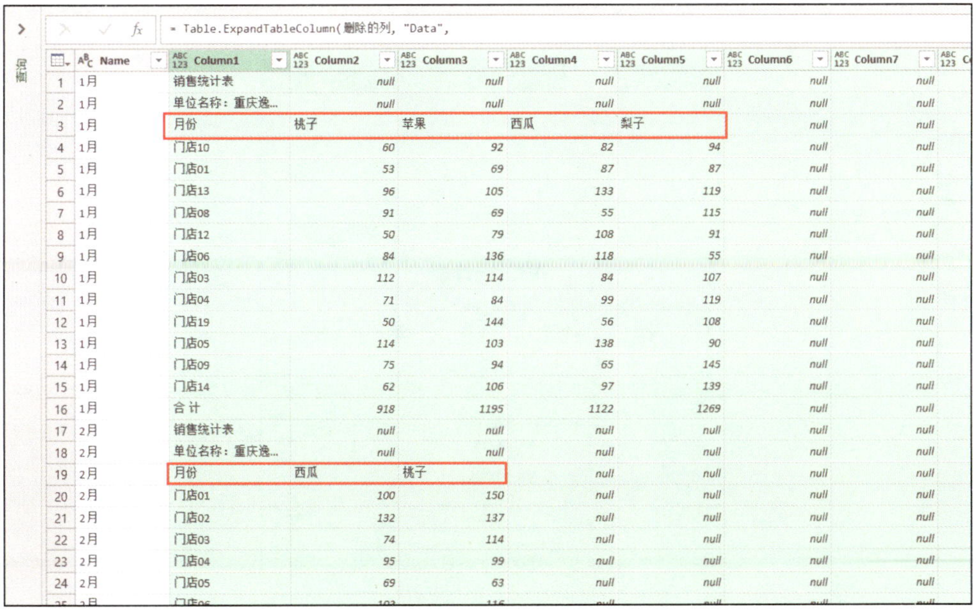

为避免出现这样的情形,要让各类型的水果自动对应,我们可以使用下面的方法:

方法一:先将每个月的报表设置为【表格】,然后将这些【表格】导入 Power Query;

方法二:在导入 Power Query 后,在扩展之前,先用 M 语言将各个表格的前两行删除,并将第一行提升为标题。这样处理后各表尽管列数不一致,但列的字段名是一致的,然后再展开。这样各列(字段)就自动对应排列了。

三、操作步骤

(一)使用【表格】来自动合并

1. 详细操作步骤

Step 1:打开《示例 4-04 批量合并格式不同的工作表:销售统计报表》,将 1 月的合计行删除→选中 A3:E15 单元格区域,点击"插入"选项卡的"表格"按钮→检查设置正确后,点击"确定"按钮(见图 4-69)。

扫码看视频

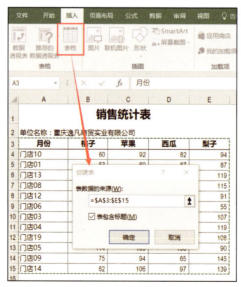

图 4-69 插入【表格】

Step 2：选中【表格】任一单元格，在表格工具菜单的"设计"选项卡，将"汇总行"勾选上，并在表名称栏将【表格】的名称"表2"改为"一月"（见图 4-70）。

图 4-70 添加汇总行、修改表格名称

Step 3：系统可能已自动在 E16 单元格中输入用 SUBTOTAL 求和的公式，可将 E16 单元格中的公式直接左拉填充至 B16:D16 单元格区域。如果没有自动输入汇总公式，我们可选中 B16 单元格，点击下拉箭头，选择汇总方式为"求和"，求和公式为：

=SUBTOTAL(109,[桃子])

此公式的含义是对桃子列筛选出的数据求和（不包含隐藏行的数据）。

Step 4：设置好 B16 单元格的公式后，将其右拉填充至其他汇总单元格。

Step 5：重复以上步骤将 2～6 月的合计行删除，将这些表也设置为【表格】，然后保存工作簿。

Step 6：新建一个汇总工作簿，然后按上一节中介绍的步骤（见图 4-38），点击"数据"选项卡的新建查询→从文件→从工作簿，选择工作簿名称（不要选择各工作表）→点击编辑，导入 Power

Query（见图 4-71）。

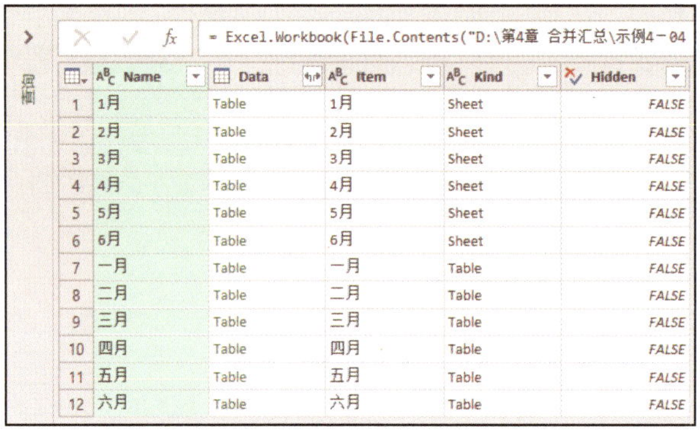

图 4-71 将数据导入 Power Query

Step 7：点击"Kind"列的筛选按钮，去掉"Sheet"类，选择"Table"（这样操作的原因参见本章第三节图 4-65 前后的文字），然后选中并删除"Item""Kind""Hidden"列。

Step 8：点击"Data"列旁边的扩展按钮，去掉"使用原始列名作为前缀"的勾，并点击加载更多，然后点击"确定"按钮（见图 4-72）。

图 4-72 扩展列

这样即可看到各表已自动合并（见图 4-73）。

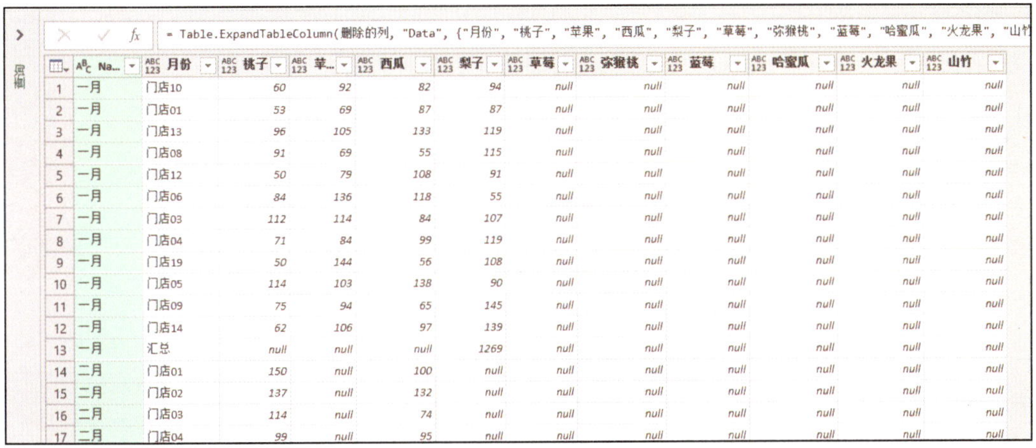

	Na...	月份	桃子	苹...	西瓜	梨子	草莓	弥猴桃	蓝莓	哈蜜瓜	火龙果	山竹
1	一月	门店10	60	92	82	94	null	null	null	null	null	null
2	一月	门店01	53	69	87	87	null	null	null	null	null	null
3	一月	门店13	96	105	133	119	null	null	null	null	null	null
4	一月	门店08	91	69	55	115	null	null	null	null	null	null
5	一月	门店12	50	79	108	91	null	null	null	null	null	null
6	一月	门店06	84	136	118	55	null	null	null	null	null	null
7	一月	门店03	112	114	84	107	null	null	null	null	null	null
8	一月	门店04	71	84	99	119	null	null	null	null	null	null
9	一月	门店19	50	144	56	108	null	null	null	null	null	null
10	一月	门店05	114	103	138	90	null	null	null	null	null	null
11	一月	门店09	75	94	65	145	null	null	null	null	null	null
12	一月	门店14	62	106	97	139	null	null	null	null	null	null
13	一月	汇总	null	null	null	1269	null	null	null	null	null	null
14	二月	门店01	150	null	100	null	null	null	null	null	null	null
15	二月	门店02	137	null	132	null	null	null	null	null	null	null
16	二月	门店03	114	null	74	null	null	null	null	null	null	null
17	二月	门店04	99	null	95	null	null	null	null	null	null	null

图 4-73 合并后的效果

Step 9：点击“月份”列，将汇总行筛选掉，再点击“文件”选项卡下的“关闭并上载”，将其上载到 Excel 表格中。

2. 此方法的缺陷及解决方案

使用此方法来合并，其扩展性不好，当新增水果时无法自动将其包含进去。这是因为 Power Query 用 M 语言自动记录我们扩展列的操作时，将水果名都固定了。我们选中倒数第二步“展开的"data"”，查看编辑栏中的公式：

= Table.ExpandTableColumn(删除的列 , "Data", {" 月份 ", " 桃子 ", " 苹果 ", " 西瓜 ", " 梨子 ", " 草莓 ", " 猕猴桃 ", " 蓝莓 ", " 哈密瓜 ", " 火龙果 ", " 山竹 "}, {" 月份 ", " 桃子 ", " 苹果 ", " 西瓜 ", " 梨子 ", " 草莓 ", " 猕猴桃 ", " 蓝莓 ", " 哈密瓜 ", " 火龙果 ", " 山竹 "})

【提示】Table.ExpandTableColumn 函数

此函数的作用是展开表格的某一列。其语法为：

> Table.ExpandTableColumn（表格或步骤，列名，要展开的列，展开后的列名）
> 第四参数为可选项。

从公式中可以看出，此公式将各表格的标题已固定写入需要扩展列的参数中，因而当有新的水果时，无法自动将新的水果包含进去。我们还需双击"展开的"data""步骤，点击加载更多，然后将未勾选的水果勾选上，如图 4-74 所示。

为避免这种情况，我们将上面的公式改为：

= Table.ExpandTableColumn(删除的列 , "Data", Table.ColumnNames(Table.Combine(删除的列 [Data])))

公式中的"删除的列 [Data]"是指前一步骤"删除的列"表格中的"Data"列，这一列中的数据是 Table(表格)。我们如果选中"一月"行和"Data"列交叉的"单元格"空白区域，就会在窗口下方显示此 Table 的内容（见图 4-75）。

注意，不要点击此"单元格"中的绿色文字 Table，如果点击则会对这张表进行深化。

上面公式中的 Table.Combine(删除的列 [Data])：Table.Combine 函数表示追加合并表格，本公式的含义是将"删除的列"步骤"Data"列中的表格使用追加查询的方式合并为一个表。

公式中的 Table.ColumnNames：此函数返回 Table 中由所有字段名称组成的列表，也就是我们将各表追加查询合并后，用此函数提取合并表格的字段名{"月份"，"桃子"，"苹果"，"西瓜"，"梨子"，"草莓"，"猕猴桃"，"蓝莓"，"哈密瓜"，"火龙果"，"山竹"}，将其作为 Table.ExpandTableColumn 函数的参数。这样当有新的水果"AA"和"BB"时，就不用手动点击加载更多新的水果，系统会自动生成列表{"月份"，"桃子"，"苹果"，"西瓜"，

图 4-74　需手动勾选新的水果

"梨子","草莓","猕猴桃","蓝莓","哈密瓜","火龙果","山竹","AA","BB"}。

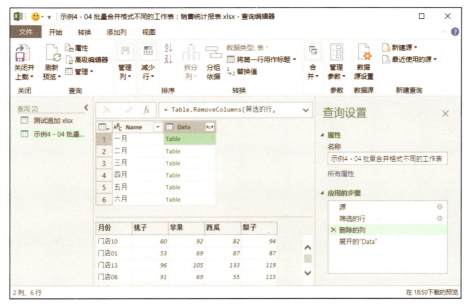

图 4-75　选中 Data 列的某"单元格"会显示相应表格的内容

（二）使用 M 语言自动合并

Step 1：导入文件。

新建一个《示例 4-04 汇总表》工作簿并打开。按照第三节介绍的方法，以"数据选项卡→新建查询→从文件→从工作簿"→在导入数据的文件选择框选中《示例 4-04 批量合并格式不同的工作表：销售统计报表（用 M 语言）》文件→点击"导入"→在导航选择器中，选择工作簿名称（不是选择某个工作表）→点击右下角的"编辑"按钮，将文件导入 Power Query 中。

扫码看视频

Step 2：手动输入 M 语言公式。

如图 4-76 所示，在右侧应用步骤栏，选中第一步"源"→点击右键→点击"插入步骤后"，在公式编辑栏中输入公式：

= Table.TransformColumns(源 ,{"Data",each Table.PromoteHeaders(Table.Skip(_,2))})

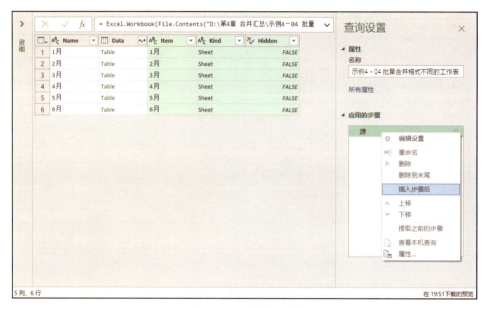

图 4-76　手动编辑公式

在输入公式时，要严格注意字母的大小写，字符要为英文半角，若输入不正确，会提示公式错误。

公式中的 Table.Skip(_,2)：Table.Skip 是指跳过（删除）表中的前 N 行。此处，其第一参数是下划线表示当前对象的每个子集，即 Data 字段中的每一个 Table。Table.Skip(_,2) 表示将每个表中的前 2 行删除掉。

Table.PromoteHeaders：将第 1 行用作标题。

Table.TransformColumns：将表格指定的列应用转换操作。

本公式合起来的意思就是对每个表都执行下面的转换操作：先将表的前 2 行删除掉，然后将删除了前 2 行后的第 1 行（即原表第 3 行）提升为标题。

然后右键点击"自定义 1"步骤→点击"重命名"，将其命名为"删除并提升"（见图 4-77）。

图 4-77　重命名步骤

如果此时我们直接点击"Data"列的扩展按钮，当有新增项目时，新项目无法自动包含进来，因而我们还是采用方法一"使用【表格】自动合并"完善后的公式来展开。

Step 3：使用上一步中同样的方法插入新的步骤和公式：

= Table.ExpandTableColumn(删除并提升 , "Data",Table.ColumnNames(Table.Combine(删除并提升 [Data])))

Step 4：将本步骤重命名为"展开"（见图 4-78）。

Step 5：删除掉不需要的列，筛选掉不需要的"汇总"行，将其关闭并上载到汇总表。

■ 扩展阅读

请在微信公众号"Excel 偷懒的技术"中发送"用 M 语言合并"观看操作视频。

图 4-78　手动输入展开公式并重命名步骤

第五节　合并财务报表：轻松汇总多工作簿，量再多也不怕

一、需求背景

《示例 4-05 合并多工作簿：财务报表自动汇总》

逸凡控股集团的总账会计每月需收集、审核下属企业的财务报表，然后将其汇总合并。公司领导希望除了看到合并报表外，还能灵活查看其中几家公司的汇总报表（比如集团下属公司地产行业公司的合并报表、机械板块公司的报表）。所以，总账会计希望能建立一个财务报表自动汇总的模板，要求实现以下功能：

- 能灵活汇总指定单位、指定期间的报表（多个单位、多个月份）；
- 设计完成后，只需收集、审核报表，审核完后只需刷新一下就可自动汇总；
- 能实现实际完成和计划预算的对比。

二、思路和方法

在前面章节中，我们介绍了如何合并一个工作簿下格式相同、格式不同的工作表。在本节中，各公司的报表分别保存在不同的工作簿中，这些报表按月放在同一个文件夹内，要合并这些报表，需要使用 Power Query 新建查询的"从文件夹"功能。我们使用该功能将文件夹下所有的工作簿和工作表合并在一起后，删除掉不需要的表格、不需要的行列，然后加载到表格（或仅加载为连接），再使用数据透视表，根据需要进行汇总和筛选。

三、操作步骤

（一）准备工作

1. 文件夹布局

为了方便使用"从文件夹"的功能，我们首先需要合理规划文件夹：

如果要使用《"偷懒"的技术：打造财务 Excel 达人》中介绍的通过批量修改公式来进行报表翻新的技巧，文件夹需要按图 4-79 左边的结构规划。

图 4-79　文件夹的布局

但是，要使用“从文件夹”新建查询来合并多个报表，我们需要将各公司的报表按月存放，使用图 4-79 中右边的文件夹结构。

在本案例中，所有公司的报表均按月放在同一个文件夹下，文件夹路径为：

D:\ 第 4 章合并汇总 \ 示例 4-05 合并多工作簿：财务报表自动汇总

我们在该文件夹下按月份建立子文件夹，如“2017 年 1 月”“2017 年 2 月”(为便于介绍各种操作，假设已收集到 1 月和 2 月的数据)，各公司当月的报表存放在相应月份的文件夹里。

各公司的报表主要有三张，分别为“利润表”“管理费用表”“销售费用表”，均存放在同一个工作簿中。

利润表和管理费用表格的样式如图 4-80 所示（销售费用表与管理费用表相同）。

利润表

单位名称：湖南湘美兴商贸有限公司　2017年1月　单位：万元

序号	项目	本月实际	本年累计	本月预算	全年预算	本月完成情况	全年完成进度
1	一、营业收入	125.00	125.00	153.00	2,156.00	0.82	0.06
2	减：营业成本	89.00	89.00	105.00	1,423.00	0.85	0.06
5	营业税金及附加	0.30	0.30	0.37	5.17	0.81	0.06
6	销售费用	17.61	17.61	19.81	262.70	89%	7%
7	管理费用	10.89	10.89	13.72	164.57	79%	7%
8	财务费用	0.09	0.09	0.05	0.70	1.78	0.13
9	资产减值损失		-				
12	加：公允价值变动损益		-				
13	投资收益		-				
14	二、营业利润	7.11	7.11	14.05	299.86	0.51	0.02
15	营业外收入		-				
16	营业外支出		-				
19	三、利润总额	7.11	7.11	14.05	299.86	0.51	0.02
20	所得税	1.78	1.78	3.51	74.96	0.51	0.02
21	四、净利润	5.33	5.33	10.54	224.90	0.51	0.02

利润表　管理费用　销售费用

管理费用表

单位名称：湖南湘美兴商贸有限公司　2017年1月　单位：万元

序号	项目	本月实际	本年累计	本月预算	全年预算	本月完成情况	全年完成进度
1	职工薪酬	2.78	2.78	2.80	30.00	0.99	0.09
2	招聘费用	0.27	0.27	-	0.20		1.35
3	办公费	0.35	0.35	0.30	4.57	1.17	0.08
4	通讯费	0.80	0.80	0.08	0.96	10.00	0.83
5	差旅费	0.90	0.90	1.55	20.00	0.58	0.05
6	市内交通费	0.08	0.08	0.09	1.08	0.89	0.07
7	业务招待费	0.80	0.80	3.00	18.00	0.27	0.04
8	汽车费用	0.68	0.68	1.23	11.60	0.55	0.06
9	会议费		-	-	5.00		-
10	广告宣传费			-			
11	图书资料费	0.18	0.18	0.20	1.74	0.90	0.10
12	中介机构费		-		5.00		-
13	劳务费		-	-	0.40		-
14	劳动保护费		-	-	-		
15	行政缴费	0.23	0.23	-	-		
16	租赁费		-				
17	保险费		-	-	-		
18	物业管理费	0.50	0.50	0.80	9.60	0.63	0.05

利润表　管理费用　销售费用

图 4-80　报表样式

详见示例文件《示例 4-05》中的报表。

2. 工作表保护

为了防止子公司在报表模板中插入工作表，插入或删除行，修改报表布局和格式，逸凡控股集团的总账会计已对报表模板使用"保护工作表"和"保护工作簿"功能,仅允许在指定的单元格中录入数据。

(二)合并各公司报表

下面我们将介绍具体的操作步骤。

1. 导入文件

Step 1:在文件夹"D:\第 4 章合并汇总"下新建一个工作簿,名为"示例 4-05 财务报表汇总",打开此工作簿。

Step 2:点击"数据"选项卡下的"新建查询"→从文件→从文件夹,在弹出的文件夹选择框中点击"浏览"选择存放财务报表的"示例 4-05 合并多工作簿:财务报表自动汇总"文件夹,或者直接复制路径到文件夹路径框中,如图 4-81 所示。

图 4-81 指定要汇总的文件夹

Step 3：在弹出的对话框中，点击"编辑"按钮，如图 4-82 所示。

图 4-82　点击"编辑"按钮

Step 4：按住【Ctrl】键，分别选择"Content""Name""Folder Path"三列，点击右键，选择"删除其他列"（见图 4-83）。

图 4-83　删除不需要的列

"Name"列中有单位名称，文件夹名称中有月份名，"Content"列存放的是各公司的报表，这三列需要保留，其他列用不上，故要删除。

2. 用函数展开"Content"列

我们点击"Content"列第1行的"单元格"右侧的空白区域，在下方预览区域可看到，显示的是"星宇商贸财务报表（201701）"工作簿（见图4-84）。

如果我们直接点击"Content"列第1行的"单元格"中的绿色的文字Binary，则可看到在右侧步骤栏，会多出两个步骤，分别为"导航"和"导入的Excel"，如图4-85所示。

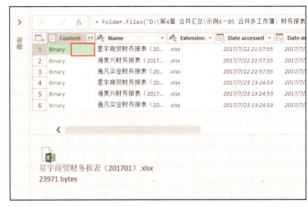

图4-84　预览二进制文件

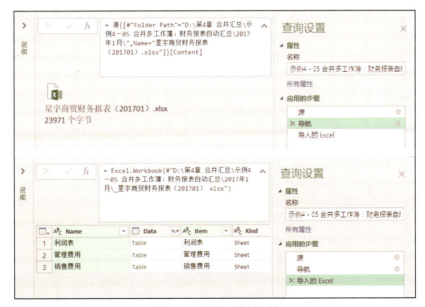

图4-85　展开二进制文件

这一步骤实际上就是一个深化操作（往下钻取）：将第一行第一列"单元格"中的二进制文件进一步展开，展开后有三个工作表，如图 4-85 中下半部分所示。我们可以点击"Data"列旁边的展开按钮，将其全部展开。但是这样操作只是将第一行第一列中的工作簿进一步深化，而我们需要的是将所有工作簿都深化展开。那么，该如何操作呢？

选中刚才插入的"导航"步骤→点击右键→删除到末尾，将刚插入的"导航"和"导入的 Excel"两个步骤都删除掉，还原到操作完 Step 4 后的状态。

Step 5：删除其他列后，点击"添加列"选项卡下的"自定义列"按钮，在自定义列公式栏输入：

=Excel.Workbook(

【提示】

Excel 表格中的函数不区分大小写，但在 Power Query 中 M 语言的函数严格区分大小写，因而在输入上面的公式时，一定要注意函数字母的大小写，大小写不正确就会提示出错。

如图 4-86 所示，选择右侧"可用列"的"Content"，点击"插入"按钮，再键入右括号。操作完后，完整的公式如下：

=Excel.Workbook([Content])

在上面的步骤中，我们也可直接双击"Content"项目，跳过点击"插入"的步骤。

操作完成后，效果如图 4-87 所示。

3. 删除"Content"列

这时第一列"Content"列就不需要了，将其删除。

Step 6：选中"Content"列→右键→删除。

【提示】

在 Power Query 中，所有的操作只会影响后面的操作，并不会对前面的步骤有影响，因而删除"Content"列后并不会影响本步骤及以后步骤中的"自定义列"，因为自定义列是在上一步中用函数提取"Content"列中工作簿的值。

图 4-86　用函数展开二进制文件

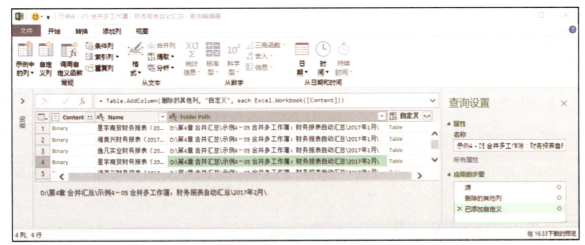

图 4-87　展开后的效果

4. 提取单位名称

下面我们将"Name"列中的单位名称提取出来。

经分析数据规律我们发现,"Name"列工作簿的名字都很有规律,单位名称后都紧跟"财务报表"四字,因而我们可以使用提取功能。

Step 7:选中"Name"列,点击"转换"选项卡下的"提取"按钮下的"分隔符之前的文本",并在弹出的对话框中输入"财务报表",然后点击"确定"按钮(见图4-88)。

图4-88 提取分隔符之前的文本

5. 提取月份

Step 8:要提取"Folder Path"列路径中的月份名称,需使用"提取"功能中的"分隔符之间的文本"。开始分隔符和结束分隔符均为"\",要跳过的开始分隔符为2(见图4-89)。

注意,如果各公司财务报表的文件夹不是放在 D:\第4章合并汇总"文件夹下,则要跳过的分隔符数字需根据实际情况确定。

6. 展开自定义列和 Data 列

Step 9:点击"自定义列"列标题旁的"展开"按钮(见图4-90)。

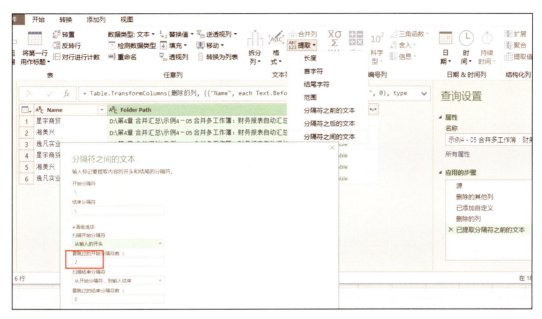

图 4-89　提取分隔符之间的文本

图 4-90　展开自定义列

Step 10：点击"Data"列标题旁的"展开"按钮，继续展开（见图4-91）。

图4-91 展开Data列

7. 删除不需要的列和行

Step 11：如图4-92所示，选中并删除最后三列"Item""Kind""Hidden"，然后选中并删除本年累计、本月完成情况、全年完成进度所在的"Column4""Column7""Column8"列（因为利润表、管理费用表、销售费用表三个报表的列布局是相同的，如果不相同，则需筛选后分别删除）。

Step 12：点击"开始"选项卡下的"删除行"按钮，选择"删除最前面几行"，在弹出的对话框中输入2，将前面的两行删除（见图4-93）。

8. 将第一行用作标题

Step 13：点击"开始"选项卡下的"将第一行用作标题"，将第一行提升为标题（见图4-94）。

图 4-92 删除不需要的列

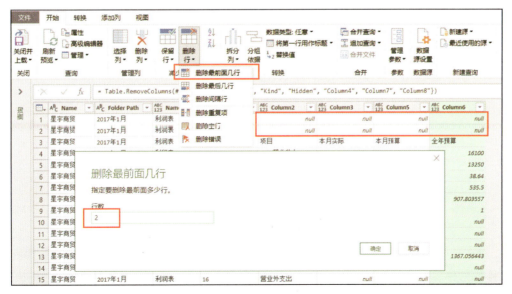

图 4-93 删除最前面的两行

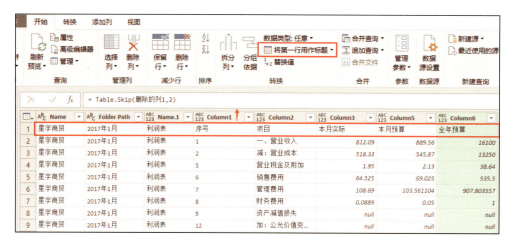

图 4-94　将第一行用作标题

提升为效果如图 4-95 所示。

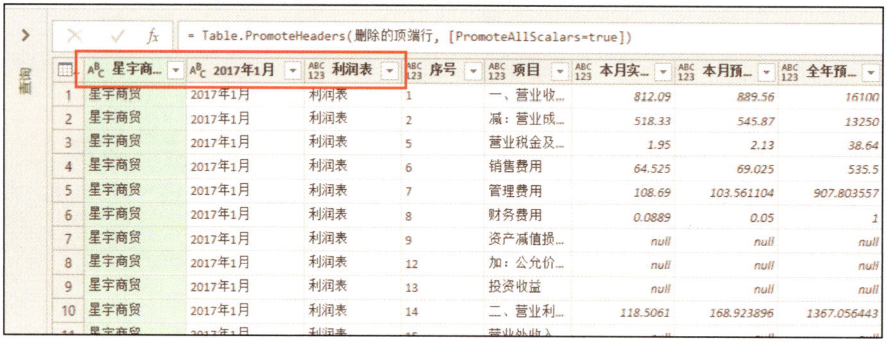

图 4-95　将第一行提升为标题后的效果

9. 修改列标题

图 4-95 中前三列的列标题不正确，需要手动修改。

Step 14：双击第一列的列标题，输入"单位名称"后按回车键（见图 4-96）。

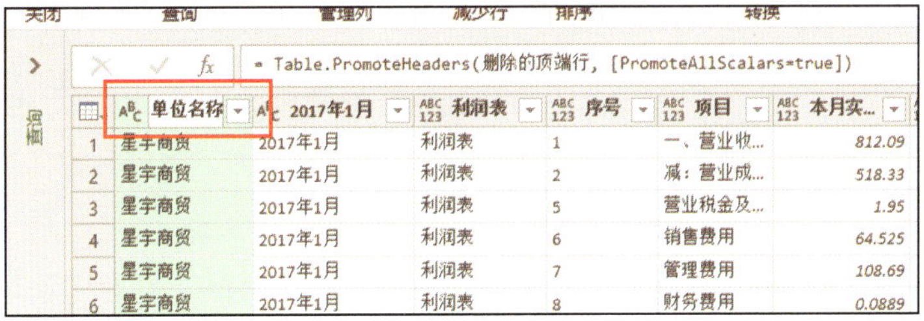

图 4-96　修改列标题

然后，我们依次将第二列的标题修改为"月份"，第三列的标题改为"报表名称"。如图 4-97 所示，修改后，我们选中最后一个步骤"重命名的列"，在公式栏中可以看到相应公式：

= Table.RenameColumns(更改的类型 , {{" 星宇商贸 ", " 单位名称 "}, {"2017 年 1 月 ", " 月份 "}, {" 利润表 ", " 报表名称 "}})

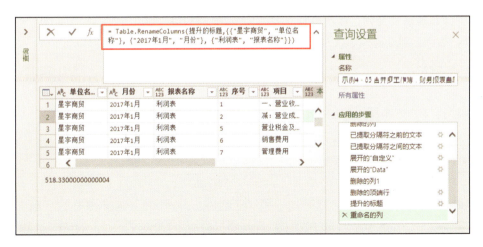

图 4-97　修改标题的公式

从函数的字面意思也可看出，公式中的 Table.RenameColumns 函数是用于修改列名称的。上面的公式写明了将"星宇商贸"列重命名为"单位名称"（其余列依此类推），我们在后续应用时，如果文件夹中没有"星宇商贸"的财务报表，那么此公式就会出错。同样，如果文件夹中没有"2017 年 1 月"的文件夹，此公式同样会出错，到时还需要手动修改。为了增强此公式的扩展性和灵活性，我们需要修改一下公式，用函数将第一列的列标题修改为"单位名称"，而不是将"星宇商贸"列重命名为"单位名称"。

我们可用下面的函数取得第一列的列标题：

Table.ColumnNames(提升的标题){0}

【公式解释】

"Table.ColumnNames(提升的标题)"会提取所有列的列标题（列名称），其计算结果为一个列表，如图 4-98 所示。

然后用 {0} 取该列表中的第一个值"星宇商贸"（Power Query 中计数是从 0 开始，而不是从 1 开始的），同理，用 {1} 取该列表中的第二个"2017 年 1 月"，用 {2} 取第三个"利润表"。

图 4-98　修改标题的公式

也就是说，用 Table.ColumnNames(提升的标题){0} 替换公式中的 " 星宇商贸 "；

用 Table.ColumnNames(提升的标题){1} 替换公式中的 "2017 年 1 月 "；

用 Table.ColumnNames(提升的标题){2} 替换公式中的 " 利润表 "

修改后的完整公式为：

= Table.RenameColumns(提升的标题 ,{{Table.ColumnNames(提升的标题){0}," 单位名称 "}, {Table.ColumnNames(提升的标题){1}," 月份 "}, {Table.ColumnNames(提升的标题){2}," 报表名称 "}})

10. 筛选掉不需要的行

Step 15：点击"序号"列标题旁的"筛选"按钮，去掉"利润表""单位名称""合计""序号""管理费用表""销售费用表"等项目前的勾选，只保留阿拉伯数字所在的记录行。

Step 16：点击"序号"列标题左边的 ABC123 按钮，选择"整数"，将本列转换为"整数"，同时，按住【Ctrl】键选中"本月实际""本月预算""全年预算"列，将其转换为"小数"格式。

至此，报表合并工作已经基本完成，可以将其关闭并加载到 Excel 表格中。但是由于目前的查询是将"利润表""管理费用表""销售费用表"合并在一起，如果我们将其加载到 Excel 表中，使用数据透视表的切片器来筛选项目时，项目会特别多，不方便选择。所以，我们应该将目前的查询分为三个。

11. 将一个查询拆分为三个

Step 17：将 Power Query 窗口左侧的查询栏展开，可以看到目前只有一个查询"示例 4-05 合并多工作簿：财务报表自动汇总"，选中并点击右键→选择"引用"，就会新建一个查询→将新"引用"的查询重命名为"利润表"。

重复上面的操作两次，引用原查询，并分别命名为"管理费用表""销售费用表"（见图 4-99）。

图 4-99　引用原查询

Step 18：选择"利润表"查询→点击"报表名称"旁的筛选按钮，将"管理费用""销售费用"前的勾选去掉，只保留"利润表"。

我们在"管理费用表""销售费用表"查询中重复上面的操作，分别只保留"管理费用表""销售费用表"相关的数据。

12. 加载到 Excel 表

Step 19：点击"开始"选项卡的"关闭并加载至"按钮，在弹出的对话框中选择"仅创建连接"，然后点击"确定"按钮。

加载后，我们可以看到 Excel 窗口右侧列出的各个查询（见图 4-100）。

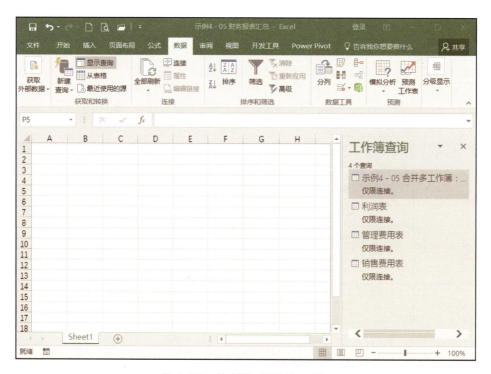

图 4-100　将连接加载到 Excel 表

（三）汇总分析各公司报表

1. 使用透视表汇总报表

接下来，我们使用透视表来汇总指定公司、指定月份的报表。

Step 20：点击"插入"选项卡的"数据透视表"→选择"使用外部数据源"并"点击选择连接"，选择"查询－利润表"→点击"打开"按钮（见图 4-101）。

扫码看视频

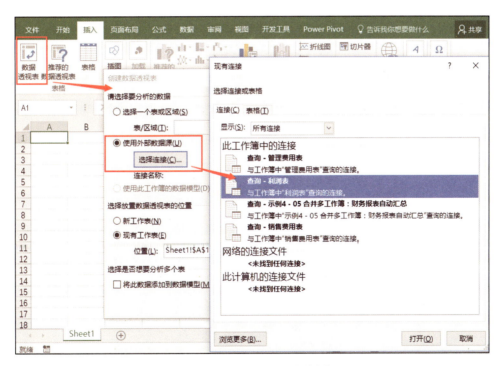

图 4-101　将查询作为透视表的数据源

然后我们就看到了熟悉的透视表界面，如图 4-102 所示。

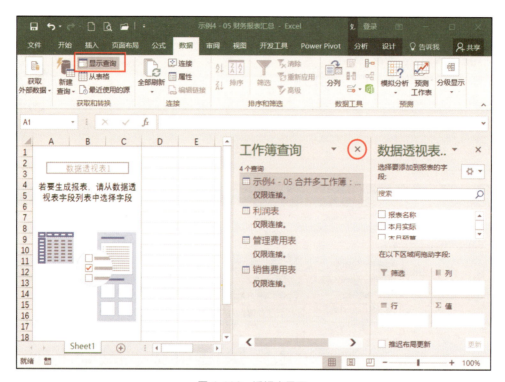

图 4-102 透视表界面

在上面的界面中，我们点击工作簿查询界面右上角的"×"将其关闭掉。如果需要，我们再点击"数据"选项卡的"显示查询"将其显示出来。

Step 21：将数据透视表字段中的"序号"和"项目"，拖动到"行"区域，将"本月实际""本月预算"拖动到"值"区域。我们可以根据需要调整各项目的先后顺序，比如，可以将"本月预算"拖动到本月实际"前面"（见图 4-103）。

Step 22：此时统计汇总方式是计数，而不是求和，点击"值"区域的"计数项：本月实际"，在弹出的快捷菜单中选择"值字段设置"（见图 4-104）。

将值字段的汇总方式设置为"求和"，如图 4-105 所示。

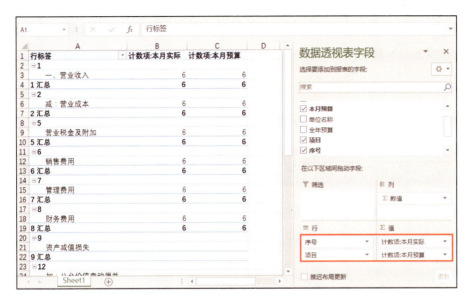

图 4-103 汇总本月实际和本月预算

图 4-104 修改汇总方式为求和

图 4-105 修改汇总方式为求和

重复以上操作将"计数项：本月预算"的汇总方式修改为"求和"。

2. 修改透视表的布局

此时我们看到的表格样式是压缩形式，应将它们设置为常用的表格形式。

Step 23：选中透视表中的任一单元格→点击数据透视表工具"设计"选项卡下的"报表布局"按钮→选择"以表格形式显示"（见图 4-106）。

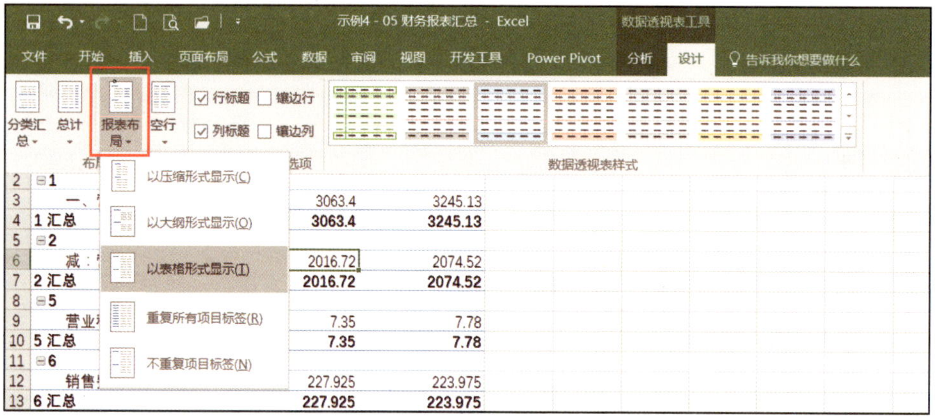

图 4-106　修改报表布局

设置后格式如图 4-107 所示。

系统默认将每一个项目进行了汇总，并对最后一行添加了各项目的总计，由于本表是报表，不需要汇总和总计。

Step 24：点击数据透视表工具"设计"选项卡下的"总计"按钮→选择"对行和列禁用"，点击"分类汇总"按钮→选择"不显示分类汇总"。

3. 使用切片器来筛选指定公司、指定月份的报表

此时数据透视表显示的是所有单位、所有月份利润表的汇总，我们有时需要只显示其中某些单位。要实现这个功能，有以下两种方法：

	A	B	C	D
1	序号	项目	求和项:本月实际	求和项:本月预算
2		⊟1 一、营业收入	3063.4	3245.13
3	1 汇总		3063.4	3245.13
4		⊟2 减：营业成本	2016.72	2074.52
5	2 汇总		2016.72	2074.52
6		⊟5 营业税金及附加	7.35	7.78
7	5 汇总		7.35	7.78
8		⊟6 销售费用	227.925	223.975
9	6 汇总		227.925	223.975
10		⊟7 管理费用	343.05	328.036102
11	7 汇总		343.05	328.036102
12		⊟8 财务费用	0.5267	0.4
13	8 汇总		0.5267	0.4
14		⊟9 资产减值损失		
15	9 汇总			
16		⊟12 加：公允价值变动损益		
17	12 汇总			
18		⊟13 投资收益		
19	13 汇总			
20		⊟14 二、营业利润	467.8283	610.418898
21	14 汇总		467.8283	610.418898
22		⊟15 营业外收入	5	
23	15 汇总		5	
24		⊟16 营业外支出		
25	16 汇总			
26		⊟19 三、利润总额	472.8283	610.418898
27	19 汇总		472.8283	610.418898
28		⊟20 所得税	118.21	152.6
29	20 汇总		118.21	152.6
30		⊟21 四、净利润	354.6183	457.818898
31	21 汇总		354.6183	457.818898
32	总计		7077.4566	7711.097796

图 4-107　表格形式的透视表

- 添加筛选字段，即将单位名称和月份字段拖动到右侧"数据透视表字段"的筛选区域。
- 使用切片器来筛选。

相比而言，切片器更方便，也更美观。下面我们将介绍添加插入切片器的做法。

Step 25：点击数据透视表工具"分析"选项卡下的"插入切片器"按钮→在弹出的切片器对话框中勾选"单位名称"和"月份"→点击"确定"按钮（见图 4-108）。

插入切片器后，效果如图 4-109 所示。

选择切片器中的某个单位名称或月份，透视表就会显示所选中的单位和月份的数据。如果要选择多个单位，可按住【Ctrl】键再进行点选。

点击切片器右上角的"清除筛选器"按钮，可恢复到全选的状态。

图 4-108　插入切片器

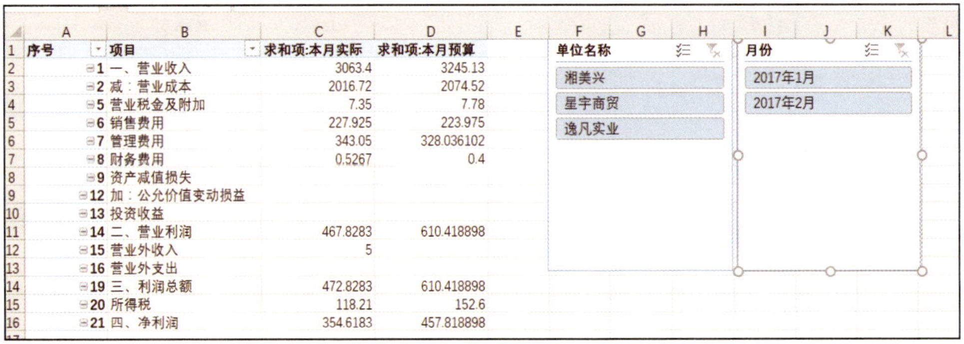

图 4-109　使用切片器后的效果

4. 修改透视表的外观

透视表也可进行外观设置：

Step 26：选中透视表中的任一单元格→在"透视表工具"中的"布局"选项卡的数据透视表样式选择某一样式。点击透视表工具下的"分析"选项卡下"+/- 按钮"将"序号"列前用于折叠展开的减号去掉。

Step 27：为避免透视表刷新数据时自动调整列宽，在数据透视表点击右键→在弹出的右键菜单中选择"数据透视表选项"→将"布局和格式"选项卡下的"更新时自动调整列宽"前的勾去掉（见图 4-110）。

图 4-110　禁止更新时调整列宽

Step 28：将 C1、D1 单元格的"求和项："用空格代替（如果直接删除，会提示"已有相同数据透视表字段名存在"）→设置透视表的数字格式。设置后如图 4-111 所示。

5. 插入计算字段

此时透视表中没有预算完成情况，我们可以通过插入计算字段的方式添加。

Step 29：点击数据透视表工具中"分析"选项卡下的"字段、项目和集"按钮→选择"计算字段"→在弹出的计算字段中输入下面的公式：

=IFERROR(本月实际 / 本月预算 ,0)

图 4-111 用空格替换掉"求和项"字符

并将字段名修改为"完成情况",然后点击"添加"按钮。

可以手动输入字段名"本月实际""本月预算",也可以双击字段列表中的字段名,直接插入。注意,公式不能输入为下面的公式,会报错(见图 4-112):

=IFERROR(本月实际 / 本月预算,"")

图 4-112 插入计算字段

Step 30：将"求和项：完成情况"修改为"完成情况"，并将其格式修改为百分比样式（见图4-113）。如果百分比后面有很多位小数，可以将前面插入字段的公式修改为：
=IFERROR(ROUND(本月实际 / 本月预算 ,4),0)

上面的公式是用四舍五入函数将其保留四位小数。为了与前面的"本月实际""本月预算"的格式保持一致，没有数据时显示为空白，而不是显示0.00%，我们可以使用自定义格式。

Step 31：选中"完成情况"字段中的任一单元格→右键→值字段设置→点击"值字段设置"对话框左下角的"数字格式"→在弹出的设置单元格格式对话框中，选择"自定义"→在类型栏输入自定义格式（见图4-114）：

0.00%;-0.00%;;

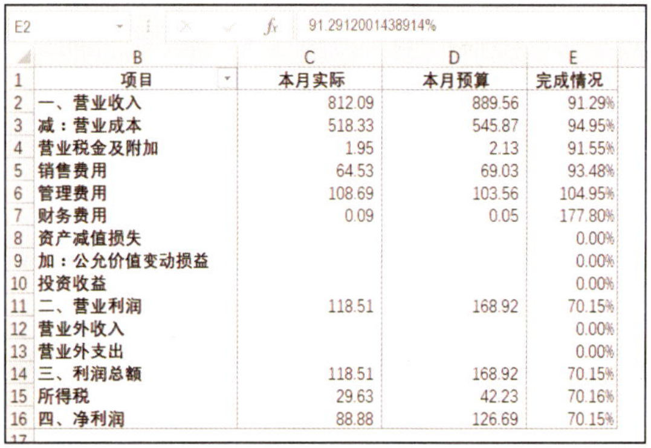

图 4-113　插入字段后的效果

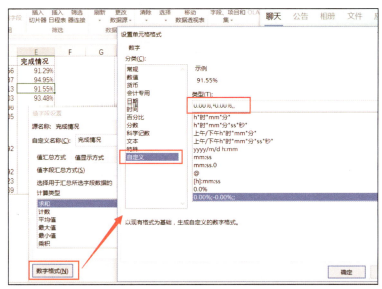

图 4-114　使用自定义格式

至此，本月完成情况已设置完毕，设置后效果如图 4-115 所示。

	B	C	D	E	F G	H	I J	K	L
1	项目	本月实际	本月预算	完成情况	单位名称		月份		
2	一、营业收入	812.09	889.56	91.29%	湘美兴		2017年1月		
3	减：营业成本	518.33	545.87	94.95%	星宇商贸		2017年2月		
4	营业税金及附加	1.95	2.13	91.55%	逸凡实业				
5	销售费用	64.53	69.03	93.48%					
6	管理费用	108.69	103.56	104.95%					
7	财务费用	0.09	0.05	177.80%					
8	资产减值损失								
9	加：公允价值变动损益								
10	投资收益								
11	二、营业利润	118.51	168.92	70.15%					
12	营业外收入								
13	营业外支出								
14	三、利润总额	118.51	168.92	70.15%					
15	所得税	29.63	42.23	70.16%					
16	四、净利润	88.88	126.69	70.15%					
17									

图 4-115　使用自定义格式后的效果

我们采用以上步骤合并完所有公司的报表，其中的数字是各公司报表简单的合计，如果各公司间有内部交易，还要做抵销分录将内部交易抵销掉。要得到抵销后的报表，我们只需增加一个抵销分录表格，然后根据抵销分录自动生成抵销利润表，将抵销利润表放入当月的文件夹中，即可自动汇总出抵销后的合并报表。

核对比较

明察秋毫洞若观火的找茬宝典

第五章

只有能力超越了他人，机会来临时，才有机会"将第一行用作标题"，否则，即使给了你机会，最终还是落得"将标题用作第一行"的结局。

数据核对是财务常见需求，由于业务数据存在多种情况，例如需要核对的数据可能重复，也可能不重复，可能在同一个表格中，也可能在多个表格中。为了减少篇幅，本书选择其中一种有代表性的情况介绍所要用到的功能和技巧。

第一节　无重复值时数据的核对比较

无重复值时数据的核对比较。可分为数据顺序相同和顺序不同两种情况。

一、对比同一行的数据

例如，我们要核对比较示例文件文档《示例 5-01》第一张表中销售人员、销售金额数据，各销售人员姓名是唯一的，并且顺序相同。现在我们要核对图 5-1 中财务部数据和销售部数据的差异在哪里，可以采用以下三种方法。

1. 直接用等于号或 EXACT 函数进行核对

在“顺序相同（使用 EXACT 函数）”工作表的 F5 单元格中输入公式：

=EXACT(B5,E5)

或者：

=B5=E5

公司解释：EXACT 和“ = ”都可用于比较。如果比较对象相同，那么计算结果为 TRUE，否则为 FALSE(见图 5-2）。

	A	B	C	D	E
1	一、要核对的数据顺序相同				
2					
3	财务部数据			销售部数据	
4	销售人员	销售金额		销售人员	销售金额
5	刘一	1,355		刘一	1,355
6	陈二	1,333		陈二	1,333
7	张三	1,398		张三	1,398
8	李四	2,377		李四	2,377
9	王五	1,904		王五	1,954
10	赵六	2,377		赵六	2,377
11	孙七	1,343		孙七	1,343
12	周八	1,587		周八	1,532
13	吴九	2,499		吴九	2,499
14	郑十	2,728		郑十	2,728
15	合计	18,901		合计	18,896

图 5-1　要核对的数据在同一行

2. 使用定位功能进行核对

Excel 选择单元格有很多种方法，不同的功能应用于不同的情况，最直接的是用鼠标或键盘；如果要选择特定值或特定格式的单元格，就要用查找功能；如果要根据单元格的属性来选择，就需要用到定位功能。在本案例中，我们要根据"同一行单元格的内容是否存在差异"这个属性来选择，这要用到"定位 – 行内容差异单元格"这一功能。具体操作如下：

Step 1：选中 B5:B14 单元格，然后按住【Ctrl】键，选择 E5:E14 单元格。

Step 2：按【F5】功能键（或【Ctrl+G】快捷键），在弹出的定位对话框中，点击左下角的"定位条件"按钮。

Step 3：在弹出的"定位条件"对话框中，双击"行内容差异单元格"，就会选中 B9、B12 单元格（见图 5-3）。

图 5-2　公式计算结果

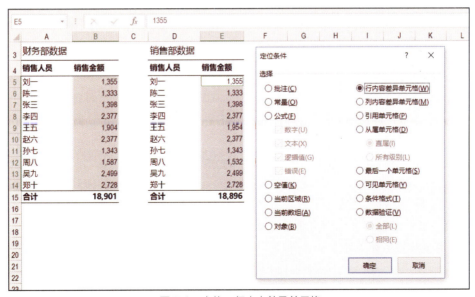

图 5-3　定位 – 行内容差异单元格

> 【解释】
>
> 　　定位－行内容差异单元格，是指如果在选中的单元格区域内，同一行的单元格与活动单元格所在列的单元格不相同，那么就选中这些单元格。比如上面我们选中 B5:B14、E5:E14 单元格，其中活动单元格是 E5，将选中的其他列的值与 E 列对应的单元格进行比较，如果不同就选中它。我们将 B5 与 E5 进行比较，二者相同，就不选择；将 B6 与 E6 也进行比较，若相同，也不选择；……B9 与 E9 不相同，那么就选中 B9 单元格；B12 与 E12 也不相同，也要选中 B12 单元格。
>
> 　　如果在操作 Step 1 时，先选择 E5:E14，然后按住【Ctrl】键选择 B5:B14 单元格区域，活动单元格就是 B5，那么应该拿 E 列的值与 B 列比较，比较后，"定位—行内容差异单元格"所选择的是 E9、E12 两个单元格。
>
> 　　"定位－行内容差异单元格"的快捷键为【Ctrl+\】。

3. 使用条件格式进行核对

除了使用前面两种方法，我们还可以使用条件格式来显示有差异的数据。使用条件格式有个好处，即当数据发生变化时，它会自动随之变化。

顾名思义，条件格式就是按条件显示不同的格式，比如指定满足条件 1 时显示格式 A，满足条件 2 时显示格式 B。条件可以使用固定规则：包含指定内容，排名前几，高于、低于平均值，唯一值或重复值，也可以用函数来自定义规则。

在本案例中，我们使用自定义的规则。具体操作如下：

Step 1：点击"开始"选项卡下的"条件格式"→选择"新建规则"→在弹出的"新建格式规则"对话框中选择"使用公式确定要设置格式的单元格"（见图 5-4）。

Step 2：在条件框中输入指定的条件：

=E5<>B5

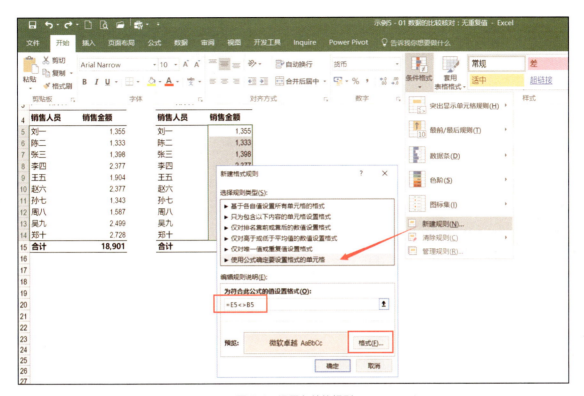

图 5-4 设置条件的规则

【公式解释】

条件公式中的"<>"为不等于号，公式"=E5<>B5"用于判断 E5 和 B5 是否不相等（和方法 1 中的公式"=B5=E5"是一样的，只不过，=B5=E5 判断是否相等），如果不相等，则返回 TRUE，这时满足指定的条件，就会显示指定的格式。如果相等，则返回 FALSE，不会显示指定的条件。

Step 3：点击右下角的"格式"按钮，在弹出的单元格格式对话框中，根据需要设置满足条件时单元格的填充色、字体及其颜色等。

Step 4：点击“确定”按钮，退出。

设置后效果如图 5-5 所示。

	A	B	C	D	E
3	财务部数据			销售部数据	
4	销售人员	销售金额		销售人员	销售金额
5	刘一	1,355		刘一	1,355
6	陈二	1,333		陈二	1,333
7	张三	1,398		张三	1,398
8	李四	2,377		李四	2,377
9	王五	1,904		王五	1,954
10	赵六	2,377		赵六	2,377
11	孙七	1,343		孙七	1,343
12	周八	1,587		周八	1,532
13	吴九	2,499		吴九	2,499
14	郑十	2,728		郑十	2,728
15	合计	18,901		合计	18,896

图 5-5　设计条件格式后的效果

二、数据不在同一行的核对

当数据唯一但不在同一行时，就不能使用前面的方法，这时我们可以使用 VLOOKUP 函数、高级筛选、条件格式等。下面我们将分别介绍。

(一) 使用 VLOOKUP 函数进行查找核对

使用 VLOOKUP 函数比较简单，我们可以直接在两表中使用 VLOOKUP 函数进行双向查找就可以了，“在本表有另一表中没有”的数据会显示 #N/A（见图 5-6）。

C5　=VLOOKUP(A5,$E$5:$F$13,2,0)-B5

	A	B	C	D	E	F	G
1	二、要核对的数据顺序不相同						
2							
3	财务部数据				销售部数据		
4	销售人员	销售金额	销售部		销售人员	销售金额	财务部
5	刘一	1,355	0		刘一	1,355	0
6	陈二	1,333	#N/A		周八	1,532	#N/A
7	张三	1,398	0		李四	2,377	0
8	李四	2,377	0		王五	1,954	-50
9	王五	1,904	50		赵六	2,377	0
10	赵六	2,377	0		张三	1,398	0
11	孙七	1,343	0		孙七	1,343	0
12	郑十	2,728	0		吴九	2,499	#N/A
13	合计	14,815			郑十	2,728	0
14					合计	17,563	
15							

图 5-6　使用 VLOOKUP 函数核对

例如，我们在《示例 5-01》工作簿的“顺序不同（VLOOKUP）”工作表的 C5 单元格中设置公式，查找 E5:F13 单元格区域中“刘一”的销售金额，然后与财务部数据相减求差额。C5 单元格的公式为：

=VLOOKUP(A5,$E$5:$F$13,2,0)-B5

两部门数据相等的就会显示 0，不相等的会显示差异金额，财务部有而销售部没有的数据会显示 #N/A。然后，我们将 C5 的公式下拉填充。

我们用同样的方法在 G 列查找财务部的数据与 F 列相减，G5 单元格的公式为：

=VLOOKUP(E5,$A$5:$B$12,2,0)-F5

如果对比的数据不是数字，而是文本，我们可以将公式中的减号改为等于号（"="）。

（二）使用高级筛选进行核对比较

下面我们根据工作中的实际需求分两种情况来介绍具体的方法。

1. 筛选两个表中相同的数据

工作中除了要找出数据的差异，有时候还要"求同去异"，将两个表中相同的数据筛选出来。此时，我们除了使用上面的 VLOOKUP 函数查找之外，还可以使用高级筛选。我们仍以前面的表格《示例 5-01》工作簿"顺序不同（高级筛选）"工作表为例进行介绍：

点击"数据"选项卡"排序和筛选"组中的"高级"按钮→在弹出的高级筛选对话框中，选择"将筛选结果复制到其他位置"，分别设置列表区域、条件区域和复制到的目标单元格，点击"确定"按钮（见图 5-7）。

我们可以看到两表中相同的数据就会被筛选出来放到 H4:I10 单元格区域（见图 5-8）。

2. 筛选本表有而另一个表中没有的数据

● 筛选财务部表中有，而销售部表中没有的数据。

在本案例中，财务部表中有而销售部表中没有的数据，实际上就是"陈二"（先暂时不考虑两表中销售金额是否相等）。销售部表中有而财务部表中没有的数据就是"周八"和"吴九"。那么，如何才能筛选出它们呢？

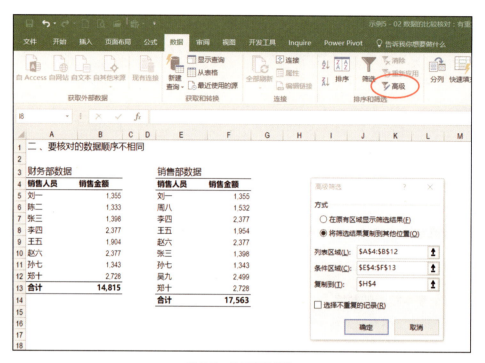

图 5-7 使用高级筛选

图 5-8 筛选后的效果

这里我们还是使用高级筛选，用 VLOOKUP 函数来构造筛选条件，在 H2 单元格中输入公式：
=ISNA(VLOOKUP(A5,$E$5:$F$13,1,0))

H1 单元格为空，或者输入不等于表格字段名（销售人员、销售金额）的任何内容。然后我们使用高级筛选，条件区域单元格选择的是 H1:H2。其设置如图 5-9 所示。

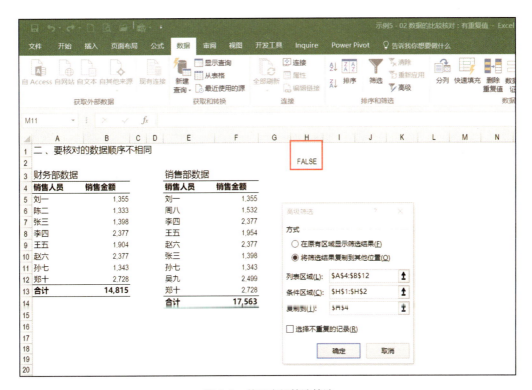

图 5-9　使用高级筛选筛选

这里需要强调的是：

- 用于创建条件的公式必须使用相对引用来表示第一行数据中的对应单元格。比如本筛选条件中的 A5，在这里 A5 具有指代含义。理解这一点对掌握高级筛选功能非常重要。

- 高级筛选的条件单元格中除了输入筛选的字段值，还可使用公式，公式的结果要是 TRUE 或 FASE，其规则详见第三章第五节的知识点。
• 筛选销售部中有而财务部中没有的数据。

要筛选销售部表格中有而财务部中没有的数据，H2 单元格的筛选条件公式为：

=ISNA(VLOOKUP(E5,$A$5:$B$12,1,0))

高级筛选的设置如图 5-10 所示。

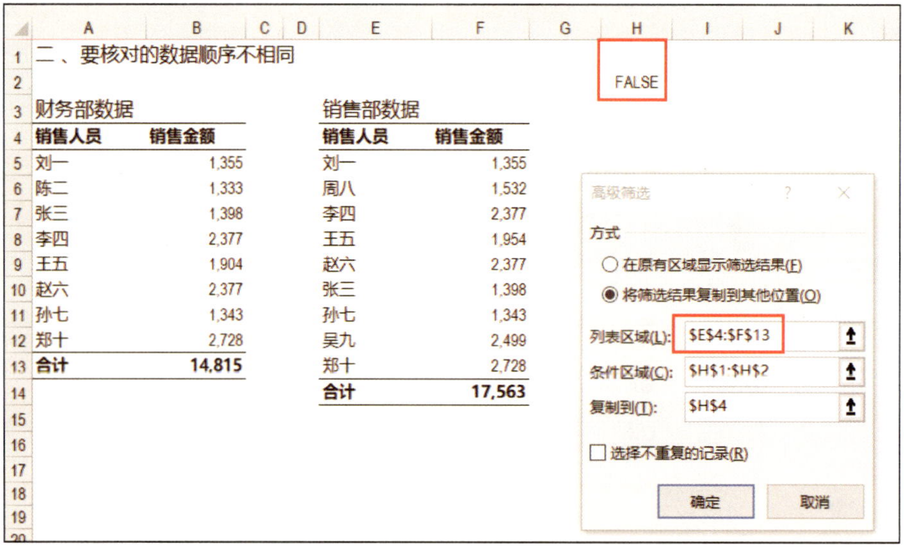

图 5-10　筛选销售部中有而财务部中没有的数据

（三）用条件格式进行核对比较

理解了前面的高级筛选公式，结合前面介绍的"使用条件格式核对同一行的数据"的知识点，我们以销售部的数据为例来介绍如何使用条件格式来核对销售部表中有而另一个表中没有或金额不同的记录。具体操作如下：

Step 1：打开《示例 5-01》工作簿的"顺序不同（条件格式）"工作表，选择 D5:E13 单元格区域，点击"开始"选项卡下的"条件格式"按钮，点击"新建规则"。

Step 2：在弹出的新建格式规则对话框中，选择"使用公式确定要设置格式的单元格"，在规则编辑框输入公式：

=IFERROR(VLOOKUP($D5,$A$5:$B$12,2,0)<>$E5,TRUE)

Step 3：点击"格式"按钮，设置满足条件公式时所要显示的格式（见图 5-11）。

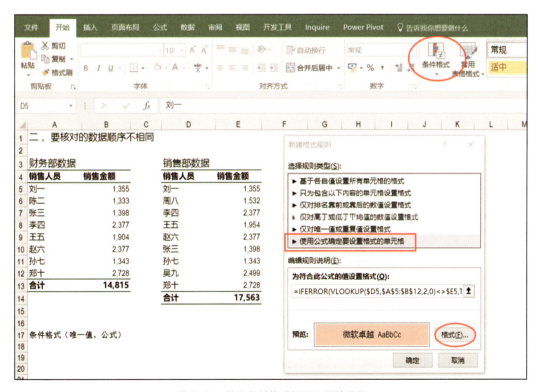

图 5-11 使用条件格式标识不同的记录

Step 4：设置好格式后，点击"确定"按钮，退出。

设置后，效果如图 5-12 所示。

	A	B	C	D	E
1	一、要核对的数据顺序不相同				
2					
3	财务部数据			销售部数据	
4	**销售人员**	**销售金额**		**销售人员**	**销售金额**
5	刘一	1,355		刘一	1,355
6	陈二	1,333		周八	1,532
7	张三	1,398		李四	2,377
8	李四	2,377		王五	1,954
9	王五	1,904		赵六	2,377
10	赵六	2,377		张三	1,398
11	孙七	1,343		孙七	1,343
12	郑十	2,728		吴九	2,499
13	**合计**	**14,815**		郑十	2,728
14				**合计**	**17,563**
15					

图 5-12　设置后的效果

【解释】

此筛选条件公式和前面介绍的高级筛选公式是一样的，唯一不同的地方是公式中 D5 改为了 $D5，E5 改为了 $E5。为什么要使用这样的混合引用呢？因为我们要设置的单元格是 D5:E13 区域，此时选定区域的活动单元格是 D5，所以公式中用的是 D5 单元格。如果公式使用 D5、E5 这样的相对引用，那么，当使用这个公式判断完 D5 单元格的值后，要去判断 E5 单元格是否满足公式的计算条件，当判断 E5 单元格时，公式会自动变为：

=IFERROR(VLOOKUP(E5,$A$5:$B$12,2,0)<>F5,TRUE)

这个公式的计算结果肯定是错的，为了让公式的单元格不随着单元格变化而变化，所以要将单元格引用的列锁定，写成混合引用形式：

=IFERROR(VLOOKUP($D5,$A$5:$B$12,2,0)<>$E5,TRUE)

这样，当判断 E 列单元格时，就不会出错，同时判断其他行的数据时还是会产生相应变化。

比如判断 D6 单元格时，条件公式会自动变为：

=IFERROR(VLOOKUP($D6,A$5:$B$12,2,0)<>$E6,TRUE)

当数据顺序不同且数据唯一时，除了使用 VLOOKUP 函数、高级筛选、条件格式来判断之外，我们还可以用透视表、Power Query 来查询比较。对此，我们将在后面的章节中再介绍。

本节介绍的若干方法，都有一定的局限性，大家必须根据实际情况灵活选择。

第二节　有重复值时数据的核对比较

一、使用 VLOOKUP 函数核对

1. 核对思路

VLOOKUP 函数有个特点：如果有多条符合条件的记录，当处于精确查找模式时，它会返回第一条符合条件的记录对应的值；当处于模糊查找模式时，它会要求查找数据按升序排列，并会返回符合条件的最后一条记录，如《示例 5-02》工作簿的“VLOOKUP 查找模式比较”工作表（图 5-13）所示。

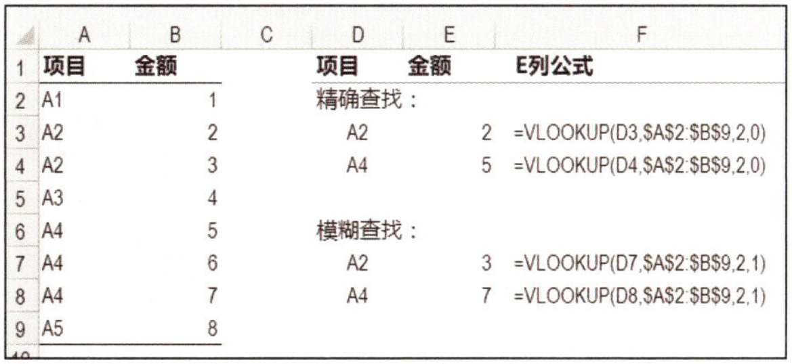

	A	B	C	D	E	F
1	项目	金额		项目	金额	E列公式
2	A1	1		精确查找：		
3	A2	2		A2	2	=VLOOKUP(D3,$A$2:$B$9,2,0)
4	A2	3		A4	5	=VLOOKUP(D4,$A$2:$B$9,2,0)
5	A3	4				
6	A4	5		模糊查找：		
7	A4	6		A2	3	=VLOOKUP(D7,$A$2:$B$9,2,1)
8	A4	7		A4	7	=VLOOKUP(D8,$A$2:$B$9,2,1)
9	A5	8				

图 5-13　VLOOKUP 函数两种查找模式

我们如果只是简单地使用 VLOOKUP 函数来查找、核对有重复值的数据，将只能查找到第一条或最后一条。要查找到所有重复值，我们就要设法将重复值变为不重复值，这就需要使用辅助列：使用辅助列将原数据和“是数据的第几条”组合起来，让其变为唯一值。比如图 5-13 中第 4 行的 A2 变为 A2-1，第 5 行的 A2 变为 A2-2。要统计其是第几条可以用 COUNTIF 或 COUNTIFS 函数。此技术已在第三章中进行了介绍，在此不加赘述。

二、使用数据透视表核对

除了使用辅助列将重复项变为不重复项，再使用 VLOOKUP 函数查找、核对，我们还可使用数据透视表来核对。具体操作如下：

Step 1：打开示例文件《示例 5-02》的“用透视表核对重复值”工作表，将财务部和销售部的数据复制到一个表中，添加一列“部门”，并分别输入部门的名称，如图 5-14 所示。

	A	B	C	D
1				
2		销售人员	销售金额	部门
3		刘一	1,355	财务部
4		陈二	1,333	财务部
5		张三	1,398	财务部
6		刘一	2,532	财务部
7		李四	2,377	财务部
8		王五	1,904	财务部
9		赵六	2,377	财务部
10		李四	2,248	财务部
11		孙七	1,343	财务部
12		刘一	2,532	财务部
13		李四	1,234	财务部
14		周八	1,587	财务部
15		吴九	2,499	财务部
16		郑十	2,728	财务部
17		刘一	1,355	销售部
18		陈二	1,333	销售部
19		张三	1,398	销售部
20		李四	2,377	销售部
21		李四	1,234	销售部
22		刘一	2,532	销售部
23		王五	1,954	销售部

图 5-14　将两个表格复制到同一个表

Step 2：选择新建的汇总表 B2:D30 单元格区域，点击"插入"选项卡中的"透视表"按钮，检查要分析的数据区域无误后，点击"确定"按钮（见图 5-15）。

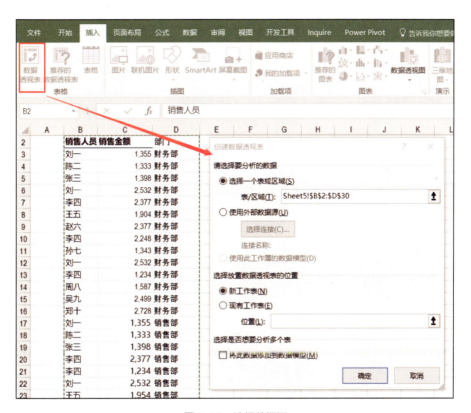

图 5-15　选择数据源

Step 3：在新建的表格右侧，显示的是透视表字段。用鼠标将"部门"拖到列标签处，将"销售人员"拖动行标签处，如图 5-16 箭头所示。然后将"销售金额"也拖到行标签，再将"销售金额"拖动两次到"值"区域（透视表字段的右下角区域），拖动后在值区域分别显示为"求和项：销售金额""求和项：销售金额 2"。

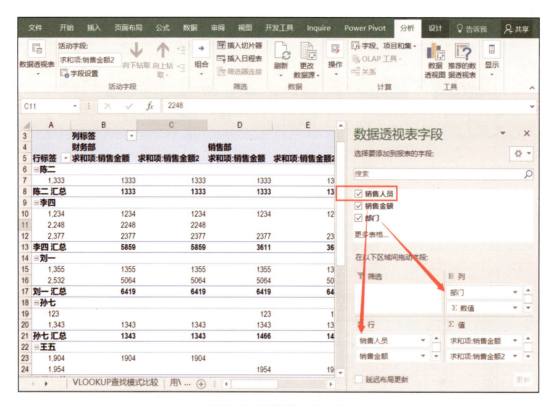

图 5-16　设置透视表的布局

Step 4：选中"值"区域中的"求和项：销售金额"，在弹出的菜单中选择"值字段设置"，然后将计算类型改为"计数"（见图 5-17）。

设置后，透视表如图 5-18 所示。

Step 5：为了让表格更清晰、可读，需要去掉表中不需要的行列汇总：

选中透视表中的任一单元格，点击数据透视表工具"设计"选项卡中的"总计"按钮，选择"对行和列禁用"，然后点击"设计"选项卡中的"报表布局"按钮，选择"以表格形式"显示（见图 5-19）。

图 5-17　将计算类型改为计数

	A	B	C	D	E	F	G
1							
2							
3		列标签					
4		财务部		销售部		计数项:销售金额汇总	求和项:销售金额2汇总
5	行标签	计数项:销售金额	求和项:销售金额2	计数项:销售金额	求和项:销售金额2		
6	⊟陈二						
7	1,333	1	1333	1	1333	2	2666
8	**陈二 汇总**	**1**	**1333**	**1**	**1333**	**2**	**2666**
9	⊟李四						
10	1,234	1	1234	1	1234	2	2468
11	2,248	1	2248			1	2248
12	2,377	1	2377	1	2377	2	4754
13	**李四 汇总**	**3**	**5859**	**2**	**3611**	**5**	**9470**
14	⊟刘一						
15	1,355	1	1355	1	1355	2	2710
16	2,532	2	5064	2	5064	4	10128
17	**刘一 汇总**	**3**	**6419**	**3**	**6419**	**6**	**12838**
18	⊟孙七						
19	123			1	123	1	123
20	1,343	1	1343	1	1343	2	2686
21	**孙七 汇总**	**1**	**1343**	**2**	**1466**	**3**	**2809**
22	⊟王五						
23	1,904	1	1904			1	1904
24	1,954			1	1954	1	1954
25	**王五 汇总**	**1**	**1904**	**1**	**1954**	**2**	**3858**
26	⊟吴九						

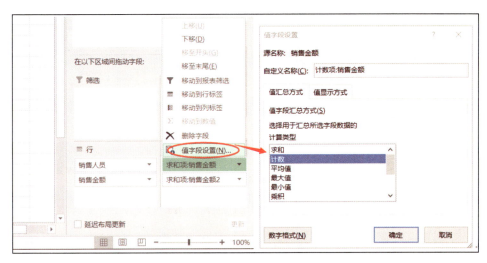

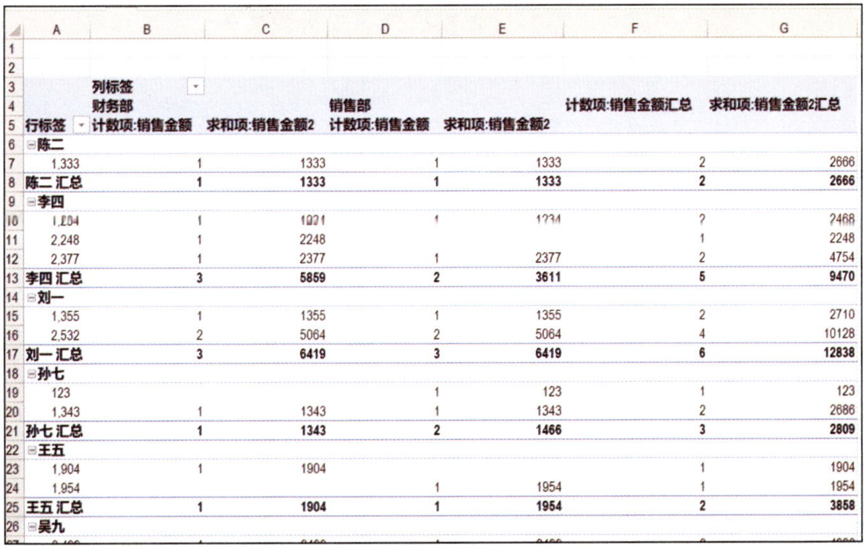

图 5-18　透视表

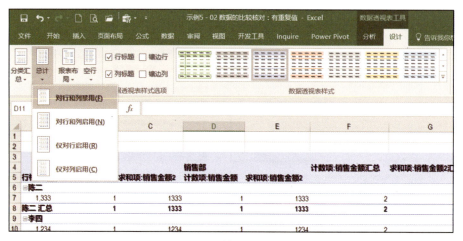

图 5-19 禁用行列总计

设置后,表格布局如图 5-20 所示。表格显示了各销售人员各金额的个数和金额,但是,各计数项不在一起,不便于核对,于是我们将计数项和求和项都放在一起来比对。

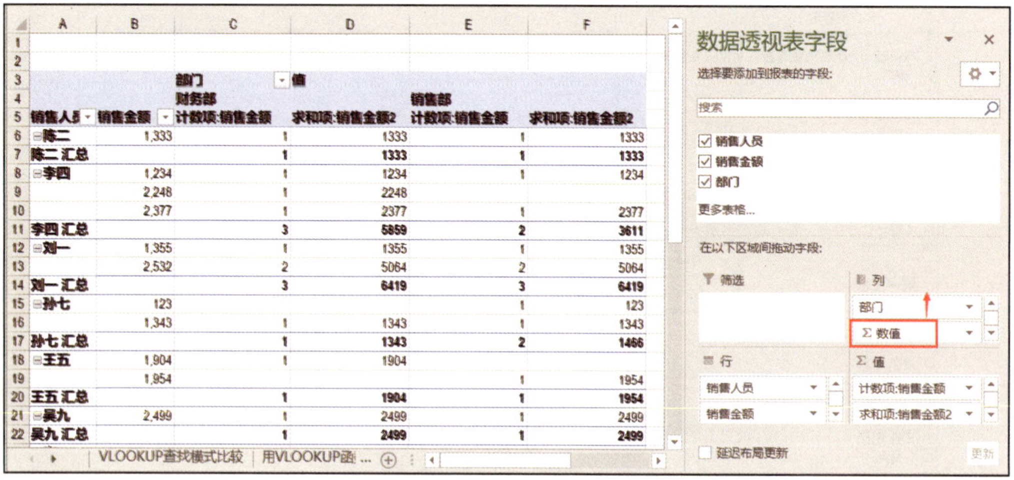

图 5-20 调换列标签的顺序

用鼠标选中“列”标签中的“∑数值”，将其拖动到“部门”前面。

通过这样的设置后，透视表布局如图 5-21 所示。

	A	B	C	D	E	F
3			值	部门		
4			计数项:销售金额		求和项:销售金额2	
5	销售人员	销售金额	财务部	销售部	财务部	销售部
6	陈二	1,333	1	1	1333	1333
7	**陈二 汇总**		**1**	**1**	**1333**	**1333**
8	李四	1,234	1	1	1234	1234
9		2,248	1		2248	
10		2,377	1	1	2377	2377
11	**李四 汇总**		**3**	**2**	**5859**	**3611**
12	刘一	1,355	1	1	1355	1355
13		2,532	2	2	5064	5064
14	**刘一 汇总**		**3**	**3**	**6419**	**6419**
15	孙七	123		1		123
16		1,343	1	1	1343	1343
17	**孙七 汇总**		**1**	**2**	**1343**	**1466**
18	王五	1,904	1		1904	
19		1,954		1		1954
20	**王五 汇总**		**1**	**1**	**1904**	**1954**
21	吴九	2,499	1	1	2499	2499
22	**吴九 汇总**		**1**	**1**	**2499**	**2499**

图 5-21 设置好的透视表

这样，两部门数据的差异就一目了然了。我们可以去掉销售人员的汇总，以便让表格看起来更清晰、可读。

■ 扩展阅读

如果对透视表比较熟练的话，可不用复制到同一列，直接使用多重合并计算数据区域的功能。具体操作请在微信公众号“Excel 偷懒的技术”中发送“合并多重区域”进行阅读。

第三节 核对比较案例：查询指定公司的交易明细

本节主要介绍用 Power Query 的合并查询功能来进行核对比较。

一、Power Query 合并查询基础

（一）从一个小案例了解合并查询

在第四章中，我们介绍了用 Power Query 的追加查询功能来合并多个工作表和工作簿。追加查询是将另一个表的记录依次添加在本表的记录之后，而本节要介绍的合并查询则是将另一个表的字段查询引用过来，作用类似于 VLOOKUP 等查询引用函数。我们用图 5-22 来表示。

图 5-22　追加查询与合并查询

下面我们用一个实例来了解一下合并查询功能。

打开示例文件《示例 5-03》，“数据”工作表如图 5-23 所示。

	A	B	C	D	E	F
1	财务部数据				销售部数据	
2	销售人员	销售金额			销售人员	销售金额
3	刘一	1,355			刘一	1,355
4	陈二	1,333			周八	1,532
5	张三	1,398			李四	2,377
6	李四	2,377			王五	1,954
7	王五	1,904			赵六	2,377
8	赵六	2,377			张三	1,398
9	孙七	1,343			孙七	1,343
10	郑十	2,728			吴九	2,499
11					郑十	2,728

图 5-23　二部门的数据

现在我们要用合并查询来比较、核对财务部和销售部的数据（表格中无重复的记录）。具体操作步骤如下：

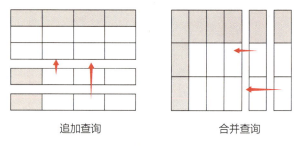

Step 1：选中 A2:B10 单元格区域，点击“数据”选项卡中“获取和转换”组的“表格”按钮，检查弹出的“创建表”对话框数据来源无误后，点击“确定”按钮（见图 5-24）。

Step 2：在弹出的“查询编辑器“窗口中，将查询名称“表 1”改为“财务部”。然后点击“开始”选项卡下的“关闭并上载”按钮，选择“关闭并上载至”，在弹出的“加载到”对话框中，选择“仅创建连接”（见图 5-25）。

图 5-24 将财务部数据添加到 Power Query

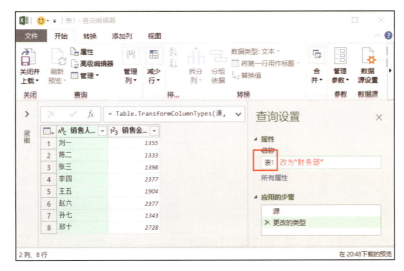

图 5-25 重命名查询名称

Step 3：按照 Step 1 和 Step 2 的步骤，将 E2:F11 单元格区域销售部的数据加载到 Power Query，并将查询重命名为"销售部"。

Step 4：点击"开始"选项卡下"合并查询"按钮旁的小三角箭头，选择"将查询合并为新查询"；在弹出的"合并"对话框中，对于第一个表选择"财务部"并选中"销售人员"这一列，对于第二个表选择"销售部"并选中"销售人员"这一列；将连接种类设为"左外部（第一个中的所有行，第二个中的匹配行）"；点击"确定"按钮（见图 5-26）。

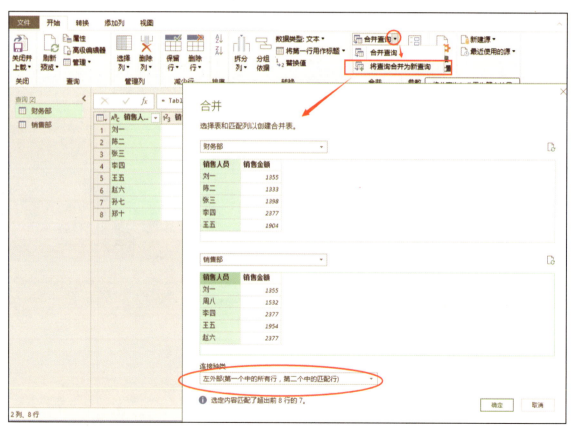

图 5-26　设置查询合并的连接种类

【解释】

在本步骤中选定"销售人员"实际上就是指定匹配列,就是告诉 Excel,以"销售人员"这一列为关键字去匹配这两个表。

Step 5:如图 5-27 所示,选择查询"Merge1",点击"销售部"字段名旁边的扩展按钮,去掉"使用原始列名作为前缀"的勾选,点击"确定"按钮。

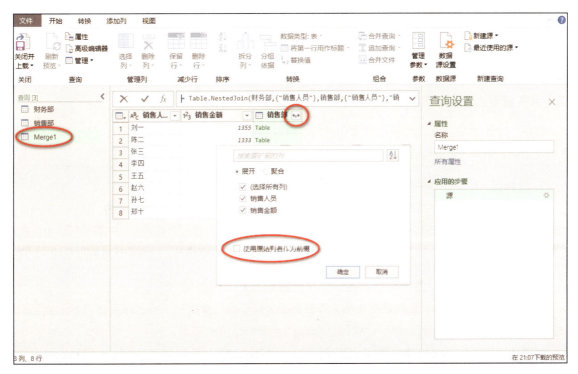

图 5-27 扩展"销售部"列

扩展后表格如图 5-28 所示。

图 5-28 的左边是“财务部”的数据，右边是“销售部”数据。我们选择的连接类型是“左外部（第一个中的所有行，第二个中的匹配行）”，也就是包含了财务部所有的记录，然后将销售部表中与财务部相匹配到的数据进行了查询。上面的效果类似于使用 VLOOKUP 函数查询。

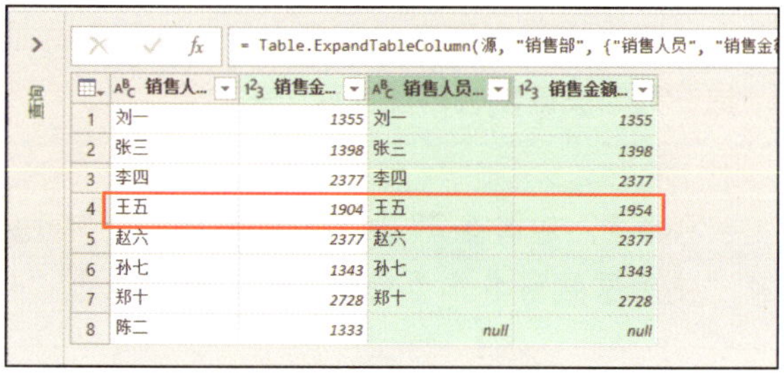

	销售人...	销售金...	销售人员...	销售金额...
1	刘一	1355	刘一	1355
2	张三	1398	张三	1398
3	李四	2377	李四	2377
4	王五	1904	王五	1954
5	赵六	2377	赵六	2377
6	孙七	1343	孙七	1343
7	郑十	2728	郑十	2728
8	陈二	1333	null	null

图 5-28　扩展后的效果

如果合并查询的结果中不需要销售部表“销售人员”列，我们在 Step 5 中点击“扩展”按钮后，将字段列表中“销售人员”前的勾去掉就可以了。我们也可以合并查询后选中此列，点击右键删除。

（二）合并查询的连接类型

在前一个示例中，我们利用合并查询进行“查找引用”，对合并查询的作用有了初步的了解后，我们来详细介绍一下合并查询的各种连接类型。

1. 左外部（第一个中的所有行，第二个中的匹配行）

左外连接（LEFT OUTER JOIN）这个名称是从 SQL 语句的连接类型沿袭过来的。我们在第一次接触这些概念时会觉得不好理解。为了方便记忆，我们可以将“外部”换成“全部”——左全部，也就是左边表的全部，即取左表的全部，右表能匹配上就取过来，匹配不上的就空着。这样就比较好理解和记忆了。

2. 右外部（第二个中的所有行，第一个中的匹配行）

根据上面的理解，右外部就是右全部，即右表的全部。我们来看一下将上面查询的连接类型改为“右外部（第二个中的所有行，第一个中的匹配行）”会是什么样的结果。

为了和后面的查询区分，我们将前面查询的名称“ Merge1”重命名为“左外”，然后点击窗口左侧的查询栏，右键选择“左外”，点击第二个“复制”，复制后的查询名称为“左外（2）”（见图 5-29）。

我们将复制出的查询“左外（2）”重命名为“右外”，然后点击“应用的步骤”列表的第一步“源”，点击右边的齿轮（见图 5-30）。

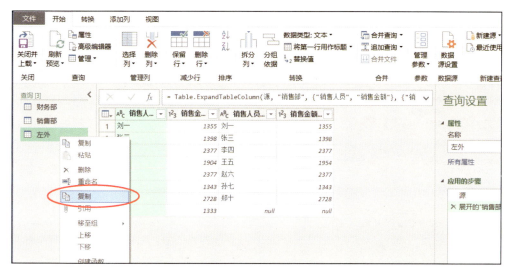

图 5-29 复制查询

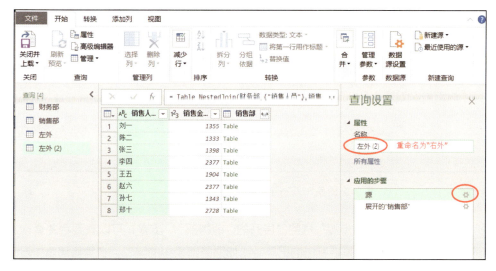

图 5-30 选择第一个步骤"源"

如图 5-31 所示，在弹出的"合并"对话框中，我们将连接种类修改为"右外部（第二个中的所有行，第一个中的匹配行）"，点击"确定"按钮。

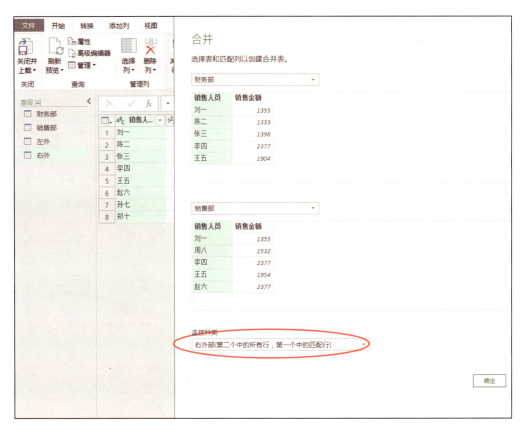

图 5-31　将连接种类改为"右外部"

此时，我们再选中"应用的步骤"栏的"展开的"销售部""步骤，可以看到合并查询出的表包含销售部的全部记录，财务部只是匹配出的记录，比如财务部表中的陈二，在销售部表中没有，就没有查询匹配出（见图 5-32）。

图 5-32　合并后的效果

3. 完全外部（两者中的所有行）

完全外部，即完全"全部"，也就是两表中的所有行，不管能不能匹配都列示出来，一个都不能少，匹配上的放在对应行。匹配并扩展后，表格如图 5-33 所示。

图 5-33　使用完全外部合并后的效果

4. 内部（仅限匹配行）

内部即两数据集的交叉部分，比如图 5-34 中两圆重叠的部分（交集），也就是能匹配的部分。

在本示例中,我们采用此连接类型,其结果如图 5-35 所示。

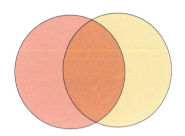

图 5-34 数据集交集示意图

图 5-35 使用内部合并后的效果

5. 左反(仅限第一个中的行)

反者,未匹配也。左反也就是左表中未匹配的行,也就是财务部表格中的陈二(见图 5-36)。

图 5-36 使用左反合并后的效果

6. 右反(仅限第二个中的行)

右反,就是右表未匹配的行,也就是销售部中没有匹配的行,在本案例中就是销售部表中的周八、吴九两条记录(见图 5-37)。

图 5-37　使用右反合并后的效果

二、无重复数据时的多条件查询

在连接类型为"左外部"的示例(《示例 5-03》)中，我们在进行图 5-26 中的 Step 4 操作时，指定匹配列只指定了一列"销售人员"，也就是以"销售人员"为单条件查询。在实际工作中，我们会遇到多条件匹配的情形。**用 Power Query 的合并查询进行多条件匹配时，我们要特别注意指定匹配列的顺序。**下面我们将以实例进行说明。

Step 1：打开示例文件《示例 5-04》。

Step 2：按前一小节示例的步骤，分别将"多条件"工作表(图 5-38)中的数量表和价格表导入 Power Query 中，并将查询分别重命名为"数量表""价格表"。

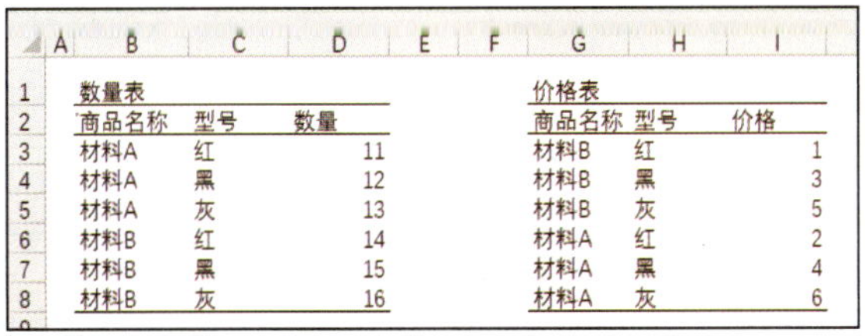

图 5-38　数据表

Step 3：在点击"将查询合并为新查询"步骤，**指定匹配列时，要注意选取两表中的"商品名称"和"型号"字段的先后顺序要一致。**选取匹配字段后，字段名称旁(图中的红圈处)会有选取的顺序号（见图 5-39）。

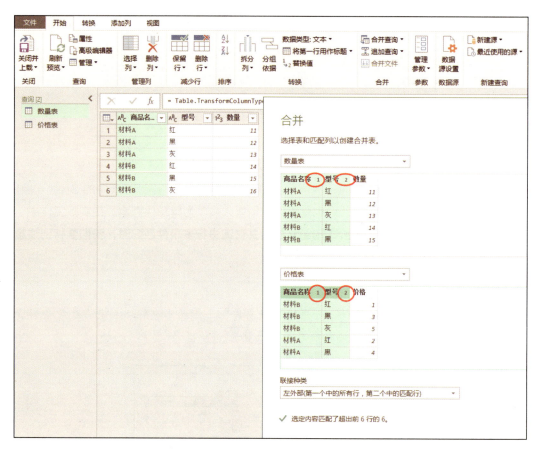

图 5-39　选取字段时注意选取的先后顺序

Step 4：点击"价格表"旁边的"扩展"按钮，将"商品名称""型号"前的勾去掉，点击"确定"按钮（见图 5-40）。

Step 5：插入自定义列"金额"（见图 5-41）。

图 5-40 去掉不要的字段

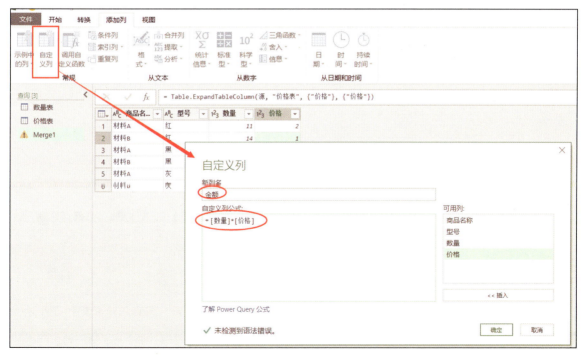

图 5-41 设置自定义列的公式

Step 6：点击商品名称列的三角箭头，选择"升序排列"，将同一种材料排在一起（见图5-42）。

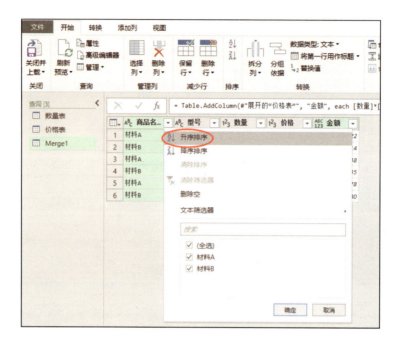

图5-42 按升序排列

Step 7：点击"开始"选项卡下的"关闭并上载"按钮，将查询加载到表格中。这样就利用合并查询功能完成了多条件查询（见图5-43）。

图5-43 加载到Excel表格中的效果

三、有重复数据时的多条件查询

当表格中有重复数据时，我们使用合并查询会将每一条重复数据都查询匹配一次，因而会生成"多余"的数据。 我们在使用合并查询时一定要注意这一点。

下面我们将以《示例5-05》工作簿的"Sheet 1"工作表中的数据为例进行介绍。

按前面的示例将财务部、销售部两个部门的表分别导入 Power Query 中，并合并查询，指定的匹配列为“公司名称”，连接类型为“左外部”。

在图 5-44 中，财务部中公司 B 有两条记录，销售部中公司 B 也有两条记录，查询后会生成四条公司 B 的记录，也就是先将财务部表中公司 B 数量为 2 的记录与“销售部”表中公司 B 的两条记录分别进行匹配后，然后再将公司 B 数量为 3 的记录与销售部中公司 B 的两条记录分别匹配。匹配后结果如图 5-45 所示。

	A	B	C	D	E
1	财务部			销售部	
2	公司名称	数量		公司名称	数量
3	公司A	1		公司A	1
4	公司B	2		公司B	2
5	公司B	3		公司B	3
6	公司C	4		公司C	4
7	公司D	6		公司C	5
8	公司D	7		公司D	7
9	公司E	8		公司F	9
10					

图 5-44　两个部门的数据表

查询 [3]
财务部
销售部
Merge1

= Table.ExpandTableColumn(源, "销售部", {"公司名称",

	公司名...	数量	公司名称...	数量.1
1	公司A	1	公司A	1
2	公司B	2	公司B	2
3	公司B	2	公司B	3
4	公司B	3	公司B	2
5	公司B	3	公司B	3
6	公司C	4	公司C	4
7	公司C	4	公司C	5
8	公司D	6	公司D	7
9	公司D	7	公司D	7
10	公司E	8	null	null

图 5-45　合并查询后的效果

上面的结果显然不是我们要的。从上面的案例来看，合并查询貌似是一个有很大局限性、很失败的功能，实际上我们正好可以利用上面这个“很失败”的功能来实现 VLOOKUP 函数无法实现的查询明细功能：

只要财务部中的记录都是唯一的、没有重复的，那么我们就可利用此功能来查询明细。

四、利用合并查询功能查找明细

我们以第三章的往来对账函为例介绍如何利用合并查询功能来查询明细。

扫码看视频

Step 1：打开示例文件《示例 5-06》。

Step 2：选中"往来对账单"工作表的 B2 单元格，点击"开始"选项卡的"合并后居中"按钮，将 B2 单元格取消合并（见图 5-46）。

图 5-46　取消 B2 单元格的合并

Step 3：选中第 2 行→右键→插入行，然后在 B2 单元格中输入"客户"二字（见图 5-47）。

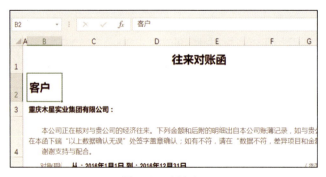

图 5-47　插入行

Step 4：选中 B2:B3 单元格，点击"数据"选项卡"获取和转换"组的"从表格"数据，将其导入 Power Query 中，并将查询名称重名为"单位名称"，然后点击"关闭并上载至"，选择"仅创建连接"。

Step 5：选取"核算项目明细"工作表的 B2:M249 单元格区域，将其也导入 Power Query 中。

Step 6：点击"开始"选项卡的"合并查询"按钮旁边的小三角箭头，点击"将查询合并为新查询"，指定"客户"列为匹配列，连接类型为"左外部"，然后点击"确定"按钮（见图 5-48）。

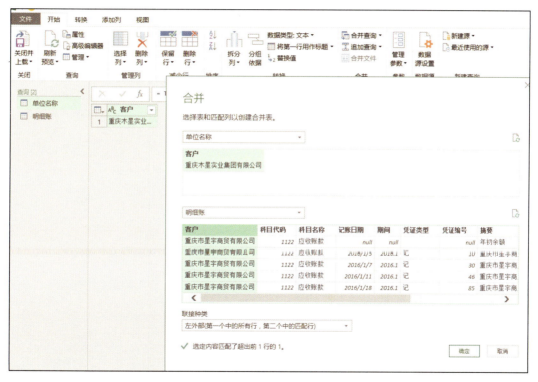

图 5-48　合并查询

查询后的效果如图 5-49 所示。

图 5-49　查询后的效果

Step 7：点击"明细账"列旁的"扩展"按钮，将不需要的字段前的勾去掉（见图 5-50）。

图 5-50　设置扩展后需显示的字段

Step 8：选中"客户"列→点击右键→删除（见图 5-51）。

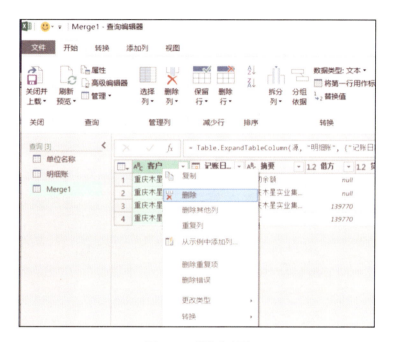

图 5-51　删除客户列

Step 9：点击"开始"选项卡下的"关闭并上载至"，点击"仅创建连接"。

Step 10：选取 19 行整行，然后按住【Ctrl+Shift】不放，再按往下的箭头（↓），选定"往来对账单"表 19 行及 19 行以下的行，然后将其全部删除掉。

Step 11：选中"Merge1"查询→右键→加载到，按图 5-52 进行设置。

此时，我们就可以将合并查询出的明细账上传到"往来对账单"表的 B19 单元格，然后再将"往来对账单"表的第 2 行隐藏，将单元格格式设置为无边框和填充色。如果我们要查询其他单元格，只需点击 B3 单元格的下拉箭头选取要查询的单位名称，再选中 19 行下查询结果表的任一单元格，点击右键中的"刷新"按钮，即可更新查询结果。

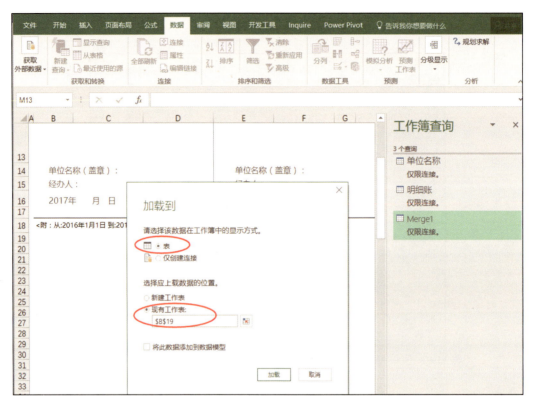

图 5-52　将查询加载到表格中

【提示】

　　将查询加载到工作表后，每次刷新时会自动调整列宽，要保持列宽不动，可按下面的操作设置：

　　选中加载的表格→点击"表格工具"中"设计"选项卡下的"属性"按钮→将"调整列宽"前的勾去掉。

第四节 核对往来：财务核对比较的典型案例

一、思路和方法

在财务人员的日常工作中，常见的数据核对就是核对往来（应收、应付）、做银行余额调节表时核对银行流水。这些情况下的数据，不管是应收应付，还是网银流水，金额肯定有重复的，因而不能简单地使用合并查询，需要先对数据进行处理。为了简化处理，我们还是使用本章第二节"用辅助列来化繁为简"的思路方法，先给数据添加辅助列，即给每个数据添加一个出现的序号，使用这种方法将重复数据变为不重复，然后再用 Power Query 的合并查询来核对。

二、操作步骤

下面我们以实例进行介绍。

Step 1：打开示例文件《示例 5-07》，"本公司的应收账明细"和"客户应付明细"两工作表如图 5-53 所示。

扫码看视频

图 5-53 两公司的应收应付明细

应收账款明细表的借方金额对应客户应付账款表的贷方金额。应收账款的贷方金额对应应付账款的借方金额。现需要核对客户账目和我公司的差异。

Step 2：在本公司应收账款明细表的 E3 单元格中输入公式，然后下拉填充：

=IF(C3="","减少 "&D3&"-"&COUNTIF(D$3:D3,D3),"增加 "&C3&"-"&COUNTIF(C$3:C3,C3))

> 【公式解释】
> COUNTIF(D$3:D3,D3) 用于统计本金额在 D 列是第几次出现。"&"是连接符。"减少 "&D3&"-"&COUNTIF(D$3:D3,D3) 就是生成"增加 1200000-1"这样的字符串。
> 公式合起来理解就是：如果 C3 为空（那么 D 列对应单元格肯定就有数据），就返回以 D 列金额及第几次出现数字组成的字符串，否则，就返回以 C 列金额及第几次出现数字组成的字符串。

Step 3：在客户应付账款明细的 E3 单元格中输入公式，然后下拉填充：

=IF(C3="","增加 "&D3&"-"&COUNTIF(D$3:D3,D3),"减少 "&C3&"-"&COUNTIF(C$3:C3,C3))

Step 4：分别将本公司应收账款明细、客户应付账款明细导入 Power Query，并分别将查询命名为"本公司""客户"。对于具体操作步骤，这里不再赘述。

Step 5：点击 Power Query 界面"开始"选项卡的"合并查询"按钮旁的三角箭头，选择"将查询合并为新查询"，指定辅助列"列 1"为匹配列，连接种类为"完全外部"（见图 5-54）。

Step 6：点击"客户"列的扩展按钮，将不需要的"列 1"前的勾去掉，同时去掉"使用原始列名作为前缀"的勾选。为了方便核对，保留交易日期和业务摘要（见图 5-55）。

按上面的步骤操作后，效果如图 5-56 所示。

Step 7：为了方便核对，我们将本公司数据中的"列 1"列删除，然后将客户数据中的"贷方金额.1"拖动到本公司的"借方金额"列旁边，并将列标题"贷方金额.1"重命名为"客户贷方"。

同样，我们将客户数据中的"借方金额.1"列拖动到本公司的"贷方金额"旁，并将列标题"借方金额.1"重命名为"客户借方"（见图 5-57）。

然后，我们将此查询关闭并加载到新工作表即可。

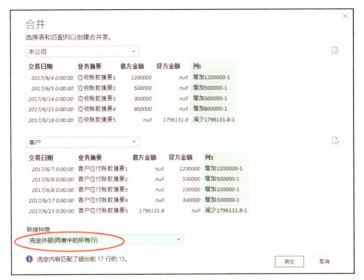

图 5-54　设置为合并查询的类型

图 5-55　扩展客户列

	交易日期	业务摘...	借方金...	贷方金...	列1	交易日期.1	业务摘要...	借方金额...	贷方金额...
1	2017/6/4 0:00:00	应收账款摘要1	1200000	null	增加1200000-1	2017/6/7 0:00:00	客户应付账款摘...	null	1200000
2	2017/6/5 0:00:00	应收账款摘要2	500000	null	增加500000-1	2017/6/8 0:00:00	客户应付账款摘...	null	500000
3	2017/6/14 0:00:00	应收账款摘要3	300000	null	增加300000-1	2017/6/17 0:00:00	客户应付账款摘...	null	300000
4	null	null	null	null	null	2017/6/8 0:00:00	客户应付账款摘...	null	100000
5	2017/6/18 0:00:00	应收账款摘要5	null	1796131.8	减少1796131.8-1	2017/6/21 0:00:00	客户应付账款摘...	1796131.8	null
6	2017/6/19 0:00:00	应收账款摘要7	300000	null	增加300000-2	2017/6/22 0:00:00	客户应付账款摘...	null	300000
7	2017/6/20 0:00:00	应收账款摘要8	1100000	null	增加1100000-1	2017/6/23 0:00:00	客户应付账款摘...	null	1100000
8	2017/6/21 0:00:00	应收账款摘要9	null	1306643.1	减少1306643.1-1	2017/6/24 0:00:00	客户应付账款摘...	1306643.1	null
9	2017/6/23 0:00:00	应收账款摘要10	150000	null	增加150000-1	2017/6/26 0:00:00	客户应付账款摘...	null	150000
10	2017/6/23 0:00:00	应收账款摘要11	null	520000	减少520000-1	2017/6/26 0:00:00	客户应付账款摘...	520000	null
11	null	null	null	null	null	2017/6/28 0:00:00	客户应付账款摘...	null	300000
12	2017/6/25 0:00:00	应收账款摘要12	200000	null	增加200000-1	2017/6/28 0:00:00	客户应付账款摘...	null	200000
13	2017/6/26 0:00:00	应收账款摘要13	600000	null	增加600000-1	2017/6/29 0:00:00	客户应付账款摘...	null	600000
14	null	null	null	null	null	2017/6/29 0:00:00	客户应付账款摘...	493840.63	null
15	2017/6/28 0:00:00	应收账款摘要14	null	520000	减少520000-2	2017/7/1 0:00:00	客户应付账款摘...	520000	null
16	2017/6/28 0:00:00	应收账款摘要15	350000	null	增加350000-1	2017/7/1 0:00:00	客户应付账款摘...	null	350000
17	2017/6/28 0:00:00	应收账款摘要16	null	282348	减少282348-1	2017/7/1 0:00:00	客户应付账款摘...	282348	null
18	2017/6/25 0:00:00	应收账款摘要17	null	287502	减少287502-1	2017/6/28 0:00:00	客户应付账款摘...	287502	null
19	2017/6/15 0:00:00	应收账款摘要4	800000	null	增加800000-1	null	null	null	null
20	2017/6/18 0:00:00	应收账款摘要6	null	661760	减少661760-1	null	null	null	null

图 5-56　扩展后的效果

查询 [3]
本公司
客户
Merge1

```
= Table.RenameColumns(重排序的列,{{"贷方金额.1", "客户贷方"}, {"借方金额.1", "客户借方"}})
```

	交易日期	业务摘...	借方金...	客户贷...	贷方金额	客户借方	交易日期.1	业务摘要.1
1	2017/6/4 0:00:00	应收账款摘要1	1200000	1200000	null	null	2017/6/7 0:00:00	客户应付账款摘要1
2	2017/6/5 0:00:00	应收账款摘要2	500000	500000	null	null	2017/6/8 0:00:00	客户应付账款摘要2
3	2017/6/14 0:00:00	应收账款摘要3	300000	300000	null	null	2017/6/17 0:00:00	客户应付账款摘要4
4	null	null	null	100000	null	null	2017/6/8 0:00:00	客户应付账款摘要3
5	2017/6/18 0:00:00	应收账款摘要5	null	null	1796131.8	1796131.8	2017/6/21 0:00:00	客户应付账款摘要5
6	2017/6/19 0:00:00	应收账款摘要7	300000	300000	null	null	2017/6/22 0:00:00	客户应付账款摘要6
7	2017/6/20 0:00:00	应收账款摘要8	1100000	1100000	null	null	2017/6/23 0:00:00	客户应付账款摘要7
8	2017/6/21 0:00:00	应收账款摘要9	null	null	1306643.1	1306643.1	2017/6/24 0:00:00	客户应付账款摘要8
9	2017/6/23 0:00:00	应收账款摘要10	150000	150000	null	null	2017/6/26 0:00:00	客户应付账款摘要9
10	2017/6/23 0:00:00	应收账款摘要11	null	null	520000	520000	2017/6/26 0:00:00	客户应付账款摘要10
11	null	null	null	300000	null	null	2017/6/28 0:00:00	客户应付账款摘要11
12	2017/6/25 0:00:00	应收账款摘要12	200000	200000	null	null	2017/6/28 0:00:00	客户应付账款摘要12
13	2017/6/26 0:00:00	应收账款摘要13	600000	600000	null	null	2017/6/29 0:00:00	客户应付账款摘要14
14	null	null	null	null	null	493840.63	2017/6/29 0:00:00	客户应付账款摘要13
15	2017/6/28 0:00:00	应收账款摘要14	null	null	520000	520000	2017/7/1 0:00:00	客户应付账款摘要15
16	2017/6/28 0:00:00	应收账款摘要15	350000	350000	null	null	2017/7/1 0:00:00	客户应付账款摘要16
17	2017/6/28 0:00:00	应收账款摘要16	null	null	282348	282348	2017/7/1 0:00:00	客户应付账款摘要17
18	2017/6/25 0:00:00	应收账款摘要17	null	null	287502	287502	2017/6/28 0:00:00	客户应付账款摘要18
19	2017/6/15 0:00:00	应收账款摘要4	800000	null	null	null	null	null
20	2017/6/18 0:00:00	应收账款摘要6	null	null	661760	null	null	null

图 5-57　调整各列的顺序

沧海遗珠

举一反三见招拆招的综合应用

第六章

好学而不勤问,非真能好学者也。——刘开
=IF(and(好学,勤问),真好学者,非真好学者)

本章介绍如何用文本类、日期类等函数及相关功能制作财务工作中常用的一些表格，如业绩排名表、票据管理台账、进销存台账及统计表，以及财务单据（付款单、进账单）的套打等。

第一节　排名排序：TOP 榜单这样做

一、需求背景

《示例 6-01 排名排序：销售人员业绩排名表》

有江湖的地方，总免不了要排个座次。逸凡公司虽然不是水泊梁山，但是在财务考核或数据分析工作中，也会经常需要对统计指标进行排序。现在，又到了考核业绩的日子，我们需要一个"销售人员业绩排名表"（以下简称"排名表"），要求有以下功能：

- 在原始数据表上新增字段显示总体排名（中式、美式以及辅助排名）。
- 在原始数据表上新增字段显示各销售区域的区域排名。
- 根据原始数据表，自动生成一张按名次排列的排名表。

其中，中式排名和美式排名的区别是，当并列第 N 名时（例如有两个销售人员并列第 2），中式排名的下一个记录排名始终是 $N+1$（2+1，第 3），而美式排名的下一个记录则始终是排在前面的所有记录数 +1（1+2+1，第 4），如表 6-1 所示。

表 6-1　中式排名与美式排名示例

部门名称	销售金额（万元）	中式排名	美式排名
市场一部	500	1	1
市场三部	450	2	2
市场二部	450	2	2
市场四部	430	3	4

从排名的意义看，美式排名适用性更强，故本书中除特别说明外，均采用美式排名模式讲解。

辅助排名是指为了使排名更加细化，当两条及两条以上的记录打成平手时，再指定一个其他的条件作为"辅助"，使得这些记录能尽量分出胜负。例如，奥运会奖牌榜排名，如果金牌数相同，则银牌多者排名靠前。

二、表格布局

排名表在布局上相对来说没有太多的技术含量，只要把必要的字段列出即可。在本例中，假设逸凡公司业务系统里导出的销售人员业绩统计表格式如"总体排名"工作表（图 6-1）所示。

员工代码	销售员	销售区域	传统产品收入	新产品收入	总收入
销售人员业绩汇总表					
考核年度	2017年				单位：万元
XS001	薛大庆	东北	530.00	120.00	650.00
XS002	季长春	东北	430.00	185.00	615.00
XS003	洪盘锦	东北	515.00	135.00	650.00
XS004	邬苏里	东北	550.00	150.00	700.00
XS005	孙东吴	东南	695.00	160.00	855.00
XS006	游苏杭	东南	700.00	160.00	860.00
XS007	邓东方	东南	650.00	185.00	835.00
XS008	伍岳松	中部	510.00	260.00	770.00
XS009	江河汉	中部	530.00	240.00	770.00
XS010	郑中原	中部	520.00	160.00	680.00
XS011	唐大雁	中部	530.00	160.00	690.00
XS012	连天山	西北	470.00	110.00	580.00
XS013	杨玉门	西北	510.00	110.00	620.00
XS014	卫嘉峪	西北	520.00	100.00	620.00
XS015	巴蜀山	西南	600.00	100.00	700.00
XS016	云春城	西南	620.00	160.00	780.00
XS017	杜赤水	西南	530.00	150.00	680.00
XS018	陆川藏	西南	590.00	110.00	700.00

图 6-1 销售人员业绩汇总表

其中，员工代码因为自带排他属性（员工有重名的可能），一定不能被当作无用信息错杀掉，稍后我们会看到它的价值。

三、公式设计

（一）在原始数据表中添加总体排名

在原始数据表中添加排名也就是不改变图 6-1 记录顺序的情况下，直接在后面新增字段统计排名。假设按逸凡公司考核规定，以总收入高低（降序）作为排名依据。

1. 中式排名

（1）逻辑思路。

从中式排名的定义及本案例的规则我们可知，销售员的排名，应该等于总收入高于自己的不重复值的人数再加 1。所以，中式排名公式遵循这个思路，可按以下两步解决问题。

第一步：统计不重复总收入的个数。

第二步：将小于等于当前业务员的总收入从统计中剔除。

（2）参考公式及套用模型。

【中式排名】的公式模型：
=SUMPRODUCT((区域 A> 单元格 A)/COUNTIF(区域 A, 区域 A))+1
定义：区域 A：考核项目字段（总收入）的数据区域（绝对引用）。
　　　 单元格 A：第一条记录考核项目字段的值（相对引用）。

基于以上思路和模型，"总体排名"工作表的 G4 单元格中的公式为：

=SUMPRODUCT(($F$4:$F$21>F4)/COUNTIF($F$4:$F$21,$F$4:$F$21))+1

向下填充至最后一条记录后，即可完成（见图 6-2）。

（3）公式解析。

第一步，统计不重复总收入的个数。

不指定条件统计不重复值的个数的套路如下：

【统计唯一值个数】的公式模型：

=SUMPRODUCT(1/COUNTIF(区域 A, 区域 A))

G4 =SUMPRODUCT(($F$4:$F$21>F4)/COUNTIF($F$4:$F$21,$F$4:$F$21))+1

销售人员业绩汇总表

考核年度 2017年 单位：万元

员工代码	销售员	销售区域	传统产品收入	新产品收入	总收入	中式排名
XS001	薛大庆	东北	530.00	120.00	650.00	9
XS002	季长春	东北	430.00	185.00	615.00	11
XS003	洪盘锦	东北	515.00	135.00	650.00	9
XS004	邬苏里	东北	550.00	150.00	700.00	6
XS005	孙东昊	东南	695.00	160.00	855.00	2
XS006	游苏杭	东南	700.00	160.00	860.00	1
XS007	邓东方	东南	650.00	185.00	835.00	3
XS008	伍岳松	中部	510.00	260.00	770.00	5
XS009	江河汉	中部	530.00	240.00	770.00	5
XS010	郑中原	中部	520.00	160.00	680.00	8
XS011	唐大雁	中部	530.00	160.00	690.00	7
XS012	连天山	西北	470.00	110.00	580.00	12
XS013	杨玉门	西北	510.00	110.00	620.00	10
XS014	卫嘉峪	西北	520.00	100.00	620.00	10
XS015	巴蜀山	西南	600.00	100.00	700.00	6
XS016	云春城	西南	620.00	160.00	780.00	4
XS017	杜赤水	西南	530.00	150.00	680.00	8
XS018	陆川藏	西南	590.00	110.00	700.00	6

总体排名 内部排名 排名表

图 6-2 中式排名公式

将上面统计唯一值个数（求不重复值个数）的模型公式套入本案例，其公式为：

=SUMPRODUCT(1/COUNTIF($F$4:$F$21,$F$4:$F$21))

上面公式中的 SUMPRODUCT 会进行数组运算：

首先，先依次进行下面的运算：

=1/COUNTIF($F$4:$F$21, F**4**)

=1/COUNTIF($F$4:$F$21, F**5**)

……

=1/COUNTIF($F$4:$F$21, F**21**)

（上述公式的计算结果见图 6-3 的 L 列）。

然后，用 SUMPRODUCT 对上述公式的计算结果进行求和。求和的结果就是唯一值的个数。

之后，将小于等于当前业务员的总收入从统计中剔除。

这是一个比较大小并进行筛选的问题。要选定总收入比当前记录大的值，就是将总收入区域中的各个数值，依次和当前记录的总收入值相比较，获胜的留下，败北的淘汰。我们将其转化为公式，可表示为：

$F$4:$F$21>F4

其运算过程是：

判断 F4 是否大于 F4，如果是，则返回 TURE，否则返回 FALSE，

判断 F5 是否大于 F4，如果是，则返回 TURE，否则返回 FALSE，

……

判断 F21 是否大于 F4，如果是，则返回 TURE，否则返回 FALSE。

在 Excel 中，逻辑值 TURE 和 FALSE 直接进行数学运算时分别可视为 1 和 0（相关知识点请参照本节"四、知识点"部分的"知识点 2：TURE 和 FALSE"的另一重身份）。所以，上述运算结果也可以解读为，如果满足条件便记为 1，否则记为 0。由于 0 与任何数的乘积都是 0，所以不论应被淘汰的值重复多少次，带入第一步公式乘以自己出现次数的倒数，始终也是 0，不会影响最终求和的结果。

我们将上述两步的公式结合，即可得到大于当前记录的总收入不重复值的个数：

=SUMPRODUCT(($F$4:$F$21>F4)/COUNTIF($F$4:$F$21,$F$4:$F$21))

以第一个员工（第 4 行）为例，该公式的运算过程如图 6-3 所示。

最后，我们在 SUMPRODUCT 函数和 COUNTIF 函数的计算结果上再加 1，便得到当前记录的中式排名了。

从前面的公式分析中，我们可以看出，中国式排名的公式，实际上就是条件求唯一值的个数，条件为"销售收入大于某数字的唯一值的个数"。我们将上面中式排名模型公式进行扩展，就是单条件求唯一值。

【单条件求唯一值】的公式模型：
=SUMPRODUCT((比较条件)/COUNTIF(区域 A, 区域 A))

	A	B	C	F	G	J	K	L	M
1	销售人员业绩汇总表								
2	考核年度	2017年				中式排名公式运算过程演示区（以第一个员工（第4行）排名为例）			
3	员工代码	销售员	销售区域	总收入	中式排名		区域A＞单元格A	1/COUNTIF(区域A,区域A)	前两部分乘积
4	XS001	薛大庆	东北	650.00	9		0	1/2	0
5	XS002	季长春	东北	615.00	11		0	1	0
6	XS003	洪盈橘	东北	650.00	9		0	1/2	0
7	XS004	郜苏里	东北	700.00	6		1	1/3	1/3
8	XS005	孙东吴	东南	855.00	2		1	1	1
9	XS006	游苏杭	东南	860.00	1		1	1	1
10	XS007	邓东方	东南	835.00	3		1	1	1
11	XS008	伍岳松	中部	770.00	5		1	1/2	1/2
12	XS009	江河汉	中部	770.00	5		1	1/2	1/2
13	XS010	郑中原	中部	680.00	8		1	1/2	1/2
14	XS011	唐大雁	中部	690.00	7		1	1	1
15	XS012	连天山	西北	580.00	12		0	1	0
16	XS013	杨玉门	西北	620.00	10		0	1/2	0
17	XS014	卫嘉峪	西北	620.00	10		0	1/2	0
18	XS015	巴蜀山	西南	700.00	6		1	1/3	1/3
19	XS016	云春城	西南	780.00	4		1	1	1
20	XS017	杜赤水	西南	680.00	8		1	1/2	1/2
21	XS018	陆川藏	西南	700.00	6		1	1/3	1/3
22							SUMPRODUCT函数实现前两部分乘积求和			8
23							两部分乘积之和再加1，得到最终名次			9

图 6-3 满足条件的不重复值个数公式的运算过程

■ **扩展阅读**

在财务日常工作中，我们会遇到各种情况下统计唯一值的个数（无条件、多条件）的需求，请在微信公众号"Excel偷懒的技术"中发送"唯一值个数"进行阅读。

2. 美式排名

相对于复杂一些的中式排名，美式排名就可以简单、直白地用单个函数实现了，选中 H4 单元格输入以下公式：

=RANK(F4,$F$4:$F$21,0)

其中，第三参数 0 是表示按降序模式排名，由于该函数默认是降序模式，故 H4 单元格录入的公式可省略第三参数，简化为：

=RANK(F4,$F$4:$F$21)

向下填充至最后一条记录后,即可完成(见图6-4)。

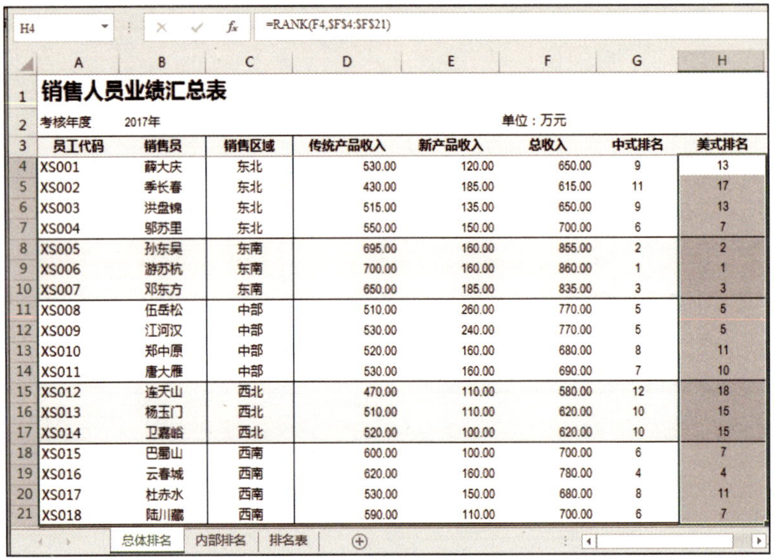

图6-4 中式排名公式

如果我们需要按升序排名,则将第三参数设置为1即可。

3. 辅助排名

假设在本案例中,逸凡公司的考核规则为,首先以总收入降序排名,若总收入相同,则以新产品收入作为辅助条件进行再对比,数值高者,排名靠前。

(1)逻辑思路。

辅助排名其实很像两个两位数比大小,只有十位上的数(首要条件)相同时,才轮得到个位数(辅助条件)出场较量。其中的关键,就是要避免辅助条件PK的时候喧宾夺主伤及无辜,干扰到首要条件的对比。

上面的比喻,其实就给我们提供了应对的思路:首先,单独对总收入和新产品收入进行排名,然

后把这两个排名组合成一个"两位数"作为排名参数进行排名。确定排名参数的方法主要有以下两种:

方法 1:排名参数 = 首要条件排名 + 辅助排名 /X。

方法 2:排名参数 = 首要条件排名 *X+ 辅助排名。

其中,X 必须大于等于参与排名的记录条数,否则会出现第二条件喧宾夺主扰乱排名的风险。

以方法 1 结合本案例数据来说,已知参与排名的记录共 18 条,则 X 至少为 18,故上述公式可写为:

排名参数 = 总收入排名 + 新产品收入排名 /18

我们可按以下步骤设计公式。

第一步:在公式中构造一个排名参数序列。

第二步:统计比当前业务员小的排名参数的个数,再加上 1。

(2)参考公式及套用模型。

> 【辅助排名公式】公式模型:
> =SUMPRODUCT(--((RANK(区域 A:区域 A)+RANK(区域 B:区域 B)/COUNTA(区域 C))<(组件 A+ 组件 B/COUNTA(区域 A))))+1
>
> 定义:组件 A:首要条件(总收入)排名公式。
> 组件 B:辅助条件(新产品收入)排名公式。
> 区域 A:首要条件字段(总收入)的数据区域(绝对引用)。
> 区域 B:辅助条件字段(新产品收入)的数据区域(绝对引用)。
> 区域 C:原始表中任意一个字段(建议使用具有唯一性的字段)的数据区域(绝对引用)。

基于以上思路和公式模型,选中 I4 单元格输入以下公式:

=SUMPRODUCT(--((RANK($F$4:$F$21,$F$4:$F$21)+RANK($E$4:$E$21,$E$4:$E$21)/COUNTA($A$4:$A$21))<(RANK(F4,$F$4:$F$21)+RANK(E4,$E$4:$E$21)/COUNTA($A$4:$A$21))))+1

向下填充至最后一条记录后,即可完成(见图 6-5)。

	A	B	C	D	E	F	G	H	I
1	销售人员业绩汇总表								
2	考核年度	2017年				单位：万元			
3	员工代码	销售员	销售区域	传统产品收入	新产品收入	总收入	中式排名	美式排名	辅助排名
4	XS001	薛大庆	东北	530.00	120.00	650.00	9	13	14
5	XS002	李长春	东北	430.00	185.00	615.00	11	17	17
6	XS003	洪盘锦	东北	515.00	135.00	650.00	9	13	13
7	XS004	郭苏里	东北	550.00	150.00	700.00	6	7	7
8	XS005	孙东吴	东南	695.00	160.00	855.00	2	2	2
9	XS006	游苏杭	东南	700.00	160.00	860.00	1	1	1
10	XS007	邓东方	东南	650.00	185.00	835.00	3	3	3
11	XS008	伍岳松	中部	510.00	260.00	770.00	5	5	5
12	XS009	江河汉	中部	530.00	240.00	770.00	5	5	6
13	XS010	郑中原	中部	520.00	160.00	680.00	8	11	11
14	XS011	唐大雁	中部	530.00	160.00	690.00	7	10	10
15	XS012	连天山	西北	470.00	110.00	580.00	12	18	18
16	XS013	杨玉门	西北	510.00	110.00	620.00	10	15	15
17	XS014	卫嘉峪	西北	520.00	100.00	620.00	10	15	16
18	XS015	巴蜀山	西南	600.00	100.00	700.00	6	7	9
19	XS016	云春城	西南	620.00	160.00	780.00	4	4	4
20	XS017	杜赤水	西南	530.00	150.00	680.00	8	11	12
21	XS018	陆川藏	西南	590.00	110.00	700.00	6	7	8

I4 单元格公式：
`=SUMPRODUCT(--((RANK($F$4:$F$21,$F$4:$F$21)+RANK($E$4:$E$21,$E$4:$E$21)/COUNTA($A$4:$A$21))<(RANK(F4,$F$4:$F$21)+RANK(E4,$E$4:$E$21)/COUNTA($A$4:$A$21))))+1`

图 6-5 辅助排名公式

（3）公式解析。

第一步：在公式中构造一个排名参数序列。

根据排名参数的公式（以方法 1 为例）可得：

=RANK(F4,$F$4:$F$21)+RANK(E4,$E$4:$E$21)/COUNTA($A$4:$A$21)

其中，对于计算参与排名的业务员个数的任务，我们交给 COUNTA 函数来完成。该函数是统计非空单元格个数的。

第二步：统计比当前业务员小的排名参数的个数，再加上 1。

这就是前面已经出现过的老套路了，将所有销售员的排名参数逐个与当前销售员的排名参数相对比，如果小，则得 1 分（TURE），反之则得 0 分（FALSE）。

所有销售员的排名参数序列用公式表示为：

=RANK($F$4:$F$21,$F$4:$F$21)+RANK($E$4:$E$21,$E$4:$E$21)/COUNTA($A$4:$A$21)

接下来 SUMPRODUCT 函数又来发挥统计员的职能，将上述比较后的得分求和后再加上 1，即可得到当前销售员的最终排名。

我们以第一个员工（第 4 行）为例，该公式的运算过程如图 6-6 所示。

	A	B	C	D	E	F	I J	K	L
1	销售人员		表						
2	考核年度	2017年				单位：万元		辅助排名公式运算过程演示区（以第一个员工（第4行）排名为例）	
3	员工代码	销售员	销售区域	传统产品收入	新产品收入	总收入	辅助排名	RANK(区域A:区域A) + RANK(区B:区域B)/COUNTA(区域C)	RANK(区域A:区域A)+RANK(区B:区域B)/COUNTA(区域C) < (组件A+组件B/COUNTA(区域A)
4	XS001	薛大庆	东北	530.00	120.00	650.00	14	13.72	0
5	XS002	季长春	东北	430.00	185.00	615.00	17	17.17	1
6	XS003	洪盘锦	东北	515.00	135.00	650.00	13	13.67	1
7	XS004	郜苏里	东北	550.00	150.00	700.00	7	7.56	1
8	XS005	孙东昊	东南	695.00	160.00	855.00	2	2.28	1
9	XS006	游苏杭	东南	700.00	160.00	860.00	1	1.28	1
10	XS007	邓东方	东南	650.00	185.00	835.00	3	3.17	1
11	XS008	伍岳松	中部	510.00	260.00	770.00	5	5.06	1
12	XS009	江河汉	中部	530.00	240.00	770.00	6	5.11	1
13	XS010	郑中原	中部	520.00	160.00	680.00	11	11.28	1
14	XS011	唐大雁	中部	530.00	160.00	690.00	10	10.28	1
15	XS012	连天山	西北	470.00	110.00	580.00	18	18.78	0
16	XS013	杨玉门	西北	510.00	110.00	620.00	15	15.78	1
17	XS014	卫嘉峪	西北	520.00	100.00	620.00	16	15.94	0
18	XS015	巴墨山	西南	600.00	100.00	700.00	9	7.94	1
19	XS016	云春城	西南	620.00	160.00	780.00	4	4.28	1
20	XS017	杜赤水	西南	530.00	150.00	680.00	12	11.56	1
21	XS018	陆川藏	西南	590.00	110.00	700.00	8	7.78	1
22								SUMPRODUCT函数对L列结果进行求和	13
23								两部分乘积之和再加1，得到最终名次	14

图 6-6　辅助排序公式的运算过程

（二）在原始数据表中添加销售区域内部排名

1. 逻辑思路

销售区域内部排名，其实就是在销售区域相同的"小团体"内，统计出总收入高于当前业务员的个数，再加上 1。

2. 参考公式及套用模型

【内部排名】公式模型：
=COUNTIFS(区域 A, 单元格 A, 区域 B,">"& 单元格 B)+1

> 区域 A：定义为内部的字段（销售区域）的数据区域（绝对引用）。
> 区域 B：考核项目字段（总收入）的数据区域（绝对引用）。
> 单元格 A：第一条记录定义为内部字段的值（相对引用）。
> 单元格 B：第一条记录考核项目字段的值（相对引用）。

为了与总体排名区别，我们新增"内部排名"工作表，并选中 I4 单元格输入以下公式：

=COUNTIFS($C$4:$C$21,C4,$F$4:$F$21,">"&F4)+1

向下填充至最后一条记录后，即可完成（见图 6-7）。

图 6-7　销售区域内部排名公式

3. 公式解析

COUNTIFS 函数的作用是多条件计数，正好可以统计同时满足"与当前记录销售区域相同"和"总收入大于当前记录"两个条件的记录的个数，最后再加上 1，即可得到当前记录的排名。

此外，我们也可以用 SUMPRODUCT 函数来实现此类排名，具体公式为：

=SUMPRODUCT(($C$4:$C$21=C4)*($F$4:$F$21>F4))+1

其运算原理，可参见总体排名部分的分析。

（三）按名次排列的排名表

如果需要更直观地查看排名情况，我们可以专门做一个按名次排列的排名表，具体布局如图 6-8 所示。

图 6-8 排名表布局

1. 排名序列

（1）逻辑思路。

按升序排列排名主要需要考虑以下问题：

由于排名有可能存在并列情况，这就存在"断号"和"重号"的可能性，所以不能简单录入一组从 1 到 N 的连续整数作为名次。但是，不管是否存在并列，排名的顺序始终是从小到大的。所以，只要我们按最小、第二小、第三小……的规律排列，就一定没问题。

（2）参考公式及套用模型。

基于以上思路，我们新增"排名表"工作表，并选中 A4 单元格输入以下公式：

=SMALL(总体排名 !$H$4:$H$21,ROW(A1))

向下填充至最后一条记录后，即可完成（见图 6-9）。

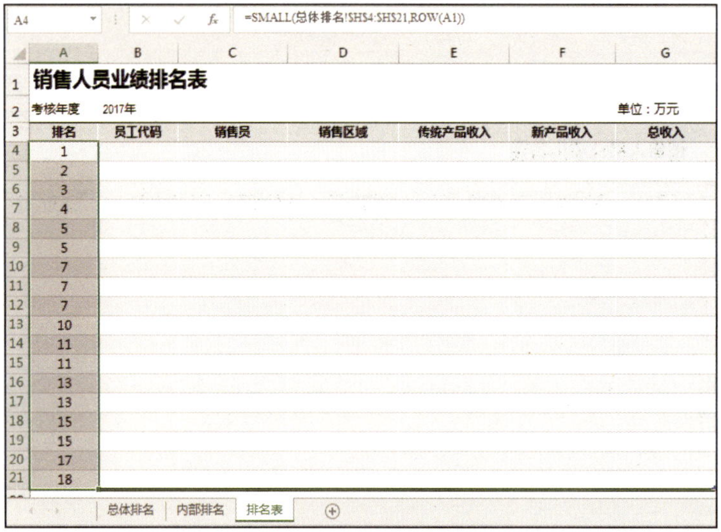

图 6-9　排名序列的公式

> 【排名序列】公式模型：
> =SMALL(原始数据表中的排名序列 ,ROW(A1))

（3）公式解析。

SMALL 函数返回序列中第 X 小的数。由于是行填充，所以对于其中的 X，我们需要专门计算行号的 ROW 函数来帮助我们调整为动态模式。具体方法是，将第一条记录设置为任意一个行号为 1

的单元格（比如本案例选的"A1"），此时 ROW 函数计算的结果即为 1，依此类推，第 X 条记录的值，就是 X。

2. 根据排名匹配记录的相关信息。

（1）逻辑思路。

这里同样存在是否有并列排名的问题，如果没有并列排名，那会是很幸福的（操作起来很简单），因为此时的每个名次是唯一的，直接用 VLOOKUP 函数就能搞定。下面我们将只讨论适用性更强的考虑并列排名情况下（以总体美式排名为例）的思路。

假设，现在我们是要寻找第 N 名对应的销售员，其应该同时满足以下两个条件：

条件一，某销售员要成为第 N 名，其总收入也应该是第 N 名。

条件二，由于有并列的可能，所以要判断总收入第 N 名的某个销售员是否已经榜上有名。比如，张三和李四并列第三，在第一次找总收入第三名时，张三上榜，随后再找第二个第三名时，如果又找到张三，由于此时张三已经上榜，所以应跳过继续寻找。

最后需要注意的是，在若干需要匹配的字段中，第一个匹配的应是具备唯一性的字段。这样，在匹配剩下的字段的时候，我们就可以直接使用 VLOOKUP 函数来完成。这也是前面曾提及本案例的"员工代码"字段应保留在排名表中的原因。

（2）参考公式及套用模型。

1）员工代码。

选中 B4 单元格输入以下数组公式（公式编辑完后按【Ctrl + Shift + Enter】完成输入）：

{=INDEX(总体排名 !$A$4:$A$21,MATCH(0,(总体排名 !$F$4:$F$21<>LARGE(总体排名 !$F$4:$F$21,ROW(A1)))+COUNTIF($B$3:B3, 总体排名 !$A$4:$A$21),0))}

向下填充至最后一条记录后，即可完成（见图 6-10）。

【罗列符合条件的所有数据】公式模型：

{=INDEX(区域 A,MATCH(0,COUNTIF(区域 B, 区域 A)+(区域 C<>LARGE(区域 C,ROW(A1))),0))}

区域 A：原始数据表中具有唯一性字段（员工代码）的数据区域（绝对引用）。

区域 B：本公式所在列字段名所在的单元格（绝对引用）至本公式所在单元格的上一行单元格（相对引用）。

区域 C：原始数据表中考核项目字段（总收入）数据区域（绝对引用）。

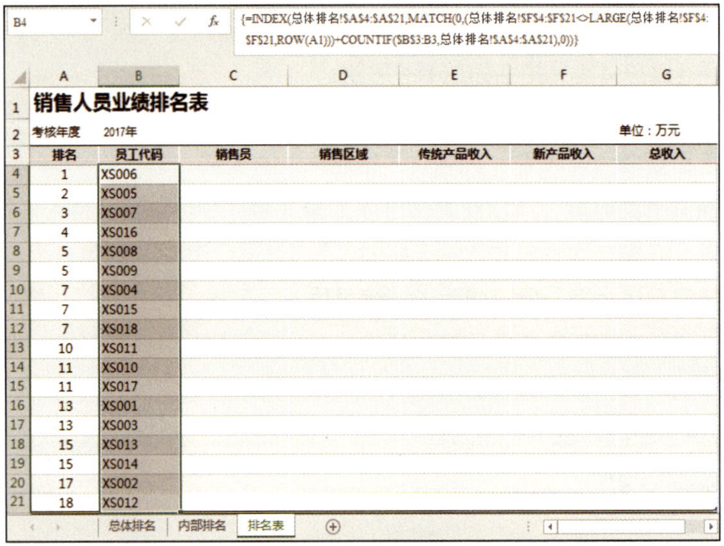
B4 {=INDEX(总体排名!$A$4:$A$21,MATCH(0,(总体排名!$F$4:$F$21<>LARGE(总体排名!$F$4:$F$21,ROW(A1)))+COUNTIF($B$3:B3,总体排名!$A$4:$A$21),0))}

	A	B	C	D	E	F	G
1	销售人员业绩排名表						
2	考核年度	2017年					单位：万元
3	排名	员工代码	销售员	销售区域	传统产品收入	新产品收入	总收入
4	1	XS006					
5	2	XS005					
6	3	XS007					
7	4	XS016					
8	5	XS008					
9	5	XS009					
10	7	XS004					
11	7	XS015					
12	7	XS018					
13	10	XS011					
14	11	XS010					
15	11	XS017					
16	13	XS001					
17	13	XS003					
18	15	XS013					
19	15	XS014					
20	17	XS002					
21	18	XS012					

总体排名 | 内部排名 | 排名表

图 6-10 员工代码序列的公式

2）其他字段信息。

选中 C4 单元格输入以下公式：

=VLOOKUP($B4, 总体排名 !$A$4:$F$21,COLUMN(B1),0)

其中，COLUMN 函数利用其返回列号的功能来实现第三参数在行填充时的自动匹配。原理与填充排名序列公式中的 ROW 函数相同。由于从字段“销售员”到“总收入”相对于“员工代码”的位置依次为 2、6，故在 C 列的公式中，该函数结果应为 2，即 COLUMN 的参数选择为 B 列任意单元格即可。

向下并向右填充完所有其他字段区域，并适当调整单元格格式即可完成（见图 6-11）。

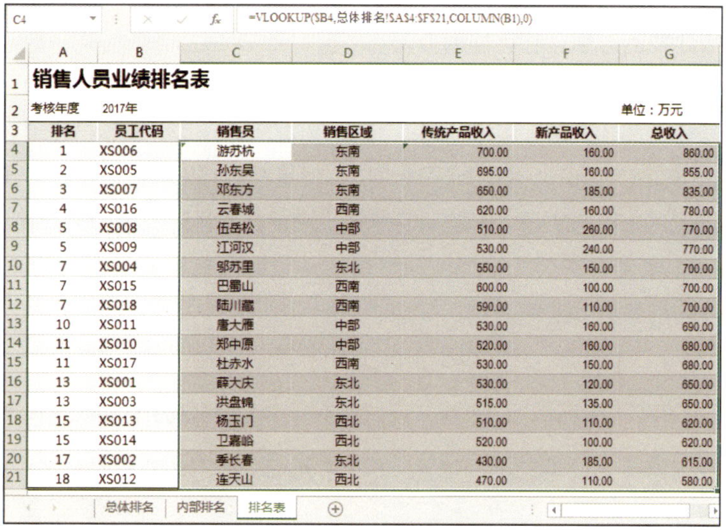

销售人员业绩排名表						
考核年度	2017年					单位：万元
排名	员工代码	销售员	销售区域	传统产品收入	新产品收入	总收入
1	XS006	游苏杭	东南	700.00	160.00	860.00
2	XS005	孙东吴	东南	695.00	160.00	855.00
3	XS007	邓东方	东南	650.00	185.00	835.00
4	XS016	云春城	西南	620.00	160.00	780.00
5	XS008	伍岳松	中部	510.00	260.00	770.00
5	XS009	江河汉	中部	530.00	240.00	770.00
7	XS004	邬苏里	东北	550.00	150.00	700.00
7	XS015	巴蜀山	西南	600.00	100.00	700.00
7	XS018	陆川藏	西南	590.00	110.00	700.00
10	XS011	唐大雁	中部	530.00	160.00	690.00
11	XS010	郑中原	中部	520.00	160.00	680.00
11	XS017	杜赤水	西南	530.00	150.00	680.00
13	XS001	薛大庆	东北	530.00	120.00	650.00
13	XS003	洪盘锦	东北	515.00	135.00	650.00
15	XS013	杨玉门	西北	510.00	110.00	620.00
15	XS014	卫嘉峪	西北	520.00	100.00	620.00
17	XS002	季长春	东北	430.00	185.00	615.00
18	XS012	连天山	西北	470.00	110.00	580.00

图 6-11　匹配其他字段的公式

需要提醒大家注意的是，要使用上述公式快速填充其他字段信息，必须保证其他字段的顺序和总体排名表（原始数据）里的顺序完全一致，这也是我们在设计表格的时候，需要提前把握的一个规范性原则。

（3）公式解析。

根据逻辑思路分析，要匹配相应名次的员工代码，就需要在员工代码序列（区域 A）中，找到同时满足逻辑思路中的两个条件的员工代码。

我们先来看看两个条件的表达：

条件 1：要成为第 N 名，其总收入也应该是第 N 名。

逻辑判断公式“区域 C<>LARGE(区域 C,ROW(A1))”的作用就是逐个判断区域 C（总收入）中的每一个值，是不是区域 C 中第 N 大的值。

其中，LARGE 函数是返回一个序列（区域 C）中第 N 大的值。由于 ROW 函数可以随着列填充的过程，自然递进，所以只要在第一条记录的公式里将其设置为 ROW（A1），就可以自动实现第 N 条记录就是找第 N 大的值的目的。

由于我们是判断的“不等于”，所以只有满足第 N 大的时候，逻辑判断结果才为 FALSE，前面已提及，在直接进行计算的时候，它可视为 0。

条件 2：判断总收入第 N 大的某个销售员是否已经榜上有名。

如果已经榜上有名，那么说明在区域 B 中，该销售员的员工代码必然已经出现。

条件统计公式：“ COUNTIF(区域 B, 区域 A)”，就是在区域 B（已经上榜的员工代码序列）中逐个统计区域 A 的员工代码出现的次数。于是我们得知，满足此条件时，该公式计算出的结果只能为 0。

这样，将条件 1 和条件 2 的公式相加，即可得到一个对所有销售员进行判断后的序列，有且只有同时满足两个条件的那条记录的值为 0。

于是，我们用 MATCH 函数，就可以找出这个 0 所在的位置，其公式如下：

=MATCH(0,COUNTIF(区域 B, 区域 A)+(区域 C<>LARGE(区域 C,(ROW(A1)))),0)

下面，我们以并列第 5 名的第二个销售员（B9 单元格）为例，来看看公式中的 MATCH 函数部分的运算过程，如图 6-12 所示。

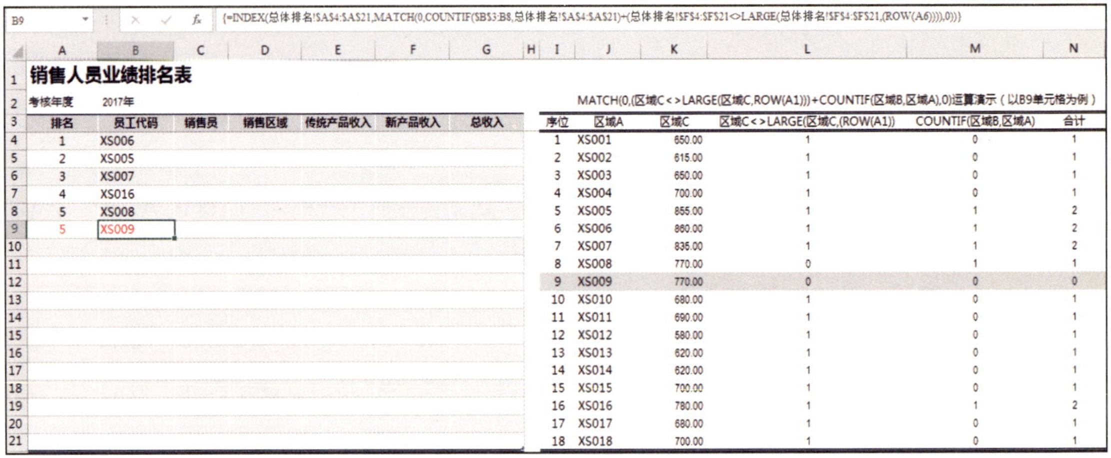

B9 {=INDEX(总体排名!$A$4:$A$21,MATCH(0,COUNTIF($B$3:B8,总体排名!$A$4:$A$21)+(总体排名!$F$4:$F$21<>LARGE(总体排名!$F$4:$F$21,(ROW(A6)))),0))}

销售人员业绩排名表

考核年度 2017年

排名	员工代码	销售员	销售区域	传统产品收入	新产品收入	总收入
1	XS006					
2	XS005					
3	XS007					
4	XS016					
5	XS008					
5	XS009					

MATCH(0,(区域C < >LARGE(区域C,ROW(A1)))+COUNTIF(区域B,区域A),0)运算演示（以B9单元格为例）

序位	区域A	区域C	区域C < >LARGE(区域C,(ROW(A1))	COUNTIF(区域B,区域A)	合计
1	XS001	650.00	1	0	1
2	XS002	615.00	1	0	1
3	XS003	650.00	1	0	1
4	XS004	700.00	1	0	1
5	XS005	855.00	1	1	2
6	XS006	860.00	1	1	2
7	XS007	835.00	1	1	2
8	XS008	770.00	0	1	1
9	XS009	770.00	0	0	0
10	XS010	680.00	1	0	1
11	XS011	690.00	1	0	1
12	XS012	580.00	1	0	1
13	XS013	620.00	1	0	1
14	XS014	620.00	1	0	1
15	XS015	700.00	1	0	1
16	XS016	780.00	1	1	2
17	XS017	680.00	1	0	1
18	XS018	700.00	1	0	1

图 6-12　锁定员工代码公式的运算过程

从图 6-12 中，我们可以看出：

在 L 列中，如果总收入（区域 C）刚好是第五名，则为 0，其他则为 1。

在 K 列中，凡是未上榜（B4:B8 单元格区域）的员工代码（区域 A），都显示为 0，上榜则为 1。两者合计为 0 的，就是唯一同时满足两个条件的那条记录。此时，该公式实际为：

=MATCH(0,M4:M21,0)

得出的结果就是满足条件的员工代码在区域 A 中的序位：9。

但是，我们最后的结果是要找出符合条件的销售员的员工代码，所以我们就需要以员工代码（区域 A）为基准，再找到其对应的位置（MATCH 函数计算的结果），即可实现最终的目标，于是得到完整的公式：

{=INDEX(区域 A,MATCH(0,COUNTIF(区域 B, 区域 A)+(区域 C<>LARGE(区域 C,(ROW(A1)))),0))}

继续以 B9 单元格为例，此时的公式就成了：

=INDEX(区域 A,9)

刚好找出对应的员工代码。

对于填充其他字段信息的公式，前面已有述及，此处不再赘述。

四、知识点

知识点 1：统计不重复值

同时使用 SUMPRODUCT 函数和 COUNTIF 函数，可以统计一个区域内不重复数值的个数。

1. 基础知识

SUMPRODUCT 函数可以统计多组数据对应值的乘积的和，其语法格式为：
=SUMPRODUCT(数据区域 1,数据区域 2,数据区域 3,……, 数据区域 N)

或 =SUMPRODUCT(数据区域 1* 数据区域 2* 数据区域 3*……* 数据区域 N)

例如，在《知识点，6.1-1》工作簿的“SUMPROPUCT”工作表（图 6-13）中，我们要计算合计金额，实际就是单价区域（B2:B6 单元格区域）和数量区域（C2:C6 单元格区域）对应值（B2 对 C2，B3 对 C3，……）乘积之和。所以，合计金额的公式可以写为：

=SUMPRODUCT(B2:B6,C2:C6)

D8 =SUMPRODUCT(C3:C7,D3:D7)

	A	B	C	D
1	销售单			
2	序号	品种	单价	数量
3	1	苹果	8.00	2.00
4	2	西瓜	2.00	3.50
5	3	芒果	7.00	1.00
6	4	葡萄	5.00	3.00
7	5	柚子	6.00	1.50
8		合计金额：		54.00

图 6-13　SUMPRODUCT 函数计算两组数据对应乘积之和

COUNTIF 函数比较简单，它负责统计满足指定条件的值在指定区域内出现的次数。其语法格式为：

=COUNTIF(数据区域 , 指定的条件)

如果指定的条件部分也为一个数据区域（下称“条件区域”），则形成一个数组公式，其表示依次统计条件区域中的各个数据在数据区域中出现的次数。假设有两组数据如图 6-14“COUNTIF”工作表所示。

	A	B	C	D	E	F
1	数据区域	条件区域		序号	公式	公式计算值
2	1	1		1	=COUNTIF($A$2:$A$9,$B$2:$B$4)	4
3	2	2		2	=INDEX(COUNTIF($A$2:$A$9,$B$2:$B$4),1)	4
4	2	3		3	=INDEX(COUNTIF($A$2:$A$9,$B$2:$B$4),2)	3
5	1			4	=INDEX(COUNTIF($A$2:$A$9,$B$2:$B$4),3)	1
6	3					
7	1					
8	2					
9	1					

图 6-14　COUNTIF 函数的数组公式

F2 单元中输入的公式：=COUNTIF($A$2:$A$9,$B$2:$B$4)

其表示依次统计 B2、B3、B4 单元格中的数值，在 A2:A9 单元格区域中出现的次数。由于是三个独立运算，所以公式返回的实际上是一个由三个结果构成的序列。

为了看清公式结果的真相，我们可以用 INDEX 函数来测试。我们在 E3、E4 和 E5 三个单元格中分别输入以下公式：

=INDEX(COUNTIF($A$2:$A$9,$B$2:$B$4),1)

=INDEX(COUNTIF($A$2:$A$9,$B$2:$B$4),2)
=INDEX(COUNTIF($A$2:$A$9,$B$2:$B$4),3)

其结果分别是 4、3 和 1。证明公式"=COUNTIF($A$2:$A$9,$B$2:$B$4)"计算的结果是一个依次由 4、3 和 1 构成的序列。

2. 逻辑与公式

统计一组数据不重复值的个数，就是要想尽一切办法，把重复的数折腾为 1。而在数学原理中有个公理：不管某个数字是贫穷还是富贵，只要和自己的倒数相乘，立马归一。

根据这个公理，我们就把统计一组数据不重复值个数的过程，转换成是依次统计数组中每个数据出现次数的倒数之和的过程。

此时，某个数据出现 N 次，则每次的计算结果均为 1/N，合计始终为 1。故得出统计某数据区域不重复值个数的公式模型为：

=SUMPRODUCT(1/COUNTIF(待统计数据区域 , 待统计数据区域))

知识点 2：TURE 和 FALSE 的另一重身份

TURE 和 FALSE 是 Excel 的逻辑判断值。除了表示判断结果对（是）或错（否）外，其实它们还有另外一重身份，即作为数字 1 和 0 直接参与数学运算。这里的直接参与数学运算，是指其直接用运算符（+-*/）与其他数值进行数学运算，而不能借助函数的运算功能运算。通俗地说就是，对于逻辑判断值的另一重身份，只有运算符才能识别。

例如，《知识点 6.1-2》工作簿的"逻辑值"工作表（图 6-15）中 C2:C7 单元格区域为一组逻辑判断值。

	A	B	C	D	E	F	G
1	区域1	区域2	判断区域1和2是否相等		序号	公式	公式计算值
2	1	1	TRUE		1	=SUM(C2:C7)	0
3	2	9	FALSE		2	=SUMPRODUCT(B2:B7,C2:C7)	0
4	3	6	FALSE		3	=C2+SUM(B2:B7)	35
5	4	4	TRUE		4	=C2/COUNTIF(B2:B7,9)	0.5
6	5	5	TRUE		5	=C2+C3+C4+C5+C6+C7	4
7	9	9	TRUE		6	=SUMPRODUCT(B2:B7,--(C2:C7))	19

图 6-15　TURE 和 FALSE 的运算原理

其中，公式 1 和公式 2 是直接利用 SUM 函数和 SUMPRODUCT 函数对逻辑判断值进行运算，从结果看，明显是失效的。

而在公式 2 至公式 5 中，逻辑判断值都是直接与运算符进行计算，不管运算符的对象是单元格引用还是函数运算的结果，都会给出正确的结果。

如果确实需要直接用函数对逻辑判断值进行运算，则我们需要先对逻辑判断值进行一系列可以相互抵消的运算处理，让其变身为可以被函数直接识别的数值。常用的方法是在逻辑判断值前面输入两个符号（"--"）。相当于对逻辑值执行两次乘以 -1 的运算。图 6-15 中的公式 6，就是利用了上述调整，才让 SUMRODUCT 函数正常识别的。

第二节 应付票据管理：先来后到准确可靠

一、需求背景

【示例 6-02 应付票据管理台账】

做买卖强调现金为王。在具有短期融资作用的工具中，银行承兑汇票最为常见。当公司大量使用银行承兑汇票的时候，就需要一个"应付票据管理台账"（以下简称"票据台账"）来协助我们做好票据管理。该票据台账要求具有以下功能：

- 根据指定的基准日，自动按到期日顺序显示未来任意天内即将到期的票据信息，并统计其合计票面金额和敞口金额——领导问：未来 20 天，我们要还多少敞口？
- 根据指定的期间，自动按到期日顺序显示该期间到期的票据信息，并统计其合计票面金额和敞口金额——领导问：从 X 月 Y 日到 M 月 N 日，要还（已还）多少敞口？

二、表格布局

票据台账主要包括出票清单（主要用于手工录入票据基础信息）和到期查询表（实现按条件查询

功能）。它在布局上相对来说比较简单，只要把必要的字段列出即可。在本例中，假设逸凡公司票据台账格式如图 6-16～图 6-18 所示。

由于在公司存续期间，票据开立是持续存在的，为使票据台账的公式都具有自动延伸性，我们首先将出票清单转换为【表格】，并将表名称命名为“出票清单”。

应付票据登记台账

当前日期	未到期票面金额	未到期敞口金额
2018-1-15	580,000.00	406,000.00

序号	出票日	票据编号	开户银行	收款人名称	票面金额	保证金	敞口	票据期限（月）	到期日
1	2017-09-25	20170001	工商银行	力量实业	60,000.00	18,000.00	42,000.00	6	2018-03-25
2	2017-09-28	20170002	工商银行	拼搏机械	100,000.00	30,000.00	70,000.00	6	2018-03-28
3	2017-09-28	20170003	交通银行	新路工业	10,000.00	3,000.00	7,000.00	3	2017-12-28
4	2017-09-30	20170004	建设银行	未明制造	55,000.00	16,500.00	38,500.00	3	2017-12-30
5	2017-10-15	20170005	工商银行	来爽电器	58,000.00	17,400.00	40,600.00	6	2018-04-15
6	2017-10-24	20170006	建设银行	重阳电缆	30,000.00	9,000.00	21,000.00	3	2018-01-24
7	2017-11-09	20170007	交通银行	庆祥模具	75,000.00	22,500.00	52,500.00	3	2018-02-09
8	2017-11-14	20170008	建设银行	当然股份	46,000.00	13,800.00	32,200.00	3	2018-02-14
9	2017-11-25	20170009	交通银行	代工开关	29,000.00	8,700.00	20,300.00	3	2018-02-25
10	2017-11-25	20170010	工商银行	力量实业	42,000.00	12,600.00	29,400.00	6	2018-05-25
11	2017-12-03	20170011	交通银行	帆船橡胶	50,000.00	15,000.00	35,000.00	3	2018-03-03
12	2017-12-27	20170012	建设银行	雄风电池	80,000.00	24,000.00	56,000.00	3	2018-03-27
13	2017-12-30	20170013	建设银行	起航冶金	10,000.00	3,000.00	7,000.00	3	2018-03-30

出票清单　到期查询表（未来X天）　到期查询表（任意期间）

图 6-16　银行承兑基础信息表

应付票据到期查询表（未来X天到期查询）

查询基准日	查询范围	票面金额	敞口金额
2018-1-16	未来30天	151,000.00	105,700.00

序号	到期日	票据编号	开户银行	收款人名称	票面金额	保证金	敞口	票据期限（月）
1	2018-01-24	20170006	建设银行	重阳电缆	30,000.00	9,000.00	21,000.00	3
2	2018-02-09	20170007	交通银行	庆祥模具	75,000.00	22,500.00	52,500.00	3
3	2018-02-14	20170008	建设银行	当然股份	46,000.00	13,800.00	32,200.00	3

出票清单　到期查询表（未来X天）　到期查询表（任意期间）…

图 6-17　到期查询表（未来 X 天）

图 6-18 到期查询表（任意期间）

三、公式设计

（一）出票清单

出票清单虽然是用于逐笔录入出票票据基础信息的，但是本着能省事则省事的"偷懒"原则，我们还是可以给其中的两个字段设置公式的。

1. 敞口

敞口等于票面金额减去保证金，所以我们选中 G5 单元格输入以下公式：

=F5-G5

2. 到期日

在实务中，到期日有两种算法，我们以第一条记录出票日为 2017 年 9 月 25 日，期限 6 个月为例：

（1）若到期日为期限的对月，则到期日是 2018 年 3 月 25 日，该模式下 J5 单元格输入的公式为：

=EDATE(B5,I5)

（2）若到期日为对月前一日，则到期日是 2018 年 3 月 24 日，该模式下 J5 单元格输入的公式为：

=EDATE(B5,I5)-1

对于本案例，我们采用对月模式讲解。

由于不同月份可能存在天数不一致的情况，如果对月找不到刚好"正对"的日期，EDATE 函数则会取对月月份的最后一天。

例如，1月29日、1月30日、1月31日这三个日期的1个月后的对月，都是2月28日（如遇闰年则是2月29日）。

3. 当前日期及未到期合计数

为了方便了解未到期票据的总体情况，我们可以在出票清单中设置一个统计提示。求未到期指标的合计数，就是一个求到期日大于当前日期的相应指标求和问题。据此我们可以设置以下公式：

（1）当前日期——在 H2 单元格中输入的公式为：

=TODAY()

（2）未到期票面金额——在 I2 单元格中输入的公式为：

=SUMIF(出票清单 [到期日],">"&H2, 出票清单 [票面金额])

（3）未到期敞口金额——在 J2 单元格中输入的公式为：

=SUMIF(出票清单 [到期日],">"&H2, 出票清单 [敞口])

（二）到期查询表（未来 X 天）

要查询未来 X 天到期的票据，实际上就是查询到期日大于等于查询基准日，小于等于"查询基准日 $+X$ 天"的承兑票据。下面我们将分别进行介绍。

1. 票据编号

（1）逻辑思路。

和本章第一节中的排名表一样，我们首先要找出的字段是具有唯一属性的票据编号。

由于满足条件的票据可能存在到期日雷同的巧合，于是在按到期先后顺序排列时，就又涉及本章第一节关于排名表的公式中提到的两个条件：

条件1：票据编号对应的到期日应大于等于查询的基准日且小于等于基准日未来X天所对应的日期。

条件2：满足条件的票据编号还未被查询列示出来。

条件3：票据编号对应的到期日是第N小（N是指当前记录的顺序位）。

（2）参考公式及套用模型。

基于以上思路，我们选中"到期查询表（未来X天）"工作表的C5单元格输入以下（数组）公式：

=IFERROR(INDEX(出票清单[票据编号],MATCH(0,COUNTIF($B$4:B4,出票清单[票据编号])+(IF(出票清单[到期日]>=$F$2,IF(出票清单[到期日]<=$F$2+$G$2,出票清单[到期日],""),""))<>SMALL(IF(出票清单[到期日]>=$F$2,IF(出票清单[到期日]<=$F$2+$G$2,出票清单[到期日],""),""),ROW()-4)),0)),"")

注意：上面的公式是数组公式，编辑完公式后按【Ctrl+Shift+Enter】完成输入，Excel会自动在最外围添加一对大括号（{}），表明这是数组公式。

然后向下填充至最后一条记录后，即可完成（见图6-19）。

图6-19　未来X天到期的票据编号公式

有读者会发现，G2 单元格的查询范围里混用了文本（文字）和数字，怎么还可以直接用于日期计算呢？其实这只是个障眼法，单元格真正的值是 30。对此，我们将在"四、友好性设计"中详细介绍。

> 【未来 X 天到期的票据编号】公式模型：
> 定义：区域 A：原始数据表中具有唯一性字段（票据编号）的数据区域（绝对引用）。
> 区域 B：本公式所在列字段名所在的单元格（绝对引用）至本公式所在单元格的上一行单元格（相对引用）。
> 区域 C：原始数据表中查询关键条件字段（到期日）数据区域（绝对引用）。
> 单元格 A：查询基准日（绝对引用）。
> 单元格 B：查询期间跨度（绝对引用）。
> 常数 A：当前行号减去 1。
> =IFERROR(INDEX(区域 A,MATCH(0,COUNTIF(区域 B,区域 A)+(IF(区域 C>=单元格 A,IF(区域 C<=单元格 A+单元格 B,区域 C,""),"")<>SMALL(IF(区域 C>=单元格 A,IF(区域 C<=单元格 A+单元格 B,区域 C,""),""),ROW()-常数 A)),0)),"")

（3）公式解析。

该公式和本章第一节中关于排名表的公式可以说是"一母同胞"，唯一的区别仅仅是需要匹配的记录需要同时满足的条件不同，也就是公式中 MATCH 函数的第二参数设置得不同。根据逻辑思路中提到的四个条件，其公式表达对照如下：

条件 1：COUNTIF(区域 B,区域 A)。

条件 2 和条件 3：(IF(区域 C>=单元格 A,IF(区域 C<=单元格 A+单元格 B,区域 C,""),"")<>SMALL(IF(区域 C>=单元格 A,IF(区域 C<=单元格 A+单元格 B,区域 C,""),""),ROW()-常数 A))。

其中，IF(区域 C>=单元格 A,IF(区域 C<=单元格 A+单元格 B,区域 C,""),"") 是将满足到期日范围的票据的到期日提取到一个序列。SMALL 函数的作用是提取该序列中第 N(ROW()-常数 A) 小的值。

上述公式只有满足条件时，结果才必然为 0。

剩下的套路就可以参见本章第一节关于排名表的公式解析，此处不再赘述。最后，考虑到预留的空白行会出现报错符号，于是我们可以用 IFERROR 函数将其转换为空白，以保证画风整洁。

2. 到期日

虽然我们提倡在一个模板中，如果有多个工作表的结构相似，则尽量保证其字段的顺序也一致，但是常规的阅读习惯我们也不能忽视。在本案例中，到期日在到期查询表中的地位明显高于其在出票清单中的地位，否则到期查询表也不会以到期日作为排序依据了，所以，这个时候就不能为了填充公式的方便，而淡化到期日字段的地位。

这样一来，到期日字段出现在了索引关键字字段（票据编号）的左边，这就成了一个 VLOOKUP 函数的逆向查找问题，需要用到 IF({1,0}) 这个数组公式来帮我们重新构造序列。我们在 B5 单元格中输入以下公式：

=IFERROR(VLOOKUP(C5,IF({1,0}, 出票清单 [票据编号], 出票清单 [到期日]),2,0),"")

向下填充至最后一条记录后，即可完成（见图 6-20）。

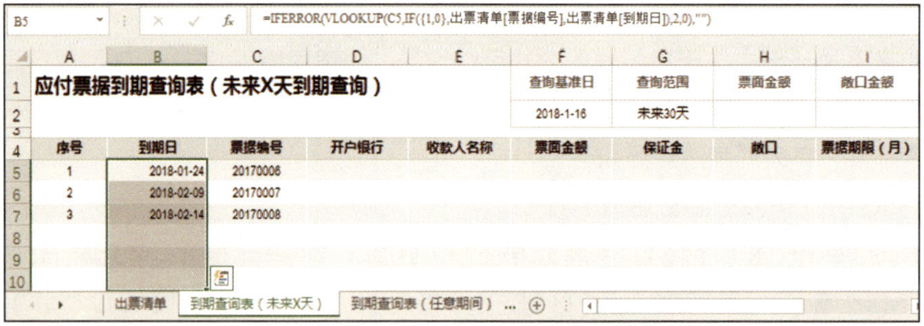

图 6-20　未来 X 天到期的到期日公式

其中，"IF({1,0}, 出票清单 [票据编号], 出票清单 [到期日])"是构造的一个两列的数据区域，靠左侧的是票据编号字段，右侧是到期日字段。这样才能让 VLOOKUP 函数实现根据票据编号查找相应到期日的格式目的。

上面的公式也可用第三章介绍的 INDEX 和 MATCH 函数来编制，B5 单元格的公式为：

=INDEX(出票清单 [到期日],MATCH(C5, 出票清单 [票据编号],0))

3. 其他信息

有了票据编号，此时完善其他信息就是简单的 VLOOKUP 函数的问题了，由于从"开户银行"到"票据期限（月）"的顺序和出票清单完全一致，我们只需在 D5 单元格中输入以下公式：

=IFERROR(VLOOKUP($C5, 出票清单 [[票据编号]: 票据期限（月）],COLUMN()-2,0),"")

向下并向右填充完所有其他字段区域，即可完成（见图 6-21）。

图 6-21　未来 X 天到期的其他信息公式

4. 票面金额和敞口金额

H2 单元格的公式为：

=SUM(F5:F17)

I2 单元格的公式为：

=SUM(H5:H17)

■ 扩展阅读

我们也可以使用高级筛选功能来实现未来 X 天到期查询，具体操作方法请在微信公众号"Excel 偷懒的技术"中发送"到期查询"进行阅读。

（三）到期查询表（任意区间）

有了前面的到期查询表（未来 X 天），本表完全就是依葫芦画瓢了，唯一的区别就是在设置条件的时候，将截止日期的公式由"基准日 $+X$"变更为指定的"截止日"。故本表就不再进行重复分析，只将票据编号公式展示如下。

在 C5 单元格中输入以下（数组）公式并填充至最后一行：

{=IFERROR(INDEX(出票清单 [票据编号],MATCH(0,COUNTIF($C$4:C4, 出票清单 [票据编号])+(IF(出票清单 [到期日]>=$F$2,IF(出票清单 [到期日]<=$G$2, 出票清单 [到期日],""),"")<>SMALL(IF(出票清单 [到期日]>=$F$2,IF(出票清单 [到期日]<=$G$2, 出票清单 [到期日],""),""),ROW()-4)),0)),"")}

其他各项公式，与到期查询表（未来 X 天）完全一致。

四、友好性设计

（一）预警提示

为了避免符合条件的到期票据数量超过预留的空行或者其他错误导致查询遗漏，我们可以设置一个预警提示。其基本原理是，分别统计出票清单中满足条件的票据数量和统计表显示的统计数量，如果两者不匹配，则予以提示。

据此，我们可以分别在两个查询表的 A2 单元格中输入以下公式。

1. 到期查询表（未来 X 天）A2 单元格

=IF(COUNTIFS(出票清单 [到期日],">="&$F$2, 出票清单 [到期日],"<="&($F$2+$G$2))

<>COUNTIF($B$5:$B$17,">"&0),"票据查询结果有误","")

2. 到期查询表（任意期间）A2 单元格

=IF(COUNTIFS(出票清单[到期日],">="&$F$2,出票清单[到期日],"<="&$G$2)<>COUNTIF($B$5:$B$17,">"&0),"票据查询结果有误","")

公式中的 COUNIIFS 函数用于统计出票清单中满足查询条件票据的数量，COUNTIF 函数则用于统计当前查询表中显示的票据数量，如果两者不等，则提示"票据查询结果有误"。

需要注意的是，对当前查询表中显示的票据数量，不要使用专职统计非空单元格数量的 COUNTA 函数，因为该函数认定的非空单元格是针对"彻底的非空"。而通过函数生成的空格（比如预留的空白行），在它看来，也不算空格。

为了使提示更醒目，我们可以通过条件格式让报错时的显示更有视觉冲击力。其设置步骤如下：

（1）选定预警公式所在的 A2 单元格，单击"开始"选项卡→"样式"→"条件格式"（见图 6-22）。

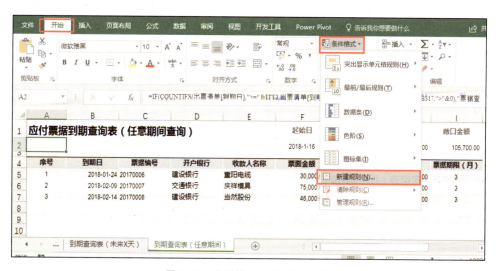

图 6-22　条件格式新建规则的路径

（2）单击图6-22中的"新建规则"，在弹出的对话框中，单击"选择规则类型"项下的"使用公式确定要设置格式的单元格"，并在"为符合此公式的值设置格式"下的编辑框中录入公式（见图6-23）：

=A2<>""

然后点击右下方的"格式"按钮，进入单元格格式设置界面，按自己的喜好设置即可（见图6-23）。

完成以上设置后，一旦触发预警条件，我们即可看到醒目的预警提示，如图6-24所示（本案例设置的条件格式为红底黄字）。

（二）障眼法提升阅读友好性

前面我们提到，在到期查询表（未来X天）的查询范围（G2单元格）中，出现了汉字、数字混搭直接参与日期计算的奇葩现象。这其实是个障眼法，该单元格的实质只是

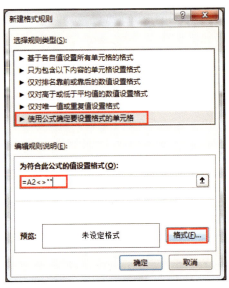

图6-23 条件格式规则设置

一个数字，而"未来""天"等文字，只是通过设置单元格的自定义格式添加的。具体设置如图6-25所示。

如图6-26所示，经过自定义设置后，其实我们在G2单元格中仅仅录入一个30，就可以显示成"未来30天"。由于真正的值就是数字，所以当然可以直接参与日期计算了。

	A	B	C	D	E	F	G	H	I
1	应付票据到期查询表（任意期间查询）					起始日	截止日	票面金额	敞口金额
2	票据查询结果有误					2018-1-16	2018-2-15	105,000.00	73,500.00
4	序号	到期日	票据编号	开户银行	收款人名称	票面金额	保证金	敞口	票据期限（月）
5	1	2018-01-24	20170006	建设银行	重阳电缆	30,000.00	9,000.00	21,000.00	3
6	2	2018-02-09	20170007	交通银行	庆祥模具	75,000.00	22,500.00	52,500.00	3

图6-24 预警提示效果图

第六章　沧海遗珠
举一反三见招拆招的综合应用　321

图 6-25　设置数值单元格的文字背景

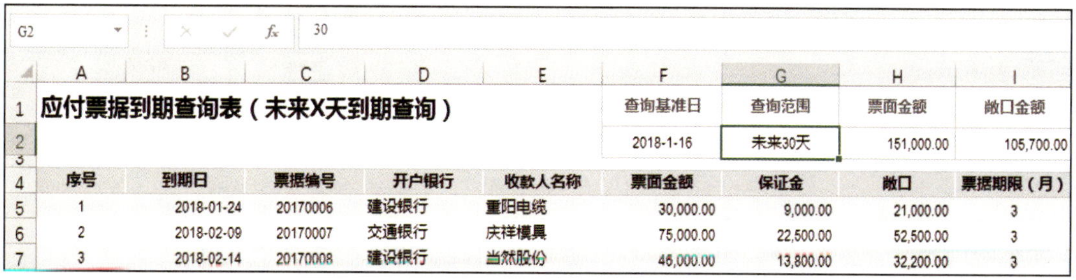

图 6-26　设置数值单元格文字背景后的效果

第三节　简易进销存：库存管理必备工具

一、需求背景

【示例 6-03 简易进销存统计表】

物资管理最基本的维度是进销存。对于原材料、库存商品这样的核心物资，企业一般都会有专门的信息化系统进行进销存核算。但是像诸如办公用品、礼品等物资，虽然有管理上的需求，但是往往享受不到纳入信息化系统管理的待遇。在本节中，我们以逸凡公司礼品类物资为例，探讨利用 Excel 制作一个简易的进销存统计表，以确保在只输入必要的基础信息后，即可实现以下功能：

- 按移动加权平均原则自动计算物资出库和结存的单位成本。
- 支持统计任意期间的进销存数据。
- 支持多种维度的数据统计。

二、表格布局

从表格布局的规范性考虑，我们将进销存统计表的表格布局主要分为三个板块。

（一）基础信息

基础信息专门用于维护物资信息、供应商信息以及领用单位信息等。首次维护后，一般我们只会在上述信息出现新增的情况下，才会再次进行补充。为简化叙述，本案例的基础信息仅考虑物资信息，参考表样如图 6-27 "基础设施"工作表所示。

同时，我们将物资信息主表部分（A2:C7 单元格区域）转换为【表格】，并命名为"物资"。

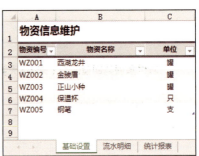

图 6-27　基础设置表

（二）流水明细表

流水明细表乃是进销存统计表中最核心的部分。它是按时间顺序记录每一笔物资出入库信息的统计表。本案例的参考表样如图 6-28 所示。

出入库流水明细

编制单位：　逸凡公司

日期	物资名称	单位	对方单位	入库数量	入库单价	入库金额	出库数量	出库单价	出库金额	结存数量	结存金额	结存单价
2018-05-11	西湖龙井	罐	品茗茶行	50.00	80.00	4,000.00		-	-	50.00	4,000.00	80.00
2018-05-13	正山小种	罐	红茶铺子	10.00	95.00	950.00		-	-	10.00	950.00	95.00
2018-05-22	西湖龙井	罐	市场部			-	30.00	80.00	2,400.00	20.00	1,600.00	80.00
2018-05-29	西湖龙井	罐	品茗茶行	10.00	78.00	780.00		-	-	30.00	2,380.00	79.33
2018-06-03	西湖龙井	罐	行政部			-	5.00	79.33	396.67	25.00	1,983.33	79.33
2018-06-22	保温杯	只	礼品商行	10.00	65.00	650.00		-	-	10.00	650.00	65.00
2018-06-25	正山小种	罐	工会			-	5.00	95.00	475.00	5.00	475.00	95.00
2018-06-30	金骏眉	罐	红茶铺子	15.00	150.00	2,250.00		-	-	15.00	2,250.00	150.00
2018-06-30	钢笔	支	礼品商行	10.00	90.00	900.00		-	-	10.00	900.00	90.00
2018-07-01	保温杯	只	行政部			-	3.00	65.00	195.00	7.00	455.00	65.00
2018-07-02	保温杯	只	礼品商行	15.00	60.00	900.00		-	-	22.00	1,355.00	61.59
2018-07-02	钢笔	支	行政部			-	1.00	90.00	90.00	9.00	810.00	90.00
2018-07-13	钢笔	支	礼品商行	5.00	95.00	475.00		-	-	14.00	1,285.00	91.79
2018-07-25	保温杯	只	市场部			-	6.00	61.59	369.55	16.00	985.45	61.59
2018-07-28	钢笔	支	市场部			-	1.00	91.79	91.79	13.00	1,193.21	91.79
2018-07-29	金骏眉	罐	工会			-	6.00	150.00	900.00	9.00	1,350.00	150.00

基础设置　流水明细　统计报表

图 6-28　流水明细表

同时，我们将流水明细主表部分（A4:M20 单元格区域）转换为【表格】，并命名为“明细”。

（三）统计报表

统计报表的作用是根据我们指定的期间，自动统计进销存数据。它是进销存统计表的结果输出。本案例的参考表样如图 6-29 所示。

统计报表

起始日期：　2018-07-01

截至日期：　2018-07-31

物资名称	单位	期初数量	期初金额	入库数量	入库金额	出库数量	出库金额	期末数量	期末金额
西湖龙井	个	25.00	1,983.33	-	-	-	-	25.00	1,983.33
金骏眉	个	15.00	2,250.00	-	-	6.00	900.00	9.00	1,350.00
正山小种	个	5.00	475.00	-	-	-	-	5.00	475.00
保温杯	套	10.00	650.00	15.00	900.00	9.00	564.55	16.00	985.45
钢笔	套	10.00	900.00	5.00	475.00	2.00	181.79	13.00	1,193.21
汇总		65.00	6,258.33	20.00	1,375.00	17.00	1,646.33	68.00	5,007.00

基础设置　流水明细　统计报表

图 6-29　统计报表

根据管理需求，统计报表还可以衍生出诸如领用统计报表、供应商统计报表等多种形式，在此不加赘述。

三、公式设计

（一）流水明细表公式设计

1. 入库金额

入库金额就是用入库单价乘以入库数量，我们在 G5 单元格中输入以下公式：

=E5*F5

向下填充至最后一条记录后，即可完成。

2. 结存数量

结存数量可以理解为从初始到当前的累计入库数减去累计出库数。这其实就是两个单条件求和后再相减的问题。据此我们在 K5 单元格中输入以下公式：

=SUMIF($B$5:INDIRECT("D"&ROW()),B5,$E$5)–SUMIF($B$5:INDIRECT("D"&ROW()),B5,$H$5)

向下填充至最后一条记录后，即可完成（见图 6-30）。

对于公式中 SUMIF 函数第一参数中表示单元格区域终点的单元格采用了一个"花里胡哨"的函数组合（INDIRECT("D"&ROW())）的问题，请参见本节第四部分知识点的内容。

> ■ 扩展阅读
>
> 关于此公式的详细解释，请在微信公众号"Excel 偷懒的技术"中发送"结存数量"进行阅读。

3. 结存金额

结存金额的公式原理和结存数量完全一致，据此我们在 L5 单元格中输入以下公式：

=SUMIF($B$5:INDIRECT("D"&ROW()),B5,$G$5)-SUMIF($B$5:INDIRECT("D"&ROW()),B5,$J$5)

A	B	C	D	E	F	G	H	I	J	K	L	M
\multicolumn{13}{l}{出入库流水明细}											
\multicolumn{13}{l}{编制单位： 逸凡公司}											
日期	物资名称	单位	对方单位	入库数量	入库单价	入库金额	出库数量	出库单价	出库金额	结存数量	结存金额	结存单价
2018-05-11	西湖龙井	罐	品茗茶行	50.00	80.00	4,000.00	-		-	50.00		
2018-05-13	正山小种	罐	红茶铺子	10.00	95.00	950.00	-		-	10.00		
2018-05-22	西湖龙井	罐	市场部	-		-	30.00			20.00		
2018-05-29	西湖龙井	罐	品茗茶行	10.00	78.00	780.00	-		-	30.00		
2018-06-03	西湖龙井	罐	行政部	-		-	5.00			25.00		
2018-06-22	保温杯	只	礼品商行	10.00	65.00	650.00	-		-	10.00		
2018-06-25	正山小种	罐	工会	-		-	5.00			5.00		
2018-06-30	金骏眉	罐	红茶铺子	15.00	150.00	2,250.00	-		-	15.00		
2018-06-30	钢笔	支	-	10.00	90.00	900.00	-		-	10.00		
2018-07-01	保温杯	只	行政部	-		-	3.00			7.00		
2018-07-02	保温杯	只	礼品商行	15.00	60.00	900.00	-		-	22.00		
2018-07-02	钢笔	支	行政部	-		-	1.00			9.00		
2018-07-13	钢笔	支	礼品商行	5.00	95.00	475.00	-		-	14.00		
2018-07-25	保温杯	只	市场部	-		-	6.00			16.00		
2018-07-28	钢笔	支	市场部	-		-	1.00			13.00		
2018-07-29	金骏眉	罐	工会	-		-	6.00			9.00		

图 6-30 结存数量公式

向下填充至最后一条记录后，即可完成。

4. 结存单价

结存单价就是用结存金额除以结存数量，我们在 M5 单元格中输入以下公式：

=IFERROR(L5/K5,0)

向下填充至最后一条记录后，即可完成。

这里为避免结存数量为 0 时，计算结果显示为"#DIV/0!"，故我们使用 IFERROR 函数将该种情形下的结果调整为 0。

5. 出库单价

（1）逻辑思路。

基于移动加权平均成本原理，我们知道某物资当前出库单价，应等于该物资在流水明细中最后一次出现时对应的结存单价，而如果当前记录是入库（此时出库数量为空值），则不需要计算出库单价。

（2）参考公式及套用模型。

根据逻辑思路，我们在 I5 单元格中输入以下公式：

=IF(H5=0,0,LOOKUP(1,0/($B$4:B4=B5),$M$4:M4))

向下填充至最后一条记录后，即可完成（见图 6-31）。

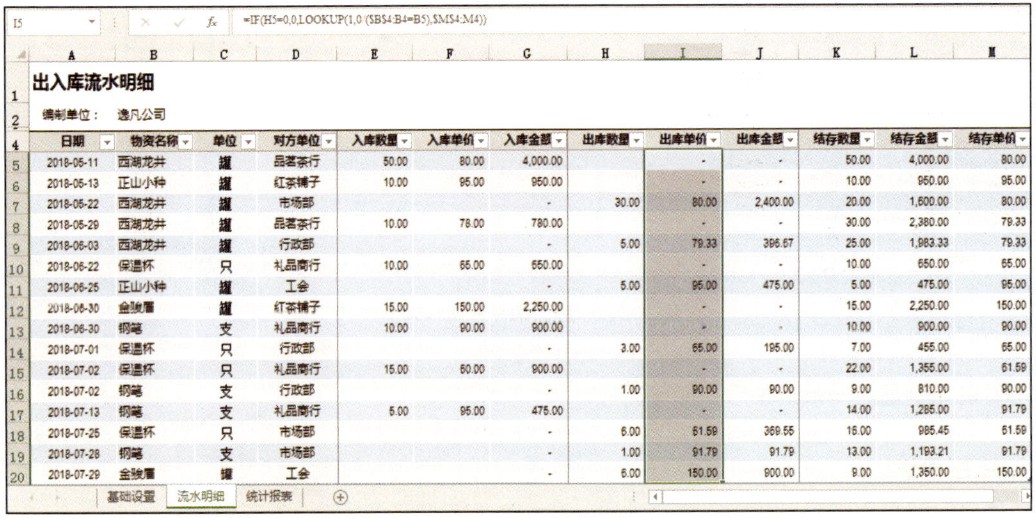

图 6-31　出库单价公式

【查找最新单价】公式模型：
=IF(出库数量 =0,0,LOOKUP(1,0/(物资名称区域 = 本行物资名称), 结存单价区域))
其中，物资名称区域和结存单价区域的范围都是从标题行至当前行。

(3)公式解析。

关于公式中利用 LOOKUP 函数查找当前物资最后一次出现时的结存单价的解析,请参见本书第三章第三、四节相关案例的介绍。

6. 出库金额。

出库金额就是用出库单价除以出库数量,我们在 J5 单元格中输入以下公式:

=H5*I5

向下填充至最后一条记录后,即可完成。

(二)统计报表公式设计

1. 期初数量/金额

(1)逻辑思路。

查找期初数量/金额的方法有两种:第一种是直接计算某物资截止日期前一天的累计入库数量/金额和累计出库数量/金额的差,但公式相对较烦琐;第二种是直接查找某物资截至起始日期之前,最后一条出入库记录对应的结存数量/金额的值。在本节中,我们将介绍第二种方法。

(2)参考公式及套用模型。

根据逻辑思路,以期初数量为例,我们在 I5 单元格中输入以下公式:

=IFERROR(LOOKUP(0,0/((流水明细!$A$5:$A$19<=($B$2-1))*(流水明细!$B$5:$B$19=A5)),流水明细!$K$5:$K$19),0)

向下填充至最后一条记录后,即可完成(见图6-32)。

【期初数量】公式模型:

=IFERROR(LOOKUP(0,0/((流水明细表日期区域<=(起始日期-1))*(流水明细表物资名称区域=当前物资名称)),流水明细表结存数量区域),0)

图 6-32　期初数量公式

（3）公式解析。

如果是查询期初金额，则只需要将公式中引用的流水明细表的结存数量（流水明细!$K$5:$K$19）变更为结存金额（流水明细!$L$5:$L$19）即可，这样我们在 I5 单元格中输入以下公式：

=IFERROR(LOOKUP(0,0/((流水明细!$A$5:$A$19<=($B$2-1))*(流水明细!$B$5:$B$19=A5)),流水明细!$L$5:$L$19),0)

向下填充至最后一条记录后，即可完成。

2. 入库数量（金额）与出库数量（金额）

入库数量（金额）与出库数量（金额）的逻辑如出一辙，都是一个多条件求和的问题。甚至，这"四兄弟"要满足的"多条件"都是完全一样的，唯一不同的只是各自的求和字段。

入库数量（E5 单元格）录入的公式为：

=SUMIFS(流水明细!$E$5:$E$20,流水明细!$A$5:$A$20,">="&$B$2,流水明细!$A$5:$A$20,"<="&$B$3,流水明细!$B$5:$B$20,A5)

入库金额（F5 单元格）录入的公式为：

=SUMIFS(流水明细!$G$5:$G$20,流水明细!$A$5:$A$20,">="&$B$2,流水明细!$A$5:$A$20,

"<="&$B$3, 流水明细 !$B$5:$B$20,A5)

出库数量（G5 单元格）录入的公式为：

=SUMIFS(流水明细 !$H$5:$H$20, 流水明细 !$A$5:$A$20,">="&$B$2, 流水明细 !$A$5:$A$20, "<="&$B$3, 流水明细 !$B$5:$B$20,A5)

出库金额（H5 单元格）录入的公式为：

=SUMIFS(流水明细 !$J$5:$J$20, 流水明细 !$A$5:$A$20,">="&$B$2, 流水明细 !$A$5:$A$20, "<="&$B$3, 流水明细 !$B$5:$B$20,A5)

分别向下填充后，即可完成（以入库数量为例，见图 6-33）。

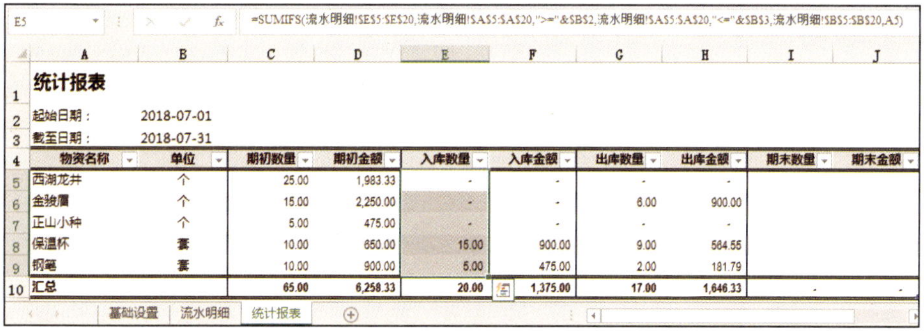
E5
=SUMIFS(流水明细!$E$5:$E$20,流水明细!$A$5:$A$20,">="&$B$2,流水明细!$A$5:$A$20,"<="&$B$3,流水明细!$B$5:$B$20,A5)

统计报表

起始日期：2018-07-01

截至日期：2018-07-31

物资名称	单位	期初数量	期初金额	入库数量	入库金额	出库数量	出库金额	期末数量	期末金额
西湖龙井	个	25.00	1,983.33	-	-	-	-		
金骏眉	个	15.00	2,250.00	-	-	6.00	900.00		
正山小种	个	5.00	475.00	-	-	-	-		
保温杯	套	10.00	650.00	15.00	900.00	9.00	564.55		
钢笔	套	10.00	900.00	5.00	475.00	2.00	181.79		
汇总		65.00	6,258.33	20.00	1,375.00	17.00	1,646.33	-	-

基础设置　流水明细　统计报表

图 6-33　入库数量公式

3. 结存数量与结存金额

结存数量与结存金额是一个简单的数学运算。结存数量（I5 单元格）录入的公式为：

=C5+E5-G5

结存数量（J5 单元格）录入的公式为：

=D5+F5-H5

分别向下填充后，一个简易的进销存统计表就算大功告成了。

第四节　单据套打：安分守己规行矩止

一、需求背景

【示例 6-04 文本函数应用：付款单进账单套打】

财务人员经常需要填列一些单据，比如支票、进账单、付款单、送货单、快递单，房地产开盘销售时需要大量集中开具的收据，这些单据如果手动填列，不但费时费力，而且容易出错。如果购买票据打印软件，则通用性欠佳、灵活性不足，因而使用 Excel 表格来套打成为不二选择。本案例以付款单为例（见图 6-34）介绍如何套打单据，以实现以下功能：

- 将数字拆分填列；
- 将数字转换为中文大写金额；
- 大写金额的拆分；
- 添加图片背景。

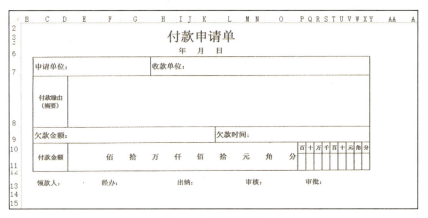

图 6-34　付款申请单

二、表格布局

付款申请单表格的布局非常简单，只需要按照纸质付款申请单的样式设计（见图 6-35）。

设计时,我们需要注意以下几点:
- 应先安排好表格内容的布局,安排内容时应从上到下,从左到右依次填列表单的内容。这样可避免因忽略了内容而频繁插入行或列。
- 将付款单的内容安排好布局并填列好后,最后才合并单元格、添加边框。图 6-35 为已安排好内容但未合并单元格的状态:

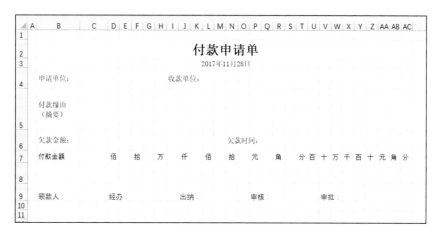

图 6-35　付款申请单样式

- 合并单元格时可使用填充格式功能以提高操作效率。

比如要合并第 7 行、第 8 行的单元格,我们可按照下面的操作快速进行:

选定 B7:B8 单元格区域→点击"开始"选项卡下的"合并后居中"功能→将鼠标移到 B8 单元格右下角的填充柄,往右拖动填充柄至 C7:T8 单元格区域→点击右下角的填充选项,选择"仅填充格式",即可快速完成多个单元格区域的合并(见图 6-36)。

付款申请单设计好后,具体的样式如图 6-37 所示。

我们要在 AD7 单元格中输入付款金额。现在我们需要将数字拆分填到 U8:AC8 单元格区域,将大写金额分别填列到 C7:T7 对应的单元格中。

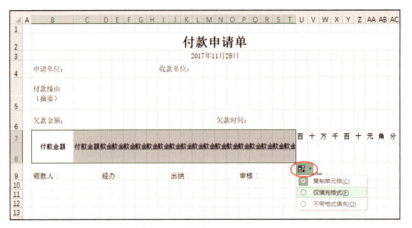

图 6-36　多个单元格区域的合并

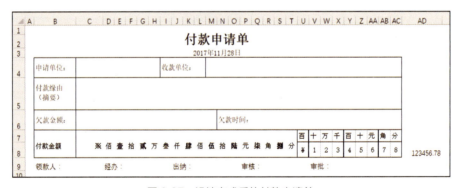

图 6-37　设计完成后的付款申请单

三、公式设计

（一）拆分数字

1. 总体思路

我们先来看一下如何将数字拆分依次填列到 U8:AC8 的单元格区域。要填列的 U8:AC8 区域，其内容不外乎三种：空白、人民币符号、数字。那么，什么时候是空白，什么时候填人民币符号呢？

需要填列的分位、角位、元位、十位、百位一直到百万位的位置，从右到左按顺序编号分别为 1、2、3、4……9，我们将这些位置用 W 表示。

将 AD8 单元格输入的数字乘以 100 并取整，得到一个新数字，这个新数字用 S 表示，数字 S 的长度用 L 表示。S 的个位上的数字为 S_1，十位上的数字为 S_2，百位用 S_3 表示……百万位用 S_9 表示。

经过分析，我们可以得出这样的规律：

当位置数 W 大于 $L+1$ 时，应为空白；

当位置数 W 等于 $L+1$ 时，应填上人民币符号¥；

当位置数 W 小于 $L+1$ 时，应填上相应的数字 S_x。

上面的思路用 IF 来表示：

=IF(W>L+1, "", IF(W=L+1, " ¥ ", S_x))

例如，要将数字 12345.67 拆分填列，此数字乘以 100 后，其长度 L 等于 7，数字的个位 S_1 为 7，S_2 为 6，S_3 为 5……S_7 为 1。

百万位的位置数是 9，大于长度 7+1，所以应为空白；

十万位的位置数是 8，等于长度 7+1，所以应填上人民币符号¥；

万位的位置数是 7，小于长度 7+1，所以应为 S_7，也就是 1；

千位的位置数是 6，小于长度 7+1，所以应为 S_6，也就是 2；

其余依此类推。

前面的公式等同于：

=IF(W-1>L, "", IF(W-1=L, " ¥ ", S_x))

2. 各组成部分的公式

- 数字 N 的长度用 L

将数字乘以 100 并取整，取其字符数：

=LEN(INT($AD$8*100))

之所以要取整,是为了避免输入具有两位以上小数的数字时出错,提高公式的容错能力。

- 求位置数

百万位所在列为 U,其列号为 21,十万位为 22……其余类推,因而用 30 减列号就可得到位置数 W(见图 6-38):

=30-COLUMN()

图 6-38 位置数 W 的公式

- 提取数字 N 的组成部分 S_x

要提取数字 N 的组成部分,我们直接用 MID 函数来提取就可以,也就是分别提取第 1 个、第 2 个、第 3 个。

=MID(数字,X,1)

X 可用"列号 -20"来取得:COLUMN()-20,为了保证各提取的数字填到相应的位置上,需要在数字前面用零来补足位数:

=TEXT(数字,"000000000")

所以,提取数字的完整公式为:

=MID(TEXT(INT($AD$8*100),"000000000"),COLUMN()-20,1)

【提示】

我们也可以将数字除以 10、100、1000……并取整后，取其结果最右边的数来提取各部分的数字：=RIGHT(INT($AD$8/(10^(27-COLUMN()))),1)

最后将上面各个部分代入总体思路中，将数字拆分并填列到各单元格的完整公式为：

=IF((29-COLUMN())>LEN(INT($AD$8*100)),"",IF((29-COLUMN())=LEN(INT($AD$8*100))," ￥",MID(TEXT(INT($AD$8*100),"000000000"),COLUMN()-20,1)))

（二）拆分并填列大写数字

1. 数字大写的基础知识

如何将数字转换为汉字的大写数字呢？Excel 可以将数字显示为汉字大写金额，比如，我们在 C5 单元格中输入数字 12345，然后点击右键，设置单元格格式，在"数字"中选择"特殊"，将"类型"设置为"中文大写数字"，即可将数字转换为大写显示（见图 6-39）。

按照上面的步骤设置后，再点击右键，设置单元格格式，在数字选项卡选择"自定义"，可以看到自定义格式代码（见图 6-40）为：

[DBNum2][$-zh-CN]G/ 通用格式

上面的代码可以简化为 [DBNum2]。

这些自定义格式代码在 TEXT 函数中也可使用，比如：

=TEXT(12345,"[DBNum2]")

2. 提取数字的公式

提取数字的个位：

=MID（数字，LEN（数字）-0，1）

提取数字的十位：

图 6-39 数字转换为大写

=MID（数字，LEN（数字）-1，1）

提取数字的百位：

=MID（数字，LEN（数字）-2，1）

其余类推。

将上面数字中文大写公式和提取数字的公式组合在一起，S8 单元格的公式为：

=TEXT(MID($AD$8*100,LEN(INT($AD$8*100))-0,1),"[DBNum2]")

图 6-40 大写数字的自定义代码格式

这个公式在数字位数不够时会出错。另外，根据财务基础工作规范，当数字位数不够时，空白的大写金额位不能留白，而应该填上⊗（在本书的公式中我们用 ※ 代替），因而需要在公式前面使用

IFERROR 函数，当出错时，让其返回字符 ※，因而 S8 单元格的公式为：

=IFERROR(TEXT(MID($AD$8*100,LEN(INT($AD$8*100))-0,1),"[DBNum2]")," ※")

将此公式分别复制到 Q8、O8、M8……C8 单元格中，然后将上面的依次修改为 1、2、3……8，比如 Q8 单元格的公式为：

=IFERROR(TEXT(MID($AD$8*100,LEN(INT($AD$8*100))-1,1),"[DBNum2]")," ※")

C8 单元格的公式为：

=IFERROR(TEXT(MID($AD$8*100,LEN(INT($AD$8*100))-8,1),"[DBNum2]")," ※")

上面的公式需要手动修改，比较麻烦。为了让公式能有良好的扩展性，我们可以用下面的公式替代公式中的 0、1、2、3……8：

=9-INT(COLUMN()/2)

代入前面的公式中，拆分并填列大写数字的完整公式为：

=IFERROR(TEXT(MID($AD$8*100,LEN(INT($AD$8*100))-(9-INT(COLUMN()/2)),1),"[DBNum2]"),"※")

（三）金额大写

我们之前提到使用自定义格式 [DBNum2] 可以将数字转换为大写，实际上 Excel 的这个大写功能并不完美，只能正确转换整数，当有小数时，转换的结果不符合中文大写的格式规范。比如 123.56，会显示为"壹佰贰拾叁.伍陆"，按照大写规则应该显示为"壹佰贰拾叁元伍角陆分"，因而，还需要我们自己编制数字中文大写公式：

=" 大写: 人民币 "&SUBSTITUTE(SUBSTITUTE(IF(AD8>-0.5%,," 负 ")&TEXT(INT(FIXED(ABS(AD8))),"[dbnum2]G/ 通用格式元 ;;")&TEXT(RIGHT(FIXED(AD8),2),"[dbnum2]0 角 0 分 ;; "&IF(ABS(AD8)>1%," 整 ",))," 零角 ",IF(ABS(AD8)<1,," 零 "))," 零分 "," 整 ")&IF(ROUND(AD8,2)=

0," 零元整 ","")

> **【中文金额大写】公式模型**
> =SUBSTITUTE(SUBSTITUTE(IF(数字 >-0.5%,," 负 ")&TEXT(INT(FIXED(ABS(数字))),"[dbnum2]G/ 通用格式元 ;;")&TEXT(RIGHT(FIXED(数字),2),"[dbnum2]0 角 0 分 ;;"&IF(ABS(数字)>1%," 整 ",))," 零角 ",IF(ABS(数字)<1,," 零 "))," 零分 "," 整 ")&IF(ROUND(数字 ,2)=0," 零元整 ","")

四、套打设计

前面我们介绍的是在 Excel 里设计表格，包括表的全部内容和格式，而我们平时说的套打，只需录入需要填列的内容，然后将其打印到纸质单据相应的位置。那么，如何才能将录入的内容刚好打印在相应的位置呢？

（一）设计思路

我们可以先将纸质单据扫描导入电脑，然后将图片设为工作表背景，再比照背景图中的样式画出付款单的最外边框。我们要将其打印出来，然后测量打印出来的付款单的尺寸，将其除以纸质单据的尺寸，计算出两者的比例关系，最后利用图片工具将原扫描图按比例缩小或扩大。这样就可将扫描的图片调整为与纸质付款单一样的尺寸。调整好后，我们要将新的图片设为工作表背景，再比照新背景图的付款单样式，设计表格的框架就可以了。

（二）具体步骤

Step 1：准备背景图

使用扫描仪扫描纸质付款单，并命名为"单据图片"，同时将其存放到电脑桌面上。扫描时，需把单据平放，如果单据倾斜会影响后期调整。

Step 2：插入背景图

新建一空白工作表，在"页面布局"选项卡下点击"背景"按钮，在弹出的对话框中选择"来自文件"，然后在工作表背景选择框中选择扫描好的付款单样式图片——"单据图片"，点击"插入"按钮（见图6-41）。

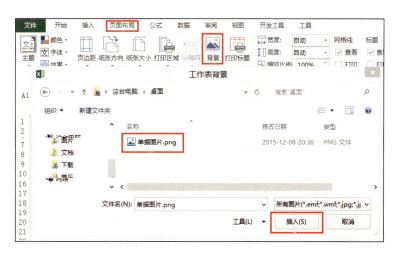

图6-41　插入单据图片

插入背景图后，所插入的单据图片会以平铺的形式布满整张工作表。

插入的扫描图片一般会比我们预想得要大。那么，如何将扫描图片大小调整为与单据的实际尺寸一样大小呢？

Step 3：计算图片大小缩小的比例

由于插入的图片过大，因此我们可以用单据的一部分作为校准框进行调整。我们比照背景图中的表样，选择一部分作为校准框，用插入形状或调整单元格边框的方式，绘制一个校准框（见图6-42），然后将其打印出来。

我们将刚刚画的红线框扫印出来进行测量，假设测得红框宽 11.09cm、高 9.29cm（见图6-43）。

然后测量纸质付款单对应位置的宽和高分别为：宽 5.84cm、高 4.48cm（见图6-44）。

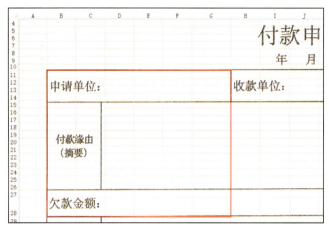

图 6-42 设计完成后的付款申请单

图 6-43 红框尺寸　　　　　　　　图 6-44 付款单尺寸

实际的大小和打印的大小之间的比例便是应被放大或缩小的比例，也就是现在的图片宽度要缩小至原来的 52.66%（5.84 / 11.09），高度缩小至原来的 48.22%（4.48 / 9.29），才能与纸质的单据一般大小。

Step 4：计算图片的目标像素

右键点击桌面的扫描文件"单据图片"，依次点击"属性""详细信息"，可查询到图片的分辨率为：宽 1653、高 2338（见图 6-45）。

我们需要将此图片的宽度调整缩小至 870（1653*52.66%），高度调整缩小至 1127（2338*48.22%）。

Step 5：缩小图片的像素大小

右键点击桌面的扫描文件"单据图片"，在弹出的右键菜单中选"编辑"，利用 Windows 自带的画图软件按图 6-46 所示的方法调整图片像素大小。

图 6-45　查看图片分辨率

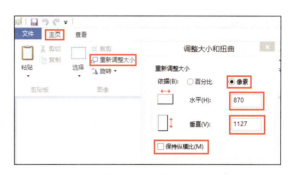
图 6-46　调整像素

Step 6：将调整后的新图片导入工作表背景

在目标工作表中将之前的背景图删除，将调整过像素的图片重新插入 Excel 背景中。图 6-47 为插入调整后图片的效果。

如果图片还不能与单据吻合，我们可重复上一步，微调像素值，直至完全吻合。

Step 7：调整单元格的边框大小，将其与背景图相吻合重叠（见图 6-48）。

需要注意的是，本节不使用函数拆分数字，所以不需要预留那么多单元格。

我们需要依次选定 C4:E4、H4:M4、C5:M5、C6:H6、K6:M6、C7:K8、L8:M8 单元格区域，点击右键，设置单元格格式，在"对齐"选项卡中将"合并单元格"勾选上。

Step 8：设置公式

在 C7 单元格中输入公式：

=TEXT(INT(N8*100),"＃　＃　＃　＃　＃　＃　＃　＃　＃ [DBNum2]")

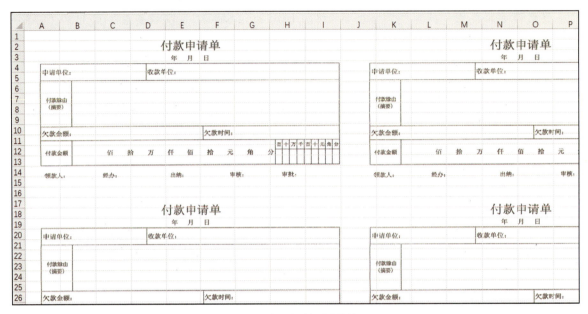

图 6-47 插入调整后图片效果

图 6-48 调整边框效果图

如果大写数字没有落在相应的位置上,我们增减上面公式中的空格进行调整即可。

将 C7 单元格设置为上下居中,靠右对齐,字体设置为微软雅黑 14 号。

在 L8 单元格中输入公式:

=TEXT(INT(N8*100),"＃＃＃＃ ＃＃＃＃＃")

将 C7 单元格设置为上下居中,靠右对齐,字体设置为 Arial Narrow14 号。

Step 9:去掉多余的背景图

由于工作表布满了背景图,很不美观,我们将不需要显示背景图的工作表区域的填充色设置为白色,将背景图掩盖掉:

点击行标签和列标签交叉处的全选按钮,选定整张工作表,点击右键,设置单元格格式,在"填充"选项卡中将背景色设置为白色,然后点击"确定"按钮(见图 6-49)。

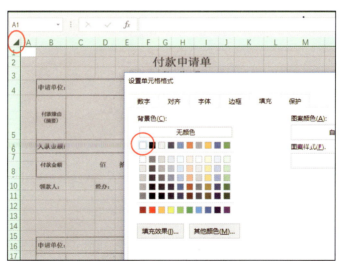

图 6-49 设置白色背景(一)

选定 A1:N11 单元格区域,点击右键,设置单元格格式,在"填充"选项卡中将背景色设置为无颜色，然后点击"确定"按钮。设置后的效果如图 6-50 所示。

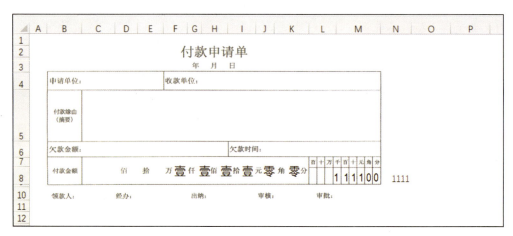

图 6-50　设置白色背景（二）

五、友好性设计

不管是付款单、支票，还是快递单、收据，需要填列的一些项目是其他表格或系统中已有的数据，此时该如何快速录入这些已有数据呢？

我们可以使用以下方法：

（1）使用数据有效性，提供下拉框选择输入"收款单位"，然后利用查找引用函数引用其他表格已有的数据。具体方法可参见第三章中的相关案例。

（2）使用录入助手。

这里我们要给大家介绍一个实用的工具"小新录入助手"，利用此工具可大大提高录入效率。

我们在另外一个数据表中已经有需要打印的付款单位清单以及摘要金额等，现在要批量打印各单位的付款申请单，如果逐个单位查找然后复制、粘贴的话，费时又费力，而使用小新录入助手则可以大大提高录入效率。假设我们要录入单位：亚洲大酒店－樱桃园咖啡厅，则只需要在输入框中输入单位名字中的某个关键字的拼音首字母，比如"樱桃"的 yt，此助手就能在原有数据表进行查找筛选，并在下拉列表中列示出拼音首字母为 yt 的单位列表，找到"亚洲大酒店 – 樱桃园咖啡厅"。点击选择后，如图 6-51 箭头所指，"客户名称"就会自动填充到"收款单位"栏，"摘要"自动填入"付款缘由（摘要）"栏内（见图 6-51）。

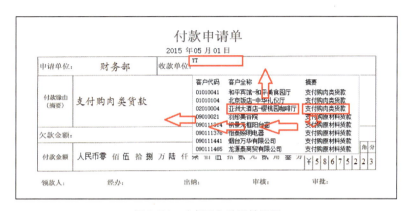

图 6-51　小新录入助手效果图

小新录入助手在本书的示例文件的赠送礼包中，读者可安装后体验试用。

■ **扩展阅读**

　　由于本书篇幅所限，将本章已写好的"第五节　文本函数应用：科目余额表整理"移至微信公众号，请在微信公众号"Excel 偷懒的技术"中发送"第五节"进行阅读学习。

后　记
更新的惊喜

我在为《"偷懒"的技术：打造财务 Excel 达人》(后简称《"偷懒"的技术》)写后记的时候，德国队刚刚把大力神杯从巴西带回家。那时他们一定不会想到，4 年后的俄罗斯战场上，留给他们的却是一场噩梦。而我也不曾想到，4 年后，我还有机会再次写下一篇后记。

4 年，不只是两届世界杯之间的距离。

其实还在整理《"偷懒"的技术》的稿件的时候，我们就有意犹未尽的感觉。毕竟，Excel 的应用太广了，哪怕是出镜率较高的功能应用，一本 400 页的书也无法完全包罗，而我们又总想尽可能多地与大家分享和交流我们所知的那一点偷懒心得。等一个合适的契机，再来个《"偷懒"的技术 2》，就成了我们一个不大不小的梦想。

很荣幸的是，《"偷懒"的技术》问世以来，众多"表亲"就给予了我们无私的支持与厚爱，这无疑加强了创作团队的信心。于是，《"偷懒"的技术》"出生" 3 年后，《"偷懒"的技术 2》(即本书)正式从梦想切换为实施。

原以为有了《"偷懒"的技术》的创作经验，本书的拟稿会更快。但是，当我们真正坐在电脑前才发现，因为有了前面的参照，反而束手束脚，不知道如何下笔：一方面担心内容不够贴切；另一方面又担心技术点和《"偷懒"的技术》有雷同，所以光是挑选案例就花了几个月的时间。

从开始的信心满满，到最终完稿后的惴惴不安，仔细想来，我的这种情绪上的变化还是因为感受到自己在强大的工具面前显得过于渺小。所以，我才会每次在做分享活动前，都用下面这段话开场：

由于 Excel 的世界玄机重重，深不可测，故今天与大家分享的知识，仅保证能实现相应的目标，并不一定代表当下最先进、最科学、最高效的方法。

这并不是谦逊，而是敬畏。

虽然 Excel 并不是万能的，在信息化高速发展的今天，它大多数时候仅仅是我们工作中的一个辅助工具，但是它也在版本升级中更新着自己的实力，用一个个让用户意想不到的惊喜，来保证自己不被淘汰出局。

所以，如果哪天我找不到更新的惊喜了，我估摸着自己离出局就不远了……

钱勇

2018 年 9 月 3 日

推荐阅读

让数字说话：审计，就这么简单
作者：孙含晖（金十七）王苏颖 阎歌 ISBN：978-7-111-53081-7 定价：45.00元

深入浅出，将枯燥的审计化繁复为轻简、化严肃为活泼、化枯燥为有趣，豆瓣评分9.0。

全面预算管理：让企业全员奔跑
作者：温兆文 ISBN：978-7-111-50855-7 定价：59.00元

作者从其500强企业工作实践出发，总结出一套"洋为中用"的预算理念和方法，配以模拟案例。

IPO财务透视：方法、重点和案例
作者：叶金福 ISBN：978-7-111-45115-0 定价：39.00元

主板、创业板发审委员推荐；4个维度阐释IPO财务规则；典型案例解析首发成败原因。

"偷懒"的技术：打造财务Excel达人
作者：罗惠民 钱勇 ISBN：978-7-111-48594-0 定价：69.00元

从数据管理理念、Excel技巧到实操应用，本书贴近实务、"用户友好"、不落俗套。

500强企业财务分析实务：一切为经营管理服务
作者：李燕翔 ISBN：978-7-111-49495-9 定价：49.90元

基于财务报表，跳出数据框架，深入了解业务运营，做好业务伙伴。

门口的野蛮人：史上最强悍的资本收购
作者：(美) 布赖恩·伯勒 约翰·希利亚尔 ISBN：978-7-111-31494-3 定价：52.00元

《纽约时报》畅销书，再现了华尔街历史上最著名的公司争夺战——对美国雷诺兹-纳贝斯克集团的争夺，揭露商业与金融世界的潜规则。